KALE WILLIAMS

DER EINSAMSTE EISBÄR

Noras wahre Geschichte
und die Gefahren einer sich
erwärmenden Welt

Aus dem amerikanischen Englisch von
Lina Robertz und Annika Klapper

Die Originalausgabe erschien 2021 unter dem Titel
»The Loneliest Polar Bear.
A true story of survival and peril on the edge of a warming world«
bei Crown, Random House.

Besuchen Sie uns im Internet:
www.knaur.de

Aus Verantwortung für die Umwelt hat sich die Verlagsgruppe
Droemer Knaur zu einer nachhaltigen Buchproduktion verpflichtet.
Der bewusste Umgang mit unseren Ressourcen, der Schutz unseres Klimas und
der Natur gehören zu unseren obersten Unternehmenszielen.
Gemeinsam mit unseren Partnern und Lieferanten setzen wir uns
für eine klimaneutrale Buchproduktion ein, die den Erwerb von Klimazertifikaten
zur Kompensation des CO_2-Ausstoßes einschließt.
Weitere Informationen finden Sie unter: www.klimaneutralerverlag.de

Deutsche Erstausgabe November 2021
Knaur Verlag
Copyright © 2021 by Kale Williams
Map copyright © 2021 by Jeffrey L. Ward
© 2021 der deutschsprachigen Ausgabe Knaur Verlag
Ein Imprint der Verlagsgruppe Droemer Knaur GmbH & Co. KG, München
Alle Rechte vorbehalten. Das Werk darf – auch teilweise – nur mit
Genehmigung des Verlags wiedergegeben werden.
Redaktion: Carolin Schreiber
Covergestaltung: total italic, Thierry Wijnberg
Coverabbildung: Paulette Sinclair / Alamy Stock Photo
Karte: © 2021 Jeffrey L. Ward
Satz: Adobe InDesign im Verlag
Druck und Bindung: CPI books GmbH, Leck
ISBN 978-3-426-28605-0

2   4   5   3   1

Für Kale Alonzo Williams jr.
Du fehlst uns, Grandpa.

Inhaltsverzeichnis

Tschuktschensee

RUSSLAND

INTERNATIONALE DATUMSGRENZE

SIBIRIEN

Shishmaref

*Kleine
Diomedes-Insel*

Wales

ALASKA

Nome

Gambell

VEREINIGTE STAATEN
VON AMERIKA

Sankt-Lorenz-Insel

Beringmeer

N

0 Meilen   100

0 Kilometer   100

© 2021 Jeffrey L. Ward

KAPITEL 1

Verlassen

Sie wog kaum mehr als 500 Gramm und war ungefähr so groß wie ein Eichhörnchen. Ihre Augen und Ohren waren fest verschlossen. Nur ihr Geruchssinn verriet ihr etwas über die Welt um sie herum und lenkte sie untrüglich in die Richtung der Körperwärme ihrer Mutter, einer fast 300 Kilogramm schweren Eisbärin namens Aurora.

Die Höhle bestand aus weiß gestrichenem Schlackenbetonstein und wurde von einer einzigen, an der Decke hängenden Rotlichtbirne beleuchtet. Der Boden war dick mit Stroh ausgelegt. Die künstlich gekühlte Luft, die den Temperaturen der Arktis entsprechen sollte, war schwer von beißendem Moschusgeruch und wurde in regelmäßigen Abständen von den Schreien der kleinen Eisbärin Nora durchdrungen, einer zappelnden, weißen und rosafarbenen Kugel, die sich tief in die Pelzfalten ihrer Mutter schmiegte.

Das Junge schlief den Großteil der Zeit, und wenn es aufwachte, dann um zu saugen, was es gierig und häufig tat und was wiederum ein sanftes surrendes Geräusch verursachte, das wie ein winziger Außenbordmotor klang. Selbst im Schlaf nuckelte es und fuhr mit seiner eingerollten Zunge suchend durch die Luft.

Gegen neun Uhr morgens an Noras sechstem Tag stand Aurora auf, streckte sich und trottete aus der Höhle. Das Eisbärenjunge war noch ganz und gar auf seine Mutter angewiesen, ohne sie war es einsam und verletzlich. Als die Kälte sich um Nora herum ausbreitete, drehte sie den Kopf suchend von einer Seite auf die andere und verlangte kreischend nach etwas Vertrautem und

Warmem. Als die Antwort auf ihr Schreien ausblieb, begann sie zu wimmern.

Außerhalb des Gebäudes, in dem sich die Höhle befand, verfolgten drei Frauen das Geschehen. Die Zootierärztin Priya Bapodra starrte auf das unscharfe rote Bild des Videos – eine Liveübertragung aus dem Inneren der Eisbärenhöhle – und sah auf dem Bildschirm einer verpixelten Nora dabei zu, wie sie sich hilflos hin und her wand. Die Tierpflegerin Devon Sabo machte sich Notizen. Kuratorin Carrie Pratt sah zu. Seit fünf Tagen arbeiteten die Frauen nun in Wechselschichten, sodass Nora vierundzwanzig Stunden am Tag unter Beobachtung stand. Sie verrenkten sich die Hälse, um auf dem Monitor etwas zu erkennen, und pressten sich die Kopfhörer auf die Ohren, um jedes Anzeichen, das darauf hinweisen könnte, dass Noras Zustand sich verschlechterte, sofort mitzubekommen.

Nora, die am 6. November 2015 zur Welt kam, war das erste Eisbärenjunge, das im 1927 eröffneten *Columbus Zoo and Aquarium* länger als ein paar Tage überlebte. Die Höhle, in der Nora ihre ersten Tage verbrachte, hatte nur wenig mit ihrem natürlichen Lebensraum in der Wildnis gemein, aber sie war das Beste, was die Menschen ihr am Stadtrand von Columbus bieten konnten. Noras Geburt in jener Betonhöhle war ein Symbol dafür, dass Mensch und Eisbär untrennbar miteinander verbunden waren – im Guten wie im Schlechten. Für die einen wurde Nora eine Art Botschafterin für eine Spezies, die nur wenige je in der freien Natur erleben würden, eine Vertreterin des wilden Nordens, den sie vielen Menschen näherbringen sollte. Für andere verkörperte sie die politische Debatte zu der Frage, ob der Mensch dem Planeten irreparablen Schaden zufügte, eine Frage, die schon lange vor Noras Geburt aufgekommen war. Sie und ihre Spezies waren zum traurigen Gesicht des Klimawandels geworden, ob es ihnen gefiel oder nicht. Sie symbolisierte die Zerstörung, die die Erde durch die Menschen erfuhr, und schenkte gleichzeitig die leise Hoffnung, dass es noch nicht zu spät sein könnte.

Aber für die Pflegerinnen in ihrem Trailer war sie weder eine Botschafterin noch ein Symbol. Nora war ein hilfloses Eisbärenjunges in Not.

Und so versuchten die Frauen, die Nerven zu behalten und ruhig zu bleiben, als Aurora sich um 8:55 Uhr Schritt für Schritt von Nora entfernte. Sie hatte ihr Junges auch zuvor schon allein gelassen, allerdings immer nur für kurze Zeit. In der freien Wildbahn verlässt die Eisbärenmutter niemals die Höhle, nicht einmal, um zu fressen. Die acht Jahre alte Aurora lief einen Gang hinunter, vorbei an der Nahrung, die ihre Pflegerinnen für sie bereitgestellt hatten, und auf das andere Ende des Gebäudes zu. Devon Sabo fügte dem Protokoll einen neuen Eintrag hinzu:

»Aurora steht auf und geht in den Pool-Raum.«

Kurz darauf klingelten überall im Zoo die Telefone. Per Textnachrichten-Thread wurde eine Warnmeldung an den Rest des Tierpflege-Teams geschickt, um ihnen mitzuteilen, dass etwas nicht stimmte. Zehn Minuten verstrichen. Eigentlich haben Tiere angeborene Mutterinstinkte, aber Aurora wirkte unschlüssig.

Priya Bapodra behielt die Uhr genau im Blick. Zwanzig Minuten waren vergangen.

Je mehr Zeit verging, desto größer wurde die Anspannung im Trailer. Noras Schreie erinnerten die Pflegerinnen an die Schreie ihrer eigenen Kinder, bloß lauter und eindringlicher. Solange ihre Stimme kräftig klang, konnten sie warten.

Die meisten Eisbärenjungen, die in Gefangenschaft geboren werden, leben höchstens einen Monat. Nur ungefähr ein Drittel erreicht das Erwachsenenalter. Wenn die Jungtiere von Hand aufgezogen werden müssen, stehen die Chancen sogar noch schlechter. Eisbärenjunge können ihre Körpertemperatur nicht selbst regulieren. Ohne die Fürsorge ihrer Mutter entwickeln sie Krankheiten und Infektionen. Oft leiden sie an Mangelernährung und Knochenbeschwerden, weil es unmöglich ist, die Muttermilch von Eisbären künstlich herzustellen. Die Pflegerinnen wussten um diese Gefahren, als sie lange vor Noras Geburt den Geburtsplan erstellten. Das dreiundzwanzig Seiten lange Dokument befand sich in einem Hefter im selben Gebäude wie die Höhle. Alle Teammitglieder hatten außerdem eine Kopie auf ihrem Smartphone. Der Plan berücksichtigte jede erdenkliche Situation, bis hin zu der Entscheidung, das Eisbärenjunge von der Mutter zu trennen. »Sobald Jungtier und Weibchen einmal getrennt wurden, ist es unmöglich, sie wieder zusammenzubringen, selbst wenn Situation und Zustand der Bären sich stabilisiert haben. Die Mutter würde das Junge nicht mehr akzeptieren«, hieß es im Plan.

Die Frauen im Trailer wussten, dass es kein Zurück mehr geben würde, wenn sie eingriffen, um Nora zu helfen. Ab diesem Moment wären *sie* für die Aufzucht des Eisbärenjungen verantwortlich. Zusammengenommen hatten die Frauen jahrelange Erfahrung in der Handaufzucht von Raubkatzen, Affen und anderen Zootieren. Aber keine von ihnen hatte je einen Eisbären großgezogen. Es gab nur eine Handvoll Menschen auf der Welt, die sich dieser Herausforderung überhaupt gestellt hatten.

Nachdem eine Stunde vergangen war, musste etwas geschehen. Devon Sabo betrat das Gebäude, mit etwas mehr Stroh unter dem Arm, um die umherstreifende Eisbärenmutter damit wieder zu ihrem Neugeborenen zu locken. Die Pflegerin ging einen schmalen Gang entlang und ließ das Stroh leise neben der Höhle fallen, in der Nora noch immer kläglich vor sich hin schrie.

Aurora reagierte nicht.

Eine weitere Stunde verging, bevor die Pflegerin das Eisbärenhaus erneut betrat. Dieses Mal brachte sie Fisch mit. Über den Thread schilderte Devon das Geschehen. Bald tauchten weitere Pfleger auf, um zuzusehen. In ihren Köpfen schwirrten die Fragen. Was könnte Aurora dazu bewegt haben, die Höhle zu verlassen? Wie konnten sie die Eisbärin dazu bringen, zurück zu ihrem Jungen zu gehen? Wie lange sollten sie noch warten?

Als drei Stunden vergangen waren, setzten die Pflegerinnen Aurora eine Frist: Eine Stunde würden sie noch warten. Falls es

Nora schlechter gehen sollte, würden sie schon früher eingreifen. Keine von ihnen wollte die kleine Eisbärin in die Verantwortung der Menschen übergeben. Denn mit der Entscheidung, sie aus der Höhle zu holen, würden ihre Überlebenschancen augenblicklich stark sinken. Aber sie wollten auch nicht einfach dabei zusehen, wie Nora starb. Auf sich allein gestellt, waren die Chancen der kleinen Eisbärin gleich null. Die Pflegerinnen nahmen sich einen Plastikbehälter und legten ihn mit warmen Wasserflaschen und Decken aus. Ohne die Wärme ihrer Mutter würde Nora frieren.

Um 12:43 Uhr, fast vier Stunden nachdem Aurora die Höhle verlassen hatte, wurden Noras Schreie allmählich schwächer, und sie wirkte erschöpft. Es war der 12. November und Priyas Geburtstag. Eigentlich hatte die Tierärztin vorgehabt, den Abend mit ihrem Mann zu verbringen. Nun rief sie ihn an und sagte ihm, dass sie ihre Pläne verschieben müssten.

Es war so weit.

* * *

Knapp 500 000 Jahre vor Noras Geburt erlebte die Erde eine entscheidende Warmphase.

Damals war es so warm, dass ein Teil des Antarktischen Eisschildes einbrach und der Meeresspiegel dramatisch anstieg, an manchen Stellen sogar über 18 Meter höher als heute. Auch die Meeresoberflächentemperatur stieg, und im milden, seichten Wasser der Ozeane gediehen fortan Korallen. Der Grönländische Eisschild nahm ab, und borealer Nadelwald breitete sich an der Küste der normalerweise vereisten Insel aus. Eine Gruppe Braunbären wanderte nach Norden, ließ sich in diesen Wäldern und ähnlichen Regionen in der Arktis nieder und besiedelte damit nördliche Breitengrade, die dem Braunbären bislang unerreichbar gewesen waren.

Und dann, vor rund 400 000 Jahren, veränderte sich das Klima erneut. Die Temperaturen fielen, neue Gletscher entstanden, und die Braunbären im Norden wurden von ihren Artgenossen im

Süden getrennt. Der Stammbaum zweigte sich, und eine neue Spezies entstand: der Eisbär.

So lautet zumindest eine der Theorien. Andere sind der Meinung, die Divergenz des Eisbären vom Braunbären (umgangssprachlich auch als Grizzly bekannt) habe bereits vor vier bis fünf Millionen Jahren stattgefunden. Wieder andere sind davon überzeugt, dass die Spezies wesentlich jünger und erst in den letzten 200 000 bis 300 000 Jahren entstanden ist. Der hohe Verwandtschaftsgrad von Eis- und Braunbären sorgt dafür, dass die beiden Spezies miteinander gekreuzt werden können. Im Laufe der Evolution kam eine Kreuzung häufig vor, besonders, wenn warmes Klima die beiden Arten zusammenbrachte. (In aktuellen Dokumentationen zu solchen gekreuzten Bären wurde der Begriff »Pizzly« für eine Eisbären-Grizzly-Kreuzung mit beigefarbenem Pelz eingeführt.)

Aufgrund dieser Kreuzung, die eine Verbindung der DNA beider Spezies mit sich bringt, und der Tatsache, dass es nur wenige alte Eisbärenfossilien gibt, aus denen Rückschlüsse gezogen werden könnten, ist es schwierig, den genauen Zeitpunkt der Divergenz zu bestimmen. Aber wie lange sie nun schon existieren mögen, in jedem Fall müssen die Eisbären dazu in der Lage gewesen sein, sich schnell anzupassen, um in den rauen Bedingungen der Arktis zu überleben.

Im Laufe der Generationen wichen die Wälder verschneiten Tundren, und die Braunbären mit hellerem Pelz waren dort besser getarnt als ihre dunklen Artgenossen. Sie hatten mehr Erfolg bei der Jagd und dadurch auch bei der Fortpflanzung. So gaben sie ihren genetischen Code an ihren Nachwuchs weiter, bis die gesamte Spezies weiß war. Die Eisbären entwickelten ein zweilagiges Fell: eine äußere Schicht aus transparentem, hohlem Deckhaar, das eine vortreffliche Isolation bietet, und eine dichte innere Schicht aus kürzeren Haaren. Die Ohren schrumpften, um möglichst wenig Wärme abzugeben. Die Tatzen dagegen wurden größer, damit sie auf Schnee und Eis sicheren Halt fanden, und zwischen den Zehen bildete sich Schwimmhaut, sodass die Bären sich im Wasser besser fortbewegen konnten. Als Schutz der Organe vor der eisigen Kälte bildete sich eine dicke Fettschicht unterhalb der Haut.

Auch ihre Ernährungsgewohnheiten änderten sich. Während Braunbären hauptsächlich Gras, Früchte, Insekten und gelegentlich Fisch fressen, stellte der Eisbär seinen Speiseplan mit der Zeit ausschließlich auf Meerestiere mit hohem Fettanteil um. Eisbären sind opportunistische Jäger und fressen, was immer sie fangen können, Walrosse und kleinere Wale eingeschlossen. Doch Robben sind seit jeher ihre Hauptnahrungsquelle. Das fetthaltige Robbenfleisch ist die einzige Nahrung, die genügend Kalorien enthält und in den arktischen Gewässern in ausreichender Menge verfügbar ist, um ein Tier zu ernähren, das bis zu 800 Kilogramm wiegen kann, wovon rund die Hälfte Fettgewebe sein kann. Und so investierten die Eisbären ihre gesamte Intelligenz, Geduld und Stärke in die Jagd ihrer Hauptbeute. Sie entwickelten einen derart ausgeprägten Geruchssinn, dass sie Robben durch meterdicke Eisschichten hindurch riechen können. Sie lernten, die Luftlöcher der Robben ausfindig zu machen und zu warten, manchmal mehrere Tage lang. Und sie lernten, ihren langen Hals ins Wasser zu tauchen, wenn die Robbe schließlich auftauchte, sie aus dem Wasser zu ziehen und ihren Schädel zu zertrümmern.

Für den Menschen hätte eine so fettreiche Ernährung verheerende Folgen, aber Eisbären gedeihen prächtig mit einem derart hohen Cholesterinspiegel. Mit der Farbe ihres Fells und der Größe ihrer Tatzen veränderten sich auch die Gene des Eisbären. So kann ihr Körper heute große Mengen an Fett verarbeiten, ohne dass die Arterien verstopfen, indem das Cholesterin aus dem Blut transportiert und zu Isolationszwecken gespeichert wird. Doch um an das nötige Fett zu gelangen, sind Eisbären auf Robben angewiesen. Und deshalb auch auf Eis.

Nach der Abspaltung von ihren braunen Artgenossen breiteten sich die Eisbären weiter in der Arktis aus, von den vereisten

Ufern der Inseln des kanadisch-arktischen Archipels bis hin zu den nördlichen Ausläufern Russlands und der zugefrorenen Küste Alaskas. Da die Eisdecke in diesen Gegenden abnimmt, bieten sich den Eisbären weniger Möglichkeiten, an ihre Hauptnahrungsquelle zu gelangen. Und die Ernährung spielt wiederum eine wesentliche Rolle bei der Fortpflanzung. Eisbärenjunge werden normalerweise im Dezember oder Januar geboren, und ihre Mütter verbringen die darauffolgenden Monate mit ihrem Nachwuchs in der Geburtshöhle, wo sie die Jungtiere aufziehen, bis diese bereit sind, sich der Außenwelt zu stellen. Eisbärinnen werden erst mit fortgeschrittenem Alter geschlechtsreif, bekommen nur wenig Nachwuchs und müssen viel Zeit und Energie aufwenden, um ihre Jungen großzuziehen. Wenn die Weibchen sich vor der Geburt nicht ausreichend Fett angefressen haben, verlieren sie an Gewicht und bringen weniger und schwächere Jungtiere zur Welt. Kränkliche Junge haben geringere Überlebenschancen. Deshalb verschwinden mit dem Eis auch die Eisbären.

Da frei lebende Eisbären einer großen Bedrohung ausgesetzt sind, liegt den Zoos das Überleben der Artgenossen in Gefangenschaft besonders am Herzen. Nora war eines von insgesamt nur zwei Eisbärenjungen, die 2015 in den Vereinigten Staaten geboren worden waren und überlebt hatten. Ihr Zwillingsbruder war nach nicht einmal zwei Tagen mit einem leeren Magen gestorben. Die Pflegerinnen vermuteten, dass er nie die Milch seiner Mutter gekostet hatte.

Jedes Eisbärenjunge – ob es nun in der Wildnis oder im Zoo geboren wird – trägt einen Teil der Bürde, die der gefährdeten Spezies auferlegt wurde. Diese Bürde lastete schwer auf Noras Schultern und denen ihrer Pflegerinnen, die herauszufinden versuchten, was sie mit dem verlassenen Jungtier anstellen sollten.

* * *

Devon Sabo betrat das Eisbärenhaus als Erste. In rotes Licht getaucht, lag Nora ganz allein in der Höhle. Ihre Mutter Aurora hatte die Höhle verlassen und war auf dem Weg in einen anderen Raum auf der gegenüberliegenden Seite des Gebäudes. Die Pflegerinnen, die sich in einem Trailer neben dem Gebäude befanden, verfolgten Auroras Schritte über ein Live-Video und erkannten ihre Chance.

Mit einem Teller voll Stint, einem von Auroras Lieblingssnacks, begab Devon sich auf die andere Seite des Gebäudes, so weit wie möglich von der Höhle entfernt. Mit einer Greifzange nahm sie einen der Fische und rief nach Aurora. Sie lenkte die Eisbärin ab, sodass sie nicht mitbekam, wie hinter ihr eine Tür geschlossen wurde.

Als Nächstes folgte die Kuratorin Carrie Pratt. Sie bewegte sich langsam auf die Tür zu, um sie mit einem Vorhängeschloss zu sichern. Mit einem Klicken schnappte es zu und trennte jede Verbindung zwischen Nora und ihrer Mutter.

KAPITEL 2

Eine verhängnisvolle Jagd

Fast achtundzwanzig Jahre vor Noras Geburt und 5817 Kilometer nordöstlich des *Columbus Zoo and Aquarium* verließ Gene Rex Agnaboogok sein Haus am Rande des Inupiat-Dorfes, das zu dem Ort Wales gehört, der westlichsten Gemeinde des nordamerikanischen Kontinents.

Er packte nur das Nötigste ein: warme Kleidung, ein Gewehr, Zigaretten und Kaffee sowie Benzin und Nahrung für den Fall, dass er festsitzen sollte. Obwohl es bereits Ende März war, lagen die Temperaturen noch immer unter null, und das Meereis erstreckte sich weit bis in die Beringstraße hinaus. Gene wusste, dass er sich selbst würde helfen müssen, wenn er allein loszog und ihm draußen auf dem Eis etwas zustieß.

Er ließ den Motor seines Schneemobils aufheulen und fuhr am Ufer entlang, vorbei an den Überresten der traditionellen Grassodenhäuser und den neueren Gebäuden aus Holz und Stahl, vorbei an dem großen Kreuz, das aus den schneebedeckten Dünen herausragte, unter denen Hunderte seiner Vorfahren begraben lagen. Gene hielt sich in Richtung Nordost und erreichte bald darauf die unberührte Wildnis. Zu seiner Rechten lag eine große Lagune, starr und zugefroren. Auf der linken Seite, in der Mitte der Beringstraße, erhoben sich die Diomedes-Inseln, zwischen denen sowohl die Internationale Datumsgrenze als auch die Landesgrenze zwischen den Vereinigten Staaten und Russland verläuft. Die Sicht war klar an diesem Tag, und hinter den Inseln konnte Gene die Sibirische Küste ausmachen.

Nach drei Stunden Jagd hatte Gene noch immer keine Beute. Das Klischee des kalten, kahlen und kargen Nordens schien sich zu bestätigen. Er war nur einem in der Ferne vorbeihuschenden Fuchs begegnet, der nicht nur zu weit entfernt, sondern auch zu mager war, als dass sich ein Schuss gelohnt hätte. Doch dann, wenige Minuten vor 11 Uhr, entdeckte er riesige Pfotenabdrücke, die nur von einem einzigen Tier stammen konnten. Ein ausgewachsener Eisbär konnte mehrere Familien einige Wochen lang ernähren. Gene folgte den Spuren von der Küste hinaus auf die Beringstraße.

Nicht weit vom Ufer entfernt türmten sich Wellen aus Eis von mindestens einem Meter Höhe auf – eine raue, unbewegliche und in der Zeit festgefrorene See. Der Wind peitschte um das Kap, wirbelte den Schnee über das Eis und schichtete ihn zu dünenartigen Gebilden auf. Genes Schneemobil schoss in großen Sätzen über die Schneehügel, bis die zugefrorene See sich plötzlich Hunderte von Kilometern weit vor ihm erstreckte. Auf der vom Wind glatt gefegten Eisfläche verlor er die Spuren des Bären aus den Augen. Er drosselte den Motor. Er war jetzt beinahe zwei Kilometer weit vom Ufer entfernt und musste mit Bedacht vorgehen.

Gene befand sich am Rande des sogenannten Festeises – Eisplatten, die am Festland verankert sind – am Fuße eines Presseisrückens. Dort, wo der Pazifik und der Arktische Ozean in der Beringstraße aufeinandertreffen, entstehen Strömungen, die die Eisschollen bewegen und einem kleinen Gebirge gleich parallel zur Küste zusammenpressen. Hinter dem Presseisrücken lagen abgebrochene Eisstücke und der offene Ozean. Gene entschied sich für den höchsten der Eisberge und kletterte hinauf, um eine bessere Sicht zu haben. Er zog eine Marlboro Light aus seiner Hemdtasche, nahm einen Schluck Kaffee aus seiner Thermoskanne und suchte die Landschaft mit dem Fernglas nach potenzieller Beute ab.

Doch die einzigen Bewegungen, die er ausmachen konnte, waren die Wellen auf dem offenen Wasser und das Schneetreiben.

* * *

In den frühen 1970er-Jahren trafen sich alle Länder, auf deren Gebieten Eisbären beheimatet waren – die Vereinigten Staaten, Kanada, Dänemark (da Grönland ein autonomer Bestandteil des dänischen Königreiches ist), Norwegen und die Sowjetunion –, mit der Weltnaturschutzunion (IUCN), um die weltweite Eisbärenpopulation zu schätzen. Die amerikanischen Wissenschaftler stützten sich unter anderem auf Beobachtungen der indigenen Völker Alaskas und schätzten den globalen Bestand auf ungefähr 18 000 Eisbären. Die kanadischen Fachleute kamen auf beinahe 20 000 Bären, während die sowjetischen Forscher befürchteten, in den nördlichen Breiten des Planeten gäbe es nur noch knapp 5000 Exemplare.

Trotz der Uneinigkeit darüber, welche der Schätzungen denn nun korrekt war (falls überhaupt eine), stimmten die arktischen Staaten darin überein, dass die Bären im Verhältnis zu ihrer Zahl zu intensiv gejagt wurden und dass Maßnahmen zur Erhaltung der Spezies ergriffen werden mussten. 1973 hielten sie diese Übereinstimmung im Abkommen zum Artenschutz für Eisbären fest. Das Abkommen schränkte die Bedingungen für die Jagd deutlich ein und verbot außerdem den Handel mit Eisbärenfell, -knochen und -schädeln. Die Staaten, die das Abkommen unterzeichneten, versprachen, die weitere Erforschung der Eisbären voranzutreiben, indem sie entsprechende Mittel zur Verfügung stellen würden. Das mitten im Kalten Krieg verabschiedete Abkommen war damals eine der wenigen Übereinkünfte, zu der die Sowjetunion und die Vereinigten Staaten kamen. Kanada führte eine Fangquote ein und verbot die Jagd auf Eisbären von Luftfahrzeugen und Schiffen aus. Norwegen verhängte für die vorübergehende Laufzeit des Abkommens von fünf Jahren ein Jagdverbot. Mit Ausnahme für Angehörige der indigenen Bevölkerung wie Gene, die für den Eigenbedarf jagen, verboten die Vereinigten Staaten die Eisbärenjagd vollständig.

Ungefähr zur gleichen Zeit, als das Abkommen geschlossen wurde, begann Ian Stirling, der sich im Laufe seiner Karriere einen Namen auf dem Gebiet der Eisbärenforschung machen sollte, mit seiner Arbeit. Er war in einer kleinen Bergbaustadt in den westkanadischen Bergen aufgewachsen und hatte seinen Master in Zoologie an der University of British Columbia gemacht. Stirling hatte sich schon immer am liebsten in der Natur aufgehalten. Eine seiner ersten Polarforschungsreisen unternahm er in den späten 1960er-Jahren im Rahmen seiner Doktorarbeit zur Populationsdynamik der Antarktischen Weddellrobben. In den frühen 70er-Jahren führte ihn seine Arbeit dann in den hohen Norden, in die Stadt Churchill, die an der Westküste der Hudson Bay liegt und zur kanadischen Provinz Manitoba gehört. Ein Großteil des heutigen Wissens über Eisbären wurde in jener abgelegenen Gegend im Norden Kanadas zusammengetragen. Die Hudson Bay ist die Heimat einer der südlichsten Eisbärenpopulationen, und Forscher haben sich die Tatsache, dass die Bären dort in erreichbarer Nähe sind, zunutze gemacht. Nach Stirlings erster Reise nach Churchill blieb die Stadt fünf Jahrzehnte lang der Ausgangsort für seine Forschungen.

Die Eisbärenforschung ist weder eine einfache noch eine bequeme Angelegenheit. Die erste Herausforderung besteht darin, die Tiere überhaupt zu finden. Eisbären sind Einzelgänger, und ihre weitläufigen Territorien haben keine festen Grenzen. Einen Großteil ihres Lebens verbringen sie auf dem Meereis, das manchmal vom Land losgelöst auf der See treibt. Diese Gebiete können nur von Helikoptern aus erkundet werden, und eine weitere Schwierigkeit besteht darin, in der weißen Landschaft ein weißes Tier ausfindig zu machen.

Zu Beginn der Eisbärenforschung ging es hauptsächlich darum, die exakte Größe der Eisbärenpopulation zu ermitteln und herauszufinden, ob der Bestand bestimmter Subpopulationen – in den nördlichen Breiten des Planeten gibt es neunzehn unterschiedliche Subpopulationen – zunahm, abnahm oder konstant blieb. Diese Zählungen erfolgten mithilfe von einfachen Markierungsstudien, die über mehrere Jahre hinweg durchgeführt werden.

Im ersten Jahr der sogenannten Rückfangmethode machen sich die Forscher, mit Gewehren und Betäubungspfeilen bewaffnet, im Helikopter auf die Suche nach den Tieren. Wenn sie einen Bären entdecken, betäuben sie ihn mit einem der Pfeile und warten, bis er bewusstlos ist, um zu landen und Länge und Umfang des Bären zu messen. Häufig ermitteln sie auch das Gewicht des Tieres mithilfe einer Waage auf einem mobilen Fahrstativ, nehmen eine Biopsie oder eine Fell- beziehungsweise Stuhlprobe.

Eine kleine Kunststoffmarke, die kaum größer als der Daumennagel eines Menschen und mit einer individuellen Identifikationsnummer versehen ist, wird am Ohr des Bären – manchmal auch an beiden Ohren – befestigt. Heute sind die Ohrmarken mit GPS-Sendern und anderen hoch entwickelten Überwachungsmechanismen ausgestattet, aber als Stirling mit seinen Erhebungen begann, gab es nur die Nummern. Die Eisbärenforscher benutzen außerdem ein spezielles Gerät, mit dem sie die Identifikationsnummer auf die Innenseite der Lippe des Bären tätowieren, für den Fall, dass die Ohrmarken verloren gehen. Dann setzen sie die Suche vom Helikopter aus fort und versehen während der Markierungsphase des ersten Jahres der Studie so viele Bären, wie sie finden können.

Dann warten sie ab.

Das zweite Jahr der Rückfangmethode verläuft ähnlich wie das erste. Die Forscher fliegen dasselbe Fanggebiet ab, markieren so viele Bären wie möglich und protokollieren, wie viele von den gesichteten Tieren bereits im Jahr zuvor mit Ohrmarken versehen wurden. Aus dem Verhältnis zwischen im Vorjahr markierten und neu markierten Bären lässt sich die Gesamtgröße der Population schätzen.

Wenn im ersten Jahr hundert Bären markiert werden und im zweiten Jahr die gleiche Anzahl erfasst wird, von der zehn Prozent bereits Ohrmarken tragen, kann man davon ausgehen, dass im ersten Jahr zehn Prozent der gesamten Population markiert wurden. Wenn wiederum hundert Bären zehn Prozent der Gesamtpopulation darstellen, lässt sich der Bestand demnach auf tausend Exemplare schätzen.

Doch die Rückfangmethode weist ein paar Schwachstellen auf. Sie setzt voraus, dass für jedes Tier aus dem jeweiligen Gebiet jedes Jahr die gleiche Wahrscheinlichkeit besteht, erfasst zu werden, und lässt außer Acht, dass einige Eisbären das Gebiet etwa verlassen oder dass neue hinzukommen. Außerdem ziehen Eisbären eines bestimmten Alters oder Geschlechts bestimmte Lebensräume vor. So halten sich männliche Bären möglicherweise häufiger auf dem offenen Meereis auf, während Weibchen mit Nachwuchs Gegenden mit besserer Deckung bevorzugen. Das könnte dazu führen, dass männliche Bären in der geschätzten Gesamtpopulation übermäßig stark vertreten sind. Andere Gebiete sind schlichtweg zu abgelegen, als dass eine Schätzung durchgeführt werden könnte.

Kennt man die Unzulänglichkeiten der Rückfangmethode, ist es nicht weiter verwunderlich, dass Unstimmigkeit über die Größe vieler Eisbärensubpopulationen herrscht. Sicher ist jedoch, dass sich nur die wenigsten dieser Subpopulationen vergrößern, wenn auch einige unter ihnen stabile Zahlen aufweisen. Der Bestand von mindestens drei Subpopulationen nahm in den letzten Jahren ab. In der Südlichen Beaufortsee, vor der Nordküste Alaskas und Kanadas, verzeichneten Forscher einen Rückgang des Eisbärenbestands um 40 Prozent in weniger als einem Jahrzehnt. An der westlichen Küste der kanadischen Hudson Bay, dem Ausgangspunkt von Stirlings Forschungen, war der Bestand seit den späten 1980er-Jahren um mindestens 32 Prozent geschrumpft, bevor er sich wieder stabilisierte. Im Süden der Hudson Bay sind die Bären weniger gut genährt und sterben früher. Die Größe der Eisbärenpopulation in der gesamten Arktis bleibt weiterhin reine Spekulation. Vermutlich liegt die Zahl irgendwo bei 26 000 Exemplaren.

* * *

Lange bevor Gene Agnaboogok 1988 bei der Jagd auf jenen Eisberg kletterte, waren auch seine Inupiat-Vorfahren und andere Indigene im hohen Norden auf die Jagd gegangen. Fossilien eines Wollhaarmammuts, die in Sibirien entdeckt worden waren, weisen etwa Verletzungen auf, die nur von menschlichen Waffen stammen konnten, vermutlich von den ersten Bewohnern Alaskas. Die Dorset-Kultur entstand ungefähr um 500 v. Chr. im heutigen kanadischen Teil der Arktis. Der Name geht auf die Insel Cape Dorset zurück, auf der die ersten Überreste der Dorset-Kultur entdeckt worden waren. Die Menschen jagten mit dreikantigen Klingen aus Stein und beinahe ausschließlich auf dem Meereis. Dort lauerten sie Robben an ihren Atemlöchern auf und erlegten Wale und Walrosse mit Harpunen. Sie stellten Lampen aus Speckstein her und speisten sie mit Robbentran. Mit meißelartigen Werkzeugen, die Stichel genannt werden, fertigten sie aufwendige Schnitzereien und Masken an. Bis heute besteht keine Gewissheit darüber, wie genau es zum Untergang der Dorset-Kultur kam, doch dieser fiel zwischen den Jahren 1000 und 1500 mit einer Veränderung des Klimas zusammen. Anthropologen vermuten, dass sich dadurch auch die Migrationsrouten der Tiere und das Meereis – die Lebensgrundlage der Dorset-Menschen –, veränderten.

Der Untergang der Dorset-Kultur führte zum Aufstieg der Thule-Kultur, die sich im 1. Jahrhundert zuerst in Alaska entwickelte, sich in Richtung Osten ausbreitete und bis in die Hudson Bay vordrang. Experten glauben, dass die Jäger der Thule-Kultur Harpunenspitzen und Messer aus geschliffenem Schiefer benutzten, anstelle von behauenem Stein wie bei den Dorset-Menschen, und mit Kajaks aus Robbenhaut auf dem offenen Meer jagten.

Die Angehörigen der Thule-Kultur gelten als Vorfahren der kanadischen Inuit und der Inupiat aus Alaska.

Gene Agnaboogoks früheste Vorfahren gehörten zu den Inupiat und lebten im Jahr 1000 an der Nord- und Westküste Alaskas. Ihre Kultur war eine Kultur des Miteinanders und Teilens und beruhte auf dem Handel zwischen den Dörfern. Damals hieß Genes Heimatort, der von den Europäern später Wales genannt wurde, noch Kingigin, wie der Berg, der sich hinter dem Dorf erhebt. Die Dorfbewohner – zu Bestzeiten zwischen 600 und 700 Menschen – nannten sich Kingikmiut, was so viel wie »das Volk von Kingigin« bedeutet. Wie ihre Vorfahren jagten sie Robben, Walrosse, Grönlandwale und Eisbären. Mit der Zeit lernten die Dorfältesten aus Orten wie Wales, welche Strömungen die Eisberge von dem an der Küste verankerten Festeis trennten. Sie lernten das Wanderverhalten der Tiere zu deuten und konnten voraussagen, wann sich welche Arten in erreichbarer Nähe befanden und sich die Jagd lohnte. Sie lernten, die wenigen essbaren Pflanzen, die das karge Land und das unbarmherzige Meer hergaben, zu nutzen. Jede Generation vergrößerte dieses Wissen über Tausende von Jahren hinweg und gab es an die darauffolgende Generation weiter. Auf diese Art und Weise lernte Gene das Jagen. Und so kam es, dass er auf der Spitze jenes Eisberges vergeblich Ausschau nach Beute hielt, die er mit nach Hause bringen könnte.

Er schnippte den Zigarettenstummel in den Schnee und machte sich an den Abstieg. Dieses Mal wählte er einen anderen Weg. Auf der Hälfte des Abhangs, mit dem Kaffee in der Hand, hörte er das Eis unter sich bersten. Für den Bruchteil einer Sekunde hatte er das Gefühl, schwerelos zu sein. Dann fiel er. Er brach bis zur Hüfte in einen der zahlreichen Hohlräume unter dem Eis ein. Als Gene versuchte, festen Boden unter den Füßen zu finden, stellte er fest, dass sich unter ihm etwas bewegte.

Er war durch die Decke einer Höhle gekracht und stand auf einem Eisbären.

KAPITEL 3

Die erste Fütterung

Priya Bapodra starrte auf das kreischende, weiße Eisbärenjunge und dann auf das Thermometer.

Auf dem Display stand einfach nur NIEDRIG.

Genau wie die Tierärztin es befürchtet hatte. Nach mehr als vier Stunden ohne die Wärme ihrer Mutter war Noras Körpertemperatur so niedrig, dass das Thermometer sie gar nicht erst registrierte. Das Eisbärenjunge drehte und wand sich unter ihren Händen und protestierte lautstark gegen den Übergriff, die fremden Gerüche und das ungewohnte Gefühl von Menschenhänden. Kurz zuvor hatte Priya die Höhle betreten, Nora in einen mit warmen Decken gepolsterten Plastikbehälter gesteckt und sie auf schnellstem Wege auf die Intensivstation des veterinärmedizinischen Zentrums des Zoos gebracht. Die zornige und desorientierte Nora war so klein, dass sie bequem in eine Handfläche passte. Priya wusste, dass sie Nora verlieren würde, wenn es ihr nicht gelang, die kleine Eisbärin zu stabilisieren und zu wärmen.

Sie wählte eine Nadel mit einem Kanülen-Außendurchmesser von 0,7 Millimetern, die zweitkleinste, die sie hatte, und suchte an Noras Bein nach der Oberschenkelvene, um ihr Blut abzunehmen. Sie wusste, dass sie diese Vene auf Anhieb treffen konnte, selbst bei einem so kleinen Wesen wie Nora, das noch dazu ohne Unterlass zappelte.

»Halt durch, meine Kleine«, sagte Priya beruhigend, als die Nadel durch Noras Haut stach. Die Tierärztin sprach immer mit ihren Patienten, aber diesmal war sie selbst es, die beruhigt werden musste. Von ungefähr siebzig Eisbären, die 2015 in staatlich anerkannten Zoos und Wildtierschutzgebieten in Nordamerika lebten, waren nur vier von Geburt an erfolgreich von Menschenhand aufgezogen worden.

Die Pflegerinnen, die unter dem Namen »Noras Moms« bekannt wurden, hatten einen dreiundzwanzig Seiten langen Plan mit Schritt-für-Schritt-Anleitung für den Fall, dass sie das Eisbärenjunge von der Mutter trennen müssten. Sie besaßen ein Handbuch mit dem Titel *Hand-Rearing of Wild and Domestic Mammals* (Handaufzucht von Wild- und Haussäugetieren). Ihnen stand ein Brutkasten in der Größe eines breiten Kühlschranks zur Verfügung. Priya stellte die Temperatur des Kleintierfachs auf 31 Grad ein und legte es mit sauberen Babydecken aus.

Sie waren so gut vorbereitet wie möglich und gleichzeitig nicht bereit für das, was auf sie zukam.

* * *

Ein paar Gebäude weiter, in der zooeigenen Abteilung für Ernährung, einem niedrigen, beigefarbenen Lagerhaus, in dem ein kleines Team daran arbeitete, die siebentausend Tiere des *Columbus Zoo* zu ernähren, klingelte das Telefon. Dana Hatcher, die die Abteilung leitete, nahm folgende, scheinbar simple Anfrage entgegen:

»Kannst du in die Tierklinik kommen? Wir müssen über Eisbärenkost sprechen.«

In einem großen Konferenzraum warteten Noras Moms, Kuratoren und Zooverwalter auf Dana, die ihnen das Rezept, an dem sie sich orientieren wollte, erläuterte.

»Also, wenn ihr das Junge von der Mutter trennt ...«

Jemand unterbrach sie. »Dana, wir haben sie schon getrennt.«

Nora musste in der nächsten Stunde Nahrung aufnehmen.

Zu Hause kochte Dana wie eine Wissenschaftlerin mit Excel-Tabellen und nach exakten Maßangaben. Sie hatte schon für Lemuren, Flamingos und ihren siebenjährigen Sohn gekocht, aber noch nie für einen Eisbären. Sie fühlte sich wie in einem dieser hektischen Kochwettbewerbe im Fernsehen, in denen es auf Schnelligkeit ankam, nur, dass sie mehr zu verlieren hatte.

Dana wusste, dass Eisbären zu den Tieren gehören, deren Nahrung sich nur schwer rekonstruieren lässt. In freier Wildbahn leben sie fast ausschließlich von Ringelrobben, deren fettreiches Fleisch die Muttermilch von Eisbären außergewöhnlich reichhaltig macht. Im Zoo gab es nichts, was Robbenfett entsprach. Dana hatte von früheren Versuchen gehört, bei denen die Nahrung der Eisbärenjungen mit besonders fetter Sahne angereichert worden war, leider ohne Erfolg, denn die meisten Jungtiere hatten die Nahrung verweigert und die, die sie doch zu sich genommen hatten, mussten später aufgrund von Nährstoffmangel medizinisch behandelt werden. Glücklicherweise hatte ein Tierarzt des *San Francisco Zoo* nur wenige Jahre zuvor die Muttermilch von wilden Eisbärinnen erforscht. Um an die Milch zu gelangen, mussten die Forscher die Mutterbären vom Helikopter aus betäuben und sie von Hand auf dem Eis der gefrorenen Fjorde von Spitzbergen melken, nördlich des norwegischen Festlands. Dank dieser Forschungen kannte Dana die chemische Zusammensetzung von Eisbärenmilch, sodass sie einschätzen konnte, welche Nährstoffe Nora brauchte.

Schon bevor Nora geboren wurde, hatte Dana ein Rezept für Eisbärenmilch entwickelt, das sie aber noch nie ausprobiert hatte. Sie begann mit einer Dose Trockenersatzmilch für Katzenbabys und siebte das Pulver, damit es keine Klumpen bildete. Die Rezeptur war fettarm, sodass Dana nach eigenem Ermessen Kalorien hinzufügen konnte.

Da Eisbären weder Kuh- noch Ziegenmilch verdauen können, vermutete Dana, dass Noras Magen Schwierigkeiten mit dem Zucker aus der Ersatzmilch haben würde. Nach ein paar Versuchen hatte sie herausgefunden, dass die Laktose sich spalten ließ, indem sie das Wasser auf eine bestimmte Temperatur erhitzte. Außerdem wusste Dana, dass Eisbären eine große Menge Taurin benötigen, um Vitamine aufnehmen zu können, deshalb zerstieß sie Taurin-Tabletten mit Mörser und Stößel und fügte sie der Mischung hinzu. Doch das größte und entscheidende Puzzleteil fehlte noch immer. Zum Wachsen brauchte Nora Fett, und zwar viel davon. Aber welche Art von Fett?

Kuhmilch und menschliche Muttermilch enthalten ungefähr 3,5 Prozent Fett. Die Milch von Eisbären ist mehr als achtmal so reichhaltig und hat einen Fettanteil von mehr als 30 Prozent. Der Geburtsplan sah Heringsöl vor, das allerdings nur in Kanada erhältlich war. Das Öl zu importieren wäre kompliziert, und sie hatten keine Zeit zu verlieren. Nora brauchte dringend Milch. Dana ging in Gedanken ihre Möglichkeiten durch und entschied sich für Distelöl.

Sie goss die Zutaten in einen industriellen Mixer und drückte auf den Knopf für die niedrigste Stufe. Zunächst vermengten sich Öl und Sahnemischung, doch dann trennten sich die beiden Flüssigkeiten wie alter Joghurt. Dana stellte den Mixer auf eine höhere Stufe, doch das Gemisch wurde zu dick zum Trinken. Auch nach mehreren Versuchen war es Dana nicht gelungen, die richtige Konsistenz zu finden. Der große Mixer war zu stark. Sie wünschte, sie hätte ihr eigenes, kleineres Gerät zur Hand, mit dem sie zu Hause Salsa-Soße zubereitete. Es hatte die perfekte Größe und außerdem eine »Pulse«-Funktion.

Sie schickte einen Mitarbeiter zu einem kurzen Abstecher ins nahe gelegene Kaufhaus Target.

Der kleine Mixer machte den entscheidenden Unterschied. Dana erhitzte das Wasser und schüttete das vorgesiebte Milchpulver hinein. Nachdem sie beides zu einer gleichmäßigen Flüssigkeit vermischt hatte, fügte sie das Öl hinzu. Sie drückte auf den Knopf für die »Pulse«-Funktion. Dann noch einmal. Und noch einmal.

Noras Nahrung war fertig.

* * *

Cindy Cupps übernahm Noras erste Fütterung.

Cindy war die Mutter von Devon Sabo, der Tierpflegerin, die vom Trailer aus zugesehen hatte, wie Aurora die Höhle verließ – und eine echte Zooveteranin. Ihre Gegenwart beruhigte die jüngeren Pflegerinnen. In stressigen Situationen behielt Cindy die Nerven, und sie strahlte Ruhe aus, wenn die anderen nervös wurden. Bevor sie sich auf den Weg zur Intensivstation des Zoos machte, fing sie den Blick der Pflegerin Shannon Morarity ein.

Shannon war dafür bekannt, nah am Wasser gebaut zu haben. Und auch jetzt standen ihr die Tränen in den Augen. Cindy blickte der jüngeren Pflegerin fest in die Augen und ballte die Hände zu Fäusten.

»Wir schaffen das«, sagte Cindy. Shannon erwiderte ihren Blick und holte tief Luft.

»Okay.«

Als Cindy die Intensivstation betrat und die Klappe des Brutkastens öffnete, stellte sie erstaunt fest, dass Noras Köpfchen kaum größer war als ein Golfball. Sie nahm die kleine Eisbärin, deren Rücken und Beine mit weißem Flaum bedeckt waren, heraus. Die Laute, die Nora von sich gab, schwankten zwischen einem hohen Winseln und einem winzigen Brüllen. Auf der Suche nach etwas zum Saugen fuhr Nora mit der Zunge durch die Luft. Nachdem sie seit fünf Stunden keine Nahrung zu sich genommen hatte, war die kleine Eisbärin ausgehungert. Unwillkürlich musste Cindy an die Bedrohung denken, die das Schmelzen des arktischen Meereises und der globale Anstieg der Temperaturen für Nora und ihre Spezies bedeuteten. Trotz aller Erfahrung, die die Tierpflegerin im Laufe ihres Berufslebens gesammelt hatte, während sie sich um Hunderte von Tieren kümmerte, ging ihr dieser überwältigende Augenblick unter die Haut.

Cindy breitete ein Handtuch über ihren Oberschenkel und schob eine Hand unter Noras weichen Bauch. Sie hielt das Eisbärenjunge aufrecht, damit es sich nicht an der Milch verschluckte, in die Dana so viel Arbeit gesteckt hatte. Die Pflegerin hielt Nora den Sauger der Flasche entgegen, und die kleine Eisbärin begann sofort zu trinken. Sie saugte so gierig, dass sich ein kleiner Milchbart um ihre Schnauze bildete. Mit sanfter Stimme redete Cindy ihr gut zu und gab Nora einen Spitznamen, der haften bleiben würde.

»Braves Mädchen, Bean.«

Am nächsten Tag postete die Presseabteilung des Zoos einen Sechsundsiebzig-Sekunden-Mitschnitt von einer der ersten Fütterungen der kleinen Eisbärin. Noras Augen waren noch immer fest verschlossen, und in Cindys Händen wirkte sie winzig klein, als sie auf dem behandschuhten Daumen der Pflegerin herumkaute. In dem Video konnte man sehen, wie Cindy Nora behutsam mit einem Finger streichelte. Unter normalen Umständen wäre Aurora monatelang mit Nora in der Höhle geblieben, hätte sie gesäugt und auf das Leben außerhalb der Höhle vorbereitet. Als Nora der Welt präsentiert wurde, war sie gerade mal sechs Tage alt. Die Leute, die das Video wieder und wieder ansahen, wurden Zeugen von etwas, das nur wenige außerhalb der Kinderstube der Zoos je zu Gesicht bekommen. Nora wurde über Nacht zu einer internationalen Berühmtheit.

Sie so früh der Öffentlichkeit zu präsentieren, barg allerdings ein gewisses Risiko. Noras Überlebenschancen waren weiterhin gering, und falls sie sterben sollte, kämen Fragen auf. Ihr Fanclub, der mit jeder Stunde wuchs, würde wissen wollen, was passiert war. Kritische Stimmen würden sagen, der Zoo habe sich das in Gefahr schwebende Eisbärenjunge und seine unwiderstehliche Niedlichkeit zunutze gemacht, um daraus Profit zu schlagen.

* * *

Für Zoos sind Babytiere wahre Verkaufsschlager, und kleine Eisbären sind nicht nur besonders selten, sondern auch besonders niedlich. Mitte der 1990er-Jahre kamen im Zoo von Denver zwei kleine Eisbären zur Welt, die von Hand großgezogen wurden, weil ihre Mutter sich nicht um sie kümmerte. Genau wie Nora standen Klondike und Snow schon früh im Rampenlicht. Der Zoo bot Führungen an, bei denen die Besucher die Eisbärenjungen aus nächster Nähe betrachten konnten. Eine Fluggesellschaft bildete die Bären sogar auf dem Heck einer ihrer Maschinen ab. Der Zoo produzierte einen eigenen Film, der »Saving Klondike and Snow« hieß und in den lokalen Supermärkten als Videokassette neben Ofenhandschuhen, Mützen und Weihnachtsschmuck mit dem Konterfei der kleinen Eisbären verkauft wurde.

Zunächst ließ der Zoo nur 3000 Exemplare des Films anfertigen, da man nicht sicher war, wie gut sich die kleinen Eisbären vermarkten lassen würden. Zwei Jahre später waren mehr als 90 000 Exemplare des ersten Films sowie weitere 25 000 Videokassetten einer neuen Folge mit dem Titel »Klondike and Snow Growing up« verkauft worden. Die Bären brachten damals über 300 000 US-Dollar an Lizenzgebühren für Merchandise-Artikel mit ihren niedlichen Gesichtern ein. »Die Ziele des Zoos sind der Artenschutz und die Wissensvermittlung«, sagte die Marketingleiterin des Zoos, Angela Baier, in einem Interview mit der *New York Times*. »Mein Ziel besteht darin, die Leute durch die Eingangstore zu bekommen und ihnen etwas über die Tiere beizubringen.« Und Klondike und Snow trugen maßgeblich dazu bei, dass die Menschen in den Zoo strömten. Im Vergleich zum Vorjahr erreichte der Zoo im Geburtsjahr der kleinen Eisbären beinahe doppelt so hohe Besucherzahlen und verkaufte dreimal so viele Familienmitgliedschaften. Die gleiche Chance bot Nora dem Zoo in Columbus.

* * *

Tausende Menschen auf der ganzen Welt sahen sich das Video von Noras erster Fütterung an. Viele schrieben in den Kommentaren, sie würden gerne mit Cindy Cupps tauschen. Sie stellten sich vor, wie es wäre, etwas so Seltenes zu halten, zu erleben, wie Nora gierig an der Flasche saugte, und ihr Schmatzen zu hören, das bedeutete, dass sie nun eine Chance hatte. Wie im Internet üblich, gab es auch kritische Stimmen, die etwa Cindys Fütterungstechnik anzweifelten. Doch alle waren sich einig, dass Nora schlichtweg hinreißend war. Mit jeder Fütterung gewann die kleine Eisbärin stetig an Gewicht. Danas fieberhaftes Experimentieren in der Zooküche schien, zumindest für den Moment, Früchte zu tragen.

KAPITEL 4

Der Bär

Gene Agnaboogoks Beine fanden in dem Meer aus weißem Fell unter ihm keinen Halt. Er hatte das Gefühl, auf einem Wasserbett zu laufen. Das Adrenalin strömte durch sein Nervensystem. Er befand sich fast zwei Kilometer vom Ufer entfernt auf der zugefrorenen Beringstraße und steckte bis zur Hüfte in einer eingestürzten Eisbärenhöhle. Niemand außer dem wütenden Eisbären unter ihm würde ihn hören, wenn er schrie. Er sparte sich den Atem.

Gene gelang es, den Kolben seines Gewehrs in den Schnee zu stoßen. Mit klopfendem Herzen strampelte er und wand sich, um freizukommen. Als die Bärin unter ihm sich regte, warf er sich mit aller Kraft so weit wie möglich hinaus auf das Eis und hoffte inständig, dass die Bärin in der Höhle bleiben würde. Doch hinter ihm setzte sie bereits zum Sprung an.

Eine beinahe acht Zentimeter lange Kralle bohrte sich durch seine Schneehose und in sein rechtes Bein, genau über dem Knie. Die Schnauze der Eisbärin stieß von hinten gegen seine Wade, und ihr Unterkiefer traf seine Ferse. Hätte sie ihren Kopf zur Seite gedreht und zugebissen, wäre er vermutlich draußen auf dem Eis gestorben. Stattdessen wurde Gene durch den Angriff der Bärin den Hang des Eisbergs hinuntergeschleudert. Er rappelte sich gerade rechtzeitig auf, um zu sehen, wie die Eisbärin oberhalb von ihm aus der Höhle kam und die Öffnung im Schnee langsam umkreiste.

Sie stellte sich auf die Hinterpfoten und überragte Gene nun um mehrere Köpfe. Gene riss sein Gewehr hoch und legte an. Im vollen Sprint können Eisbären bis zu neun Meter pro Sekunde zurücklegen. Gene und die Eisbärin trennten gerade mal fünf Meter voneinander. Er holte einmal tief Luft und drückte ab.

Die Kugel riss auf Brusthöhe ein Loch in das dichte Fell des Tieres. Die Eisbärin fiel in sich zusammen und rutschte den Eisberg hinunter in Richtung der Höhle. Mit letzter Kraft zog sie sich so nah wie möglich an das Loch im Eis heran. Dabei hinterließ sie eine Blutspur auf dem eisigen Hang.

Erschöpft und nach Atem ringend, nährte sich Gene dem Tier vorsichtig. Er war sich nicht sicher, ob es noch lebte. Teil seiner Jagdausbildung war es gewesen, ein Tier niemals unnötig leiden zu lassen. Die meisten Inupiat-Jäger verzichten daher eher auf gewagte Schüsse aus der Ferne, statt in Kauf zu nehmen, dass ihre Beute verwundet flieht und Stunden oder sogar Tage später einen langsamen und schmerzhaften Tod stirbt. Gene gab einen zweiten Schuss ab, direkt unterhalb des Schädels, um sicherzugehen, dass die Bärin tot war. Er hatte weder Zeit, ihr zu danken, noch ihrem Geist Opfergaben zu bringen, wie es die Tradition der Inupiat vorsieht, denn über ihren Körper hinweg sah er eine Bewegung im Höhleneingang. Er wich erschrocken zurück, beugte sich dann aber vor, um in der Dunkelheit der Höhle etwas zu erkennen. Zwei Paar kleine schwarze Augen inmitten von weißem Flaum starrten zurück.

Babyeisbären, mutterseelenallein auf dem Eis.

In diesem Moment bemerkte Gene, dass seine Hose nass und warm war. Er dachte zunächst an verschütteten Kaffee, doch als er mit seiner Hand unter die Skihose fuhr und sie wieder hervorzog, war sie rot von Blut aus der Wunde in seinem Bein. Er befand sich ganz allein und noch dazu verwundet mehr als 30 Kilometer von zu Hause entfernt und beinahe zwei Kilometer weit auf dem Meereis. Die Eisbärenjungen würden warten müssen.

* * *

Ein paar Monate nachdem Gene den Eisbären erschossen hatte, trat Dr. James Hansen, Direktor des NASA Goddard Institute for Space Studies (NASA Goddard Institut für Weltraumforschung), in einem Verhandlungssaal auf dem Capitol Hill vor den amerikanischen Senatsausschuss.

Es war ein drückend heißer Junitag, nicht nur in Washington, D.C., sondern auch in vielen anderen Teilen der Vereinigten Staaten. Das Land hatte mit einer historischen Dürreperiode zu kämpfen. Nur wenige Gegenden litten nicht unter dem ausbleibenden Niederschlag. Seit in den 1930er-Jahren die *Great Plains* Amerikas durch Sandstürme in eine sogenannte »Dust Bowl« (Staubschüssel) verwandelt wurden, hatte es im Wassereinzugsgebiet des oberen Mississippi nicht so wenig geregnet. Der Wasserstand des Flusses war derart niedrig, dass die Schifffahrt auf der wichtigsten Wasserstraße des Landes stark eingeschränkt war und die Kosten für Bewässerung und Trinkwasser in die Höhe schnellten. Weniger Wasser bedeutete auch weniger Strom aus Wasserkraft, genau zu der Zeit, in der Hausbesitzer und Unternehmen die Klimaanlagen aufdrehten, um die drückende Hitze zu ertragen. Viele Energieversorger mussten von Wasserkraft auf fossile Brennstoffe umsteigen, um eine Stromversorgung gewährleisten zu können.

Die Maisernte 1988 wurde beinahe um die Hälfte und der Ertrag an Sojabohnen um 25 Prozent reduziert. Auch bei der Getreideernte kam es zu erheblichen Einbußen. Im Westen des Landes verschlangen rund 70 000 Wildfeuer ungefähr 22 Millionen Hektar Wald. Tourismus, Einzelhandel und Landwirtschaft mussten große finanzielle Verluste hinnehmen. Der monatelange Regenmangel kostete die Vereinigten Staaten mehr als 51 Milliarden US-Dollar. Doch die Folgen der Dürreperiode gingen über den Verlust von Land und Einnahmen hinaus. Psychische Probleme nahmen zu, da die Landwirte um ihre Ernte bangen mussten und viele Stadtbewohner nicht wussten, wie sie die Rechnungen für ihre Klimaanlagen begleichen sollten. Auch die Anzahl an Asthmaerkrankungen stieg. Ein Großteil der Bundesstaaten war auf die staatliche Katastrophenhilfe angewiesen.

Vor diesem Hintergrund betrat Hansen den Verhandlungssaal, nahm seinen Platz ein und warnte die Gesetzgeber davor, dass die derzeitige Hitze voraussichtlich schon bald zur Normalität werden würde. Er erklärte ihnen, was die Wissenschaft unter dem Treibhauseffekt versteht, dass sich Kohlenstoffdioxid in so hoher Konzentration in der Atmosphäre gesammelt habe, dass es wie eine Decke für den Planeten wirke, dass sich das Klima so drastisch verändere, dass die Menschen schon bald keinen Einfluss mehr darauf haben würden und dass sie selbst die Ursache dafür seien.

Er fasste seine Rede in drei Hauptargumenten zusammen.

»Erstens: 1988 ist das wärmste Jahr seit Beginn der modernen Aufzeichnungen«, verkündete er dem Ausschuss und den zahlreichen Kameras, die seine Aussage zu den Millionen von Zuschauern im ganzen Land übertrugen.

»Zweitens: Die globale Erwärmung ist inzwischen so weit fortgeschritten, dass wir mit großer Sicherheit davon ausgehen können, dass zwischen ihr und dem Treibhauseffekt ein kausaler Zusammenhang besteht. Und drittens: Computergesteuerte Klimasimulationen zeigen, dass der stetig ansteigende Treibhauseffekt zu einem vermehrten Vorkommen von Wetterextremen wie sommerlichen Hitzewellen beitragen wird.«

Dr. James Hansen war nicht der Erste, der vom Klimawandel oder der globalen Erwärmung, wie er es nannte, sprach. Wissenschaftler sind sich seit mehr als hundert Jahren der möglichen Auswirkungen eines wärmer werdenden Klimas und der Rolle, die die Menschheit dabei spielt, bewusst.

Dass regionale Klimaveränderungen in geringem Umfang möglich sind, vermuteten die Menschen schon in der Antike. Theophrast, Schüler von Aristoteles und »Vater der Botanik«, entwickelte die Theorie, dass die Rodung von Bäumen einen lokalen Temperaturanstieg mit sich brächte. Die Gelehrten des

Mittelalters glaubten, dass die Landwirtschaft, die sich rund um das Mittelmeer ausbreitete, und die damit einhergehende großflächige Beweidung, Bewässerung und Abholzung für die Veränderung des Klimas verantwortlich seien.

Diese Vermutung erhielt eine neue Bedeutung, als die europäischen Siedler die Wälder im Osten von Nordamerika bis zum 19. Jahrhundert beinahe vollständig in Ackerland verwandelt hatten. Die landschaftlichen Veränderungen waren derart einschneidend und gingen mit solcher Geschwindigkeit vonstatten, dass sie schon innerhalb einer menschlichen Lebensspanne beobachtet werden konnten. Die Agrargesellschaft fegte wie ein Wildfeuer über Nordamerika hinweg, verdrängte die Einheimischen und überwand selbst den Mississippi, tilgte Bäume und Gras und hinterließ stattdessen ordentliche Reihen von Nutzpflanzen. Im Laufe der drei Jahrhunderte nach der Ankunft der Europäer in Amerika wurden für jede Person, die zur Bevölkerung hinzukam, im Durchschnitt anderthalb Hektar Wald in Nutzfläche umgewandelt. Ein Teil der Bevölkerung wich nach Westen aus, überzeugt davon, dass das Wetter sich der Landwirtschaft anpassen würde. »Rain follows the plow« (Der Regen folgt dem Pflug) lautete ihre Überzeugung. Befürworter dieser Theorie glaubten, dass der bestellte Boden seine Feuchtigkeit abgebe, die dann in Form von Regen zurück auf das Land fiele. Ihrer Meinung nach führten auch neue Anpflanzungen zu verstärktem Niederschlag. In anderen Theorien hieß es, dass die menschliche Aktivität Schwingungen in der Atmosphäre freisetze und somit zur Bildung von Regenwolken beitrage. In der Annahme, dass die Menschen das Klima beeinflussten, lagen sie richtig, doch die Auswirkungen schätzten sie falsch ein.

Während die amerikanischen Siedler versuchten, sich die Veränderungen des Klimas zunutze zu machen, wurden in Europa die ersten wissenschaftlich nachgewiesenen Anzeichen für einen Klimawandel auf globaler Ebene entdeckt. Lange Zeit gaben merkwürdige Felsformationen in den Alpentälern den Forschern, die versuchten, die Natur und ihre Phänomene zu verstehen, Rätsel auf. Ein Jäger aus den Schweizer Alpen namens Jean-Pierre Perraudin berichtete von großen Gesteinsbrocken, scheinbar von unsichtbaren Kräften versetzt und mitten in der Landschaft fallen gelassen. Außerdem entdeckte er im massiven Gestein oberhalb seines Hauses im Val de Bagnes tiefe Furchen unerklärlichen Ursprungs. Jahrelang herrschten zwei Theorien vor: die einer großen Flut (möglicherweise die biblische Sintflut), bei der die gigantischen Steine fortgeschwemmt worden waren, und die einer Explosion im Erdinnern, deren enormer Druck die Steine in ihre heutige Position geschleudert hatte. Doch Perraudin wusste, dass Steine nicht schwimmen und dass die Gletscher hoch in den Bergen seiner Heimat gewaltige Kräfte besaßen, mit der sie Felsbrocken verschieben und Furchen in Talwände graben konnten. Er vermutete, dass die Eisdecke, die im 19. Jahrhundert nur noch die höheren Gipfel bedeckte, sich früher bis hinunter in die Täler erstreckt hatte.

Perraudin sprach mit dem berühmten Naturforscher Jean de Charpentier über seine Idee, stieß jedoch auf taube Ohren. Zu dem Treffen mit Perraudin schrieb Charpentier später: »Ich fand seine Hypothese nichtsdestoweniger doch so außergewöhnlich, ja sogar übertrieben, dass ich sie nicht der Mühe einer Betrachtung oder nur einer Erwägung für wert hielt.« Doch der Schweizer Forscher blieb hartnäckig. Als Ignaz Venetz, heute als Vater der Gletscherkunde bekannt, ins Val de Bagnes kam, witterte Perraudin seine Chance. Nachdem er Venetz überzeugt hatte, fand seine Vermutung, dass die Erde einst deutlich kälter gewesen war, zunehmend Anerkennung in wissenschaftlichen Kreisen. Venetz überzeugte daraufhin den zuvor skeptischen Charpentier, der wiederum die Zustimmung von Louis Agassiz einholte, eine der einflussreichsten Stimmen der damaligen wissenschaftlichen Gemeinschaft Europas. Agassiz' Name wurde als einer der ersten mit der Theorie einer längeren Eiszeit in Verbindung gebracht, laut der sich das Eis früher weit über den Nordpol hinaus erstreckt und große Teile Nordamerikas und Europas bedeckt hatte. Wie auch seine Vorgänger stieß Agassiz bei seinen Zeitgenossen zunächst auf Skepsis, doch seine Beschreibungen einer einst schneebedeckten Nordhalbkugel weckten das Interesse der Öffentlichkeit, und bis zu den 1870er-Jahren hatten seine Theorien weitgehend Akzeptanz gefunden.

Die Erkenntnis, dass das Klima der Erde großen Schwankungen unterliegt, gab den Wissenschaftlern des 19. Jahrhunderts viel Stoff zum Nachdenken. Wenn die Erde vollkommen andere klimatische Bedingungen erlebt hatte, was war der Auslöser für die Veränderung gewesen? Könnte das Klima sich erneut verändern? Und könnten sich die Menschen – und ihre zunehmend komplexen Gesellschaften, die unter stabilen klimatischen Bedingungen entstanden waren – anpassen, falls erneut ein drastischer Wechsel eintreten sollte?

Die vielleicht wichtigste Frage für die Suche nach den Ursachen der weltweiten Temperaturstürze stellte der schwedische Wissenschaftler Svante Arrhenius im Jahr 1896: »Wird die mittlere Temperatur am Erdboden in irgendeiner Weise durch Wärme absorbierende Gase in der Atmosphäre beeinflusst?«

Die Frage, ob Gase in der Atmosphäre Hitze speichern und die Erde erwärmen können, stellte einen Wendepunkt dar. Arrhenius' Theorien und die ihnen zugrunde liegenden Forschungen stützten sich zum ersten Mal in der Geschichte auf die Prinzipien der physikalischen Chemie, um eine Verbindung zwischen dem Anstieg des Kohlenstoffdioxidgehalts in der Atmosphäre und den höheren Oberflächentemperaturen der Erde herzustellen. Wie alle Wissenschaftler trat Arrhenius in die Fußstapfen seiner Vorgänger. Eunice Newton Foote, eine der wenigen Wissenschaftlerinnen der damaligen Zeit, hatte 1856 eine Studie veröffentlicht, die zeigte, dass ein Anstieg der Kohlenstoffdioxid-Konzentration in der Erdatmosphäre einen entsprechenden Anstieg der Temperaturen mit sich bringen würde. 1861 erklärte ein britischer Wissenschaftler namens John Tyndall, dass die in geringeren Mengen in der Erdatmosphäre vorkommenden Gase wie Wasserdampf, Methan und Kohlenstoffdioxid, im Gegensatz zu Sauerstoff und Stickstoff, für den Treibhauseffekt verantwortlich und dementsprechend Treibhausgase seien. In einem Artikel in der Zeitschrift *Nature* aus den frühen 1880er-Jahren wurde bereits vor dem Zusammenhang zwischen menschlichem Handeln und den steigenden Temperaturen gewarnt. Der Autor H. A. Phillips schrieb:

> *»Wie Prof. Tyndalls Forschungen gezeigt haben, besitzen Wasserstoff, Sumpfgas und Ethylen die Fähigkeit, Wärme zu absorbieren und auszustrahlen, und zwar in solchem Maße, dass schon ein sehr kleiner Anteil, sagen wir beispielsweise ein Tausendstel, eine große Wirkung hat. Daraus können wir schließen, dass die zunehmende Verunreinigung der Atmosphäre einen entscheidenden Einfluss auf das Klima der Welt haben wird.«*

Zwar blieben in Phillips' Beobachtung einige Faktoren, vor allem die Rolle von Kohlenstoffdioxid, unbeachtet, aber in seiner Vermutung, dass zwischen der Verschmutzung der Umwelt und dem Wandel des Klimas eine Verbindung bestünde, lag er richtig. In den darauffolgenden Jahren berichteten amerikanische Zeitungen – darunter auch *The Philadelphia Inquirer* und *The Kansas City Star* – über den Zusammenhang zwischen menschlicher Aktivität und der Erwärmung der Erde. Ein anonymer Artikel in einer Ausgabe der *New York Times* von 1883 drückte es besonders deutlich aus:

> *»Ein jeder kann erkennen, dass das Wachstum der Zivilisation, also die steigende Anzahl von zivilisierten Menschen, und Rauch eng miteinander verbunden sind. Einer der Unterschiede zwischen Tieren und Menschen besteht darin, dass Letztere Feuer machen können. Je zivilisierter der Mensch wird, desto mehr Feuer macht er. Nun muss beachtet werden, dass beim Verbren-*

nen verschiedene schädliche Gase entstehen, darunter insbeson-
dere Kohlendioxid, ein Gas, das vor allem bei der Verbrennung
von Kohle in großen Mengen entsteht ... Wenn wir bedenken,
dass alle Gase, die bei der Verbrennung von Kohle entstehen, in
die Atmosphäre gelangen und sie verunreinigen, und die Größe
der Atmosphäre gleich bleibt, während die schädlichen Gase
ständig zunehmen, dann bekommen wir eine Vorstellung von
der Gefahr, die uns droht.«

Doch Arrhenius war der Erste, der die vorangegangenen Versuche vereinte und sie mit zuverlässigen Zahlen belegte. In seiner
Studie mit dem Titel »On the Influence of Carbonic Acid in the
Air upon the Temperature of the Ground« (Über den Einfluss
von Kohlensäure in der Luft auf die Temperatur des Bodens) aus
dem Jahr 1896 äußerte er die Vermutung, dass die Temperaturen
auf der Erde bei Abnahme des Kohlenstoffdioxidgehalts in der
Atmosphäre sinken und sich mehr Schnee und Eis an den Polen
bilden würde. Schnee und Eis würden die Wärme reflektieren
und somit zu einem weiteren Temperaturabfall führen. Damit
hatte Arrhenius eine plausible Ursache für die Eiszeit gefunden.
Doch auch das Gegenteil war möglich: Wenn sich der Kohlenstoffdioxidgehalt in der Atmosphäre verdoppeln würde, könnte
es zu einem globalen Temperaturanstieg von fünf bis sechs Grad
Celsius kommen.

Einer von Arrhenius' Kollegen, Arvid Högbom, versuchte, die
Quellen von Kohlenstoff zu identifizieren und die natürlichen
von den von Menschenhand verursachten zu unterscheiden. Zu
jenem Zeitpunkt war die industrielle Revolution bereits seit mehr
als einem Jahrhundert in vollem Gange. Schornsteine ragten wie
Monumente der neuen Produktionsmethoden empor und spuck-
ten überall Schadstoffe in die Luft der sogenannten Industrie-
staaten. Högbom fand heraus, dass natürliche Quellen von Kohlenstoffdioxid, wie Vulkane oder die Atmung von Pflanzen, ungefähr die gleiche Menge des Gases ausstoßen wie von Menschen

verursachte Quellen – hauptsächlich das Verbrennen von Kohle in den Fabriken. Doch die vom Menschen verursachte Kohlenstoffdioxid-Emission stieg nur langsam an, und weder Högbom noch Arrhenius ahnten, dass die Menschen genug davon in die Atmosphäre leiten könnten, als dass die Auswirkungen in den nächsten Tausenden von Jahren einen Unterschied machen würden. Falls die Menschen jemals eine Erwärmung verursachten, so dachten sie, wäre diese Veränderung vermutlich von Vorteil für die Menschheit.

Im frühen 20. Jahrhundert arbeiteten die Wissenschaftler daran, herauszufinden, wie das Klima funktionierte, und wie es sich von der Eiszeit bis zum gemäßigten Klima der 1900er-Jahre so drastisch hatte verändern können. Geologen suchten in den Tonschichten am Grunde von Seen nach Hinweisen auf das Wetter vergangener Zeiten, andere Forscher untersuchten Baumringe auf Anzeichen wiederkehrender Klimazyklen. Die Warnung, dass der Kohlenstoffdioxidgehalt und die Temperatur allgemein ansteigen würden und der Mensch der Grund dafür sei, wurde hingegen skeptisch betrachtet, belächelt, ignoriert oder schlichtweg abgetan.

Als Hansen 1988 vor den amerikanischen Senat trat, hatte sich die Klimaforschung exponentiell entwickelt. Investitionen in die Forschung nach dem Kalten Krieg hatten auch zu Fortschritten in der Digitaltechnik geführt, mithilfe derer große Datensätze verarbeitet und zuverlässige Klimamodelle erstellt werden konnten. Charles Keeling hatte eine neue Methode zur Messung von Kohlenstoffdioxid in der Erdatmosphäre entwickelt, mit der er 1958 nachwies, dass die Konzentration des Gases innerhalb eines Jahres in Abhängigkeit vom Vegetationszyklus der Pflanzen steigt und fällt. Während der Wachstumsphase nehmen Pflanzen Kohlenstoffdioxid auf, und wenn sie ihre Blätter abwerfen, geben sie das Gas wieder an die Atmosphäre ab. Nach einigen Forschungsjahren hob sich eine weitere Beobachtung deutlich von den statistischen Schwankungen ab. Innerhalb des jahreszeitlich bedingten

An- und Abstiegs des Kohlenstoffdioxidgehalts ließ sich auf lange Sicht ein deutlicher Aufwärtstrend feststellen. Die Grafik, die diesen ansteigenden Verlauf zeigt, wurde als Keeling-Kurve bekannt. Sie stellte einen Durchbruch in der Klimaforschung dar und wurde als eine der wichtigsten Entdeckungen des 20. Jahrhunderts gefeiert. Keelings Messungen aus dem Jahr 1958 werden bis heute als globaler Referenzwert für den Kohlenstoffdioxidgehalt in der Erdatmosphäre verwendet.

1981 veröffentlichte Hansen eine Studie, in der die weltweiten Temperaturen zum ersten Mal über einen längeren Zeitraum hinweg analysiert wurden. Die Analyse zeigte, dass der Planet sich zwischen 1880 und 1980 um beinahe ein halbes Grad Celsius erwärmt hatte. Mithilfe der Keelingschen Messungen fand Hansen heraus, dass der Kohlenstoffdioxidgehalt in der Atmosphäre im selben Zeitraum von etwa 300 auf 340 Anteile pro Million angestiegen war, hauptsächlich durch das Verbrennen fossiler Treibstoffe. Doch Hansen beschäftigte sich nicht nur mit der Vergangenheit. Er warnte davor, dass sich die Erde weiter erwärmen würde, wenn die Kohlenstoffdioxid-Emissionen unvermindert zunähmen. Bis zum Ende des Jahrhunderts würde der Temperaturanstieg weit über die natürlichen Schwankungen hinausgehen und gravierende Folgen mit sich bringen. Große Teile Nordamerikas und Zentralasiens würden regelmäßig unter Dürreperioden leiden, da sich die Klimazonen, auf die die Menschen sich seit Jahrhunderten verlassen hatten, verschieben würden. Erosionen würden den Antarktischen Eisschild nach und nach zerstören, was wiederum fatale Auswirkungen auf den Meeresspiegel überall auf der Welt hätte. Auch in der Arktis würde das Meereis schmelzen, sodass die Nordwestpassage, der Seeweg, der den Pazifik über den Arktischen Ozean mit dem Atlantik verbindet und seit jeher zugefroren ist, für den Großteil des Jahres offen läge. Eine gute Nachricht für die kommerzielle Schifffahrt, aber eine Katastrophe für die Menschen und Tiere, die auf das Meereis angewiesen sind.

Hansens Studie von 1981 landete auf der Titelseite der *New*

York Times unter der Schlagzeile »Studie warnt vor steigendem Meeresspiegel durch Erderwärmung«. Doch in den frühen Achtzigerjahren beschränkte sich das Umweltbewusstsein der Medien und der Öffentlichkeit auf unmittelbarere Gefahren wie den Atomkrieg, sauren Regen und das Loch in der Ozonschicht. Trotzdem wuchs in der ersten Hälfte des Jahrzehnts auch der konservative Widerstand gegen die Klimawissenschaft. Ronald Reagan, damals Präsident der Vereinigten Staaten, drohte, die Mittel für die Überwachung des Kohlenstoffdioxidgehalts und andere Ziele der Klimaforschung zu kürzen. Ein Bericht der US-Umweltbehörde EPA aus dem Jahr 1983 warnte davor, dass die verhängnisvollen Folgen des Klimawandels nicht erst in vielen Jahren, sondern schon in der nahen Zukunft eintreten könnten. Dem Bericht zufolge blieben den Menschen noch einige Jahre, vielleicht sogar Jahrzehnte, um zu handeln, aber sicher keine Jahrhunderte mehr. Die Reagan-Regierung nannte den Bericht »Schwarzmalerei«. Das Thema Klimawandel war zu groß und vage, um die Aufmerksamkeit der Öffentlichkeit zu erregen.

Hansens Erkenntnisse beruhten auf der jahrhundertelangen Forschung seiner Vorgänger – von Jean-Pierre Perraudin, der sich den Kopf darüber zerbrach, wie die riesigen Felsbrocken in sein Alpental gelangt waren, über Eunice Newton Foote und ihre Theorie über das Ansteigen der Temperaturen auf der Erde in Abhängigkeit vom steigenden Kohlenstoffdioxidgehalt, bis hin zu Charles Keeling, der die ersten zusammenhängenden Messungen des Treibhausgases vorgenommen hatte. Dank dieser und vieler anderer Wissenschaftler und Wissenschaftlerinnen ist unser Verständnis über die Funktionsweise der Erde ähnlich wie die verschiedenen Schichten des Grundgesteins gewachsen. Wir haben gelernt, wie das Klima unserer Erde durch Vorgänge in der Natur geformt wird und wie unser Handeln, wenn es in Bezug auf den gesamten Planeten auch unbedeutend erscheint, ebenjene Vorgänge, auf denen unsere Existenz beruht, tiefgreifend verändern kann.

Nach der Veröffentlichung von Hansens Studie wurde der Klimawandel in amerikanischen Zeitungen deutlich öfter erwähnt. Erschienen zwischen 1981 und 1987 pro Zeitung ungefähr zwei Artikel zum Klimawandel, so schrieben dieselben Zeitungen im Jahr 1988 jeweils zwanzig Artikel zum selben Thema.

Schon damals wussten wir, dass wir ins Verderben steuern würden, wenn wir nicht bald den Kurs änderten. Wir wussten, dass es in unseren Händen lag und welche Handgriffe nötig wären. Unter anderen Umständen hätten Hansens Aussage und sein Aufruf zum Handeln einen Wendepunkt darstellen können. Doch die neu entstandene Gegenbewegung, die alles daransetzte, Erkenntnisse von Klimawissenschaftlern wie Hansen zu leugnen, sorgte dafür, dass wir diesen Wendepunkt verpassten.

* * *

Drei Monate bevor Hansen vor den Kongress trat, hatte Gene Rex Agnaboogok gerade den Kampf mit der verärgerten Eisbärenmutter gewonnen. Doch nun befand er sich mehr als 30 Kilometer von seinem Heimatdorf entfernt, hatte ein Loch von der Größe einer Eisbärenkralle im Bein und eine Entscheidung zu fällen: Sollte er sich zuerst um die beiden verwaisten Eisbärenjungen in der Höhle oder um seine eigenen Probleme kümmern?

Die Entscheidung fiel ihm nicht schwer.

Mit seinem Schneemobil fuhr er zurück nach Wales und hielt vor der behelfsmäßigen Klinik des Dorfes. Die Wunde war nicht besorgniserregend. Mehr als ein paar Stiche, Antibiotikum und einen Tag Ruhe brauchte es nicht. Am nächsten Tag folgten sein Vater, Roland Agnaboogok, und sein Neffe, Tony Phillips, den Spuren des Schneemobils zurück zum Eisberg, um die Haut und das Fleisch der toten Eisbärin zu holen.

Roland schnitt den Körper des Tieres von der Leiste bis zur Kehle auf und zog der Eisbärin das Fell ab, bevor er das Fleisch in handliche Stücke zerlegte. Tony näherte sich der eingestürzten Höhle und entdeckte die Jungen, die zwar lebendig waren, aber sich weder rührten noch einen Laut von sich gaben. Sie waren erst wenige Monate alt – jedes ungefähr so groß wie ein Waschbär –, doch sie hatten bereits spitze Zähne. Als Ablenkung wedelte Tony mit seinem Handschuh vor der Schnauze des ersten Eisbären herum. Als das Junge ihm nachsetzen wollte, packte er es beim Genick und setzte es in einen Karton, der auf dem Schneemobil befestigt war. Auf die gleiche Art und Weise schnappte er sich den zweiten Eisbären. Trotzdem trugen seine neuen Handschuhe Bissspuren davon, worüber er sich lautstark beschwerte. Da im Karton kein Platz mehr war, steckte er das zweite Eisbärenjunge in seinen Rucksack und ließ den Reißverschluss ein Stück weit offen, damit der Kopf des kleinen Eisbären an der Luft war. Auf der Fahrt nach Wales gelang es dem Eisbären allerdings, sich aus dem Rucksack zu befreien, und die Männer mussten anhalten, um ihn wieder einzufangen.

Zu Hause fütterten Gene und sein Vater die kleinen Eisbären mit warmer Milch und spielten mit ihnen im Wohnzimmer. Sie wussten, dass sie die Eisbärenjungen nicht behalten konnten, aber allein auf dem Eis hatten sie keine Chance zu überleben. Sie riefen den örtlichen Vertreter des *U. S. Fish and Wildlife Service* an, und so begann das Leben der beiden Eisbären in Gefangenschaft.

Am nächsten Tag wurden die Bären nach Nome, in die nächstgrößere Stadt, geflogen. Die lokale Zeitung, *The Nome Nugget*, schickte einen Reporter nach Wales, und Genes Geschichte erschien in der Ausgabe vom 31. März 1988, zusammen mit einem Foto der Eisbärenjungen in einer mit Stroh ausgelegten Transportbox für Hunde. Von Nome aus wurden sie in den Zoo in Anchorage geflogen, wo ihnen Namen gegeben wurden. Den Ersten nannten sie Norton, nach dem Norton-Sund, eine südlich von Wales liegende Bucht des Beringmeers, der andere bekam den Namen Nanuq, was auf Inupiaq »Eisbär« bedeutet. Nanuq würde in vielen verschiedenen Zoos leben, unter anderem in Wisconsin, New York und schließlich Ohio. Ungefähr siebenundzwanzig Jahre später sollte er eine Tochter bekommen.

Ihr Name war Nora.

KAPITEL 5

Schlechte Neuigkeiten

Von Noras Moms machte sich Priya Bapodra die meisten Sorgen.

Nora hatte weniger als eine Woche mit ihrer Mutter in der Geburtshöhle verbracht, bevor die Pflegerinnen das verlassene Eisbärenjunge retteten. Die junge Tierärztin machte sich keine Illusionen. Trotz der gesammelten Erfahrung der Pflegerinnen in der Aufzucht von Zootieren war es wahrscheinlich, dass ihre Versuche scheitern würden. Und ein Scheitern bedeutete in diesem Fall den Tod der kleinen Eisbärin. In den Tagen, nach denen die ganze Welt das Video von Cindy Cupps gesehen hatte, wie sie Nora mit der Flasche fütterte, gingen Priya viele Fragen durch den Kopf. Hatte Nora ausreichend Antikörper von ihrer Mutter bekommen, um eine Lungenentzündung abwehren zu können? War ihr zu kalt? Oder zu warm? Jede Entscheidung brachte neue Zweifel mit sich.

Noras Fell war noch immer fein und dünn. Das winzige Eisbärenjunge – nicht viel größer als ein Eichhörnchen – konnte seine Körpertemperatur nicht selbst regulieren. Im Bau hätte es sich die meiste Zeit in die Falten des dicken Pelzes seiner Mutter gekuschelt.

Auf der Intensivstation des Zoos, abseits der Blicke der Besucher, befand sich Nora unter der Aufsicht ihrer Moms in einem Brutkasten, der Snyder Box genannt wurde. Er sah aus wie ein Industrieofen aus einer Restaurantküche mit Flügeltüren, die von der Mitte aus aufschwangen. In diesem Brutkasten konnten die Pflegerinnen die Temperatur auf konstante 30 Grad Celsius regulieren. Sie überwachten den Sauerstoffgehalt im Brutkasten und versuchten, Auroras weiches Fell durch saubere Babydecken nachzuahmen.

Nora verließ die kuschelige Wärme des Brutkastens nur für medizinische Untersuchungen oder ihre Mahlzeiten, damit ihr nie zu kalt wurde. Priya drängte die anderen Moms, sich mit ihren verschiedenen Aufgaben zu beeilen und Nora so schnell wie möglich wieder zurück in den Brutkasten zu stecken.

An freiwilligen Helferinnen, die die kleine Eisbärin dicht an ihre Brust gedrückt hielten, fehlte es nie. Auch wenn ihre Augen noch immer fest verschlossen waren, nahm Nora den Geruch und die Körperwärme wahr. Cindy Cupps sprach leise mit Nora und streichelte ihr Köpfchen. Shannon Morarity kraulte Noras rundes Bäuchlein, während die kleine Eisbärin versuchte, ihr Gesicht in der Armbeuge der Pflegerin zu vergraben.

Am Tag, nachdem sie das Eisbärenjunge aus der Höhle geholt hatten, stellte Shannon fest, dass Noras bislang rosafarbene Pfotenballen begannen, sich schwarz zu färben. Ihre Nase verfärbte sich am nächsten Tag und die Innenseite ihrer Ohren am übernächsten. Ihr Fell, das zuvor kaum ihre ebenfalls rosafarbene Haut bedeckt hatte, wurde dicker, weißer und weicher. Während der ersten Wochen in menschlicher Obhut bekam Nora alle paar Stunden mit der Flasche die Milch, die Dana Hatcher in der Zooküche anrührte, und nahm pro Tag knapp 30 Gramm zu.

Nach und nach reduzierten die Pflegerinnen die Temperatur im Brutkasten, damit Nora lernte, ihre Körpertemperatur selbst zu regulieren. Sie hielten die Intensivstation so dunkel wie eine Höhle und vermieden, in Noras Anwesenheit zu sprechen, sodass die kleine Eisbärin ungestört schlafen und wachsen konnte. In der Dunkelheit beobachtete Shannon durch die Scheibe des Brutkastens, wie Nora im Schlaf schnarchte und sich von einer Seite auf die andere wälzte – auf dem Rücken liegend, mit herausgestreckter Zunge und im Traum zuckenden Pfoten.

Sie fragte sich: *Was braucht dieses Baby?*

Jede von Noras Moms hatte neben der Aufzucht der kleinen

Eisbärin weitere Aufgaben im Zoo zu erledigen, die nicht wegfielen, nur weil sie sich um Nora kümmern mussten. Manchmal machte Shannon 28-Stunden-Schichten. Über die Feiertage bekam ihre Familie sie kaum zu Gesicht. Priya aß ihr Thanksgiving Dinner, drei Wochen nach Noras Geburt, auf dem Boden der Intensivstation neben dem Brutkasten. Die Familien der Pflegerinnen hatten Verständnis dafür. Sie wussten, wie viel die kleine Eisbärin ihnen bedeutete.

Als die Tage in Wochen übergingen, wurde Nora immer lebhafter. Zwar waren ihre Augen noch immer geschlossen, aber sie begann, sich selbstständig im Brutkasten zu bewegen. Ihr Kopf war zwar zu groß und ihr Bauch zu rund, als dass sie hätte stehen können, aber das hielt sie nicht davon ab, es immer wieder zu versuchen. Noras Moms gewährten ihr mehr Zeit außerhalb des Brutkastens und saßen mit ihr auf Gummimatten auf dem Boden der Intensivstation, damit Nora laufen lernen konnte. Anfang Dezember, nachdem 30 Tage vergangen waren, stiegen Noras einst so geringe Überlebenschancen auf 50 Prozent. Noch konnte die Münze auf beide Seiten kippen. Doch Noras Moms konnten ein wenig aufatmen.

Vier Tage später öffnete Nora zum ersten Mal ihre Augen. Sie sah Priya, die Analytikerin, die stets versuchte, jede Eventualität vorauszuahnen. Sie sah Shannon, die Sanftmütige, in deren Augen so oft Tränen standen. Und sie sah Cindy, die Veterinärin, die den anderen sagte, dass alles gut werden würde. Niemand konnte wissen, was Nora von dieser Szene hielt, aber eines war sicher: Bären, Schnee oder Eis kamen nicht darin vor.

* * *

Vor der Westküste Grönlands, am nordöstlichen Rand der Baffin Bay im kanadisch-arktischen Archipel, liegt ein riesiges und trostloses Stück Land namens Devon Island. Das östliche Ufer der lang gestreckten Insel ist von einer Eiskappe überzogen, deren höchster Punkt auf 2000 Metern Höhe liegt. Der nordöstliche

Teil der Insel, auch bekannt als Truelove Lowland, liegt im Schutz der Eiskappe und wird von einer kleinen Herde Moschusochsen bewohnt. In diesem Mikroklima wachsen Pflanzen, und das erstaunlich reiche Ökosystem beherbergt Lemminge, Wiesel und Polarfüchse. Abgesehen davon ist die Insel eine eisige Wüste – karg, felsig und ohne Anzeichen von Leben. Mit einer Größe von beinahe 52 000 Quadratkilometern ist die Insel so groß wie West Virginia, aber im Unterschied zu dem amerikanischen Bundesstaat haben sich auf Devon Island nie langfristig Menschen niedergelassen. Ein paar Gruppen – hauptsächlich Pelztierjäger und Jäger der Inuit – siedelten sich an, blieben aber nicht länger als ein paar Jahre. Die arktische Wüste scheint so fernab allen menschlichen Lebens, dass die NASA sie als Ersatz für die karge Marslandschaft nutzt und dort ihr Astronautentraining durchführt.

Die Rückfangmethode hatte Ian Stirling Einblicke in die Populationsdynamik von Eisbären gewährt, doch viele andere Aspekte dieser Spezies waren weiterhin unerforscht. Was taten Eisbären, wenn sie nicht gerade von Helikoptern aus gejagt wurden? Wie verhielten sie sich, wenn sie einfach nur ihr Leben als Bär lebten? Die einzige Möglichkeit, Antworten auf diese Fragen zu bekommen, bestand darin, die Tiere über einen längeren Zeitraum hinweg unbemerkt zu beobachten.

Genau das hatte Stirling vor, als er im Sommer 1973 nach Devon Island aufbrach.

Er und sein Team schlugen ihr Lager auf dem Plateau von Caswell Tower auf, einer ungefähr 200 Meter hohen Landzunge, von der aus sie einen weiten Blick auf die darunterliegende Radstock Bay hatten. Das Eis auf dem weiter südlich gelegenen Lancastersund war bereits geschmolzen, aber das Wasser der Radstock Bay war noch gefroren. Die Eisbären in diesem Gebiet waren gezwungen, auf dem verbleibenden Eis direkt unterhalb von Stirlings Warte auf der Klippe zu jagen. Der spartanische Außenposten bestand aus einer Beobachtungshütte und einem unbeheizten

Zelt, in dem die Forscher in wechselnden Schichten schliefen. Das Forschungsteam war mit Ferngläsern, leistungsstarken Spektiven und faltbaren Gartenstühlen ausgestattet, sodass sie die Eisbären kilometerweit auf dem Eis in alle Himmelsrichtungen und vierundzwanzig Stunden am Tag entdecken würden, denn so weit im Norden ging die Sonne nicht unter. Falls die Tiere nicht hinter einem Presseisrücken oder durch Nebel und Schneetreiben verborgen blieben, konnten Stirling und sein Team jeden ihrer Schritte verfolgen. Im ersten Jahr auf Devon Island kamen mehr als sechshundert Stunden Filmmaterial zusammen, die das Verhalten der Eisbären dokumentierten. Die Wissenschaftler beobachteten, wie die Bären fette Ringelrobben jagten. Entweder legten die Bären sich neben Luftlöcher im Eis, an denen die Flossenfüßer regelmäßig auftauchten, auf die Lauer, oder sie versuchten – meist erfolglos –, sich ihrer Beute unauffällig schwimmend zu nähern, während die Robben sich arglos auf dem Eis sonnten. Sie beobachteten, wie Eisbärenmütter ihren Nachwuchs aufzogen und den Jungen beibrachten, geduldig und unbeweglich neben den Luftlöchern auszuharren.

»Ich wollte mir von den Tieren in ihrem eigenen Tempo zeigen lassen, was es bedeutet, ein wilder, freier Bär auf dem Meereis der Arktis zu sein«, schrieb Stirling später über jene erste Expedition.

Im Laufe seiner langen Karriere kehrte Stirling mehrmals zur Radstock Bay zurück, aber seine vielleicht bedeutendste Beobachtung machte er im Jahr 1997, als er und sein Team den gesamten, zwei Wochen dauernden Paarungsvorgang zweier Eisbären beobachten konnten, ein Ereignis, das noch niemand je in freier Wildbahn miterlebt hatte.

Eisbären haben eine der niedrigsten Fortpflanzungsraten des Tierreichs. Die Männchen können sich ab einem Alter von sechs Jahren paaren, doch die Konkurrenz zu älteren Bären ist groß, sodass viele männliche Eisbären erst mit zehn Jahren oder noch später die Gelegenheit bekommen, sich fortzupflanzen. Die Weibchen werden verhältnismäßig spät geschlechtsreif – zwischen vier und sechs Jahren – und verbringen mehrere Jahre mit der Aufzucht ihres Nachwuchses. Bei einer Lebenserwartung in freier Wildbahn von etwa zwanzig Jahren wirft eine Eisbärin nur ungefähr fünf Mal in ihrem gesamten Leben. In seltenen Fällen können bis zu vier Jungtiere auf einmal geboren werden, Einzelgeburten sind nicht ungewöhnlich, aber meistens kommen Eisbären als Zwillinge zur Welt.

Eisbären sind Einzelgänger, doch der Fortpflanzungsprozess bringt komplexe soziale Rituale mit sich. Wenn der Frühling beginnt und die Temperaturen in der Arktis langsam steigen, begeben sich die Männchen auf die Suche nach Weibchen. Da Eisbärweibchen so viel Zeit mit der Aufzucht ihrer Jungen verbringen, ist immer nur ein Drittel der erwachsenen Eisbärinnen überhaupt paarungsbereit, und für die Männchen ist es daher nicht leicht, potenzielle Partnerinnen zu finden. Wie genau ein Eisbär ein Weibchen auf den weiten und einsamen Eisflächen, die den Lebensraum der Tiere darstellen, findet, ist immer noch unklar. Die aktuelle Theorie lautet, dass die Weibchen eine Duftspur aus Hormonen hinterlassen, die über Drüsen an ihren Pfoten abgesondert wird und den Männchen signalisiert, dass sie paarungsbereit sind.

Gegen drei Uhr morgens am 2. Mai 1997 stieß ein Männchen auf der Eisdecke der zugefrorenen Barrow Strait vor der Südküste von Devon Island auf die Spur eines Weibchens, das sehr wahrscheinlich das Duftsignal für die Paarungsbereitschaft verströmte. Trotz fortgeschrittener Stunde schien die arktische Sonne immer noch hell, als er ihrer Fährte in Richtung Nordwesten folgte, die genau in Stirlings Sichtfeld führte. Das Männchen befand sich knappe fünf Kilometer vom Aussichtspunkt des Forschers entfernt und gut 500 Meter hinter dem Weibchen, das mit einem Jungtier von schätzungsweise zweieinhalb Jahren unterwegs war. Die meisten Weibchen, vor allem solche mit Nachwuchs, würden beim Anblick eines Männchens fliehen. Männliche Eisbären sind aggressiv, und es kommt vor, dass sie Jungtiere töten und fressen.

In seltenen Fällen erbeuten sie sogar ausgewachsene Weibchen. Doch dieses Männchen schien nicht auf der Jagd zu sein. Der Bär trottete hinter dem Weibchen her und stapfte unbeirrt durch Schneeverwehungen, die sich auf den Presseisrücken aufgetürmt hatten und der ansonsten ebenen Eisfläche ein Relief verliehen. Weder das Männchen noch das Weibchen oder ihr Junges schienen es besonders eilig zu haben. Sie wusste, dass er da war, denn alle paar Minuten wandte sie den Kopf, ergriff aber nicht die Flucht. Ihr Junges schien deutlich nervöser, es blickte beinahe unentwegt über die Schulter und drückte sich so dicht an seine Mutter, dass Stirling sie trotz der leistungsstarken Spektive, durch die er die Bären beobachtete, nicht immer auseinanderhalten konnte.

Das Weibchen und ihr Junges liefen stetig weiter, wobei sie ein paar Mal die Richtung änderten, aber das Männchen kreiste sie ein und trieb sie in den Schutz und die Abgeschiedenheit der Radstock Bay. Wenn sie anhielten, hielt auch er an. Wenn Mutter und Jungtier sich zum Ausruhen hinlegten, ließ auch das Männchen sich in den Schnee fallen, den Kopf erhoben und den Blick ständig auf das Weibchen gerichtet. Von Zeit zu Zeit hielten Bär und Bärin an, stellten sich auf die Hinterbeine und musterten einander über das Eis hinweg, vermutlich um die Größe und Stärke des anderen einzuschätzen.

Dieser gemächliche Wandertanz dauerte noch beinahe zwölf Stunden, bis die Bären schließlich die Presseisrücken an der Mündung der Bucht überquerten. Dort begann das Männchen langsam, die Distanz zu dem Weibchen und dem misstrauischen Jungtier zu verkürzen. Er beobachtete die Eisbärin aufmerksam und umzingelte sie, indem er parallel zu ihr oder vor ihr her lief und sie die ganze Zeit über in dem Gebiet nördlich von Stirlings Beobachtungshütte hielt.

Gegen einundzwanzig Uhr, mehr als achtzehn Stunden, nachdem der Bär begonnen hatte, dem Weibchen zu folgen, startete er seinen ersten richtigen Annäherungsversuch.

Er kam bis auf 20 Meter an die Bärin heran, woraufhin sie sich umwandte und auf das deutlich größere Männchen zurannte. Sie suchte jedoch keinen Körperkontakt, und alle drei Bären legten eine kurze Strecke gemeinsam rennend zurück, bevor sie abrupt stoppten. Diesmal rannte das Männchen auf die Bärin zu und stellte sich zwischen sie und das Jungtier. Wenn er das Junge hätte töten wollen, wäre dies der Augenblick gewesen. Das Jungtier hielt fast eine ganze Minute lang seine Stellung und starrte das Männchen an, bevor es sich umdrehte und davonlief. Der ältere Bär nahm nicht die Verfolgung auf, und auch das Weibchen machte keinerlei Anstalten, ihrem Jungen hinterherzulaufen oder es gegen den erwachsenen Bären zu verteidigen. In diesem Moment war es Stirling noch nicht bewusst, aber er war soeben Zeuge der endgültigen Trennung von Mutter und Jungtier geworden. Das Junge folgte seiner Mutter und dem Männchen einige Tage in immer größer werdendem Abstand, bevor es sich abrupt abwandte und seiner eigenen Wege ging. Von nun an war der junge Eisbär auf sich allein gestellt.

Das Weibchen setzte seinen Marsch fort, und das Männchen folgte ihr in gut 30 Meter Entfernung. Etwa fünfundvierzig Minuten, nachdem das Jungtier von der Bildfläche verschwunden war, begann die eigentliche Verfolgungsjagd. Die beiden erwachsenen Bären hatten zum ersten Mal Körperkontakt. Sie bissen sich in Kopf- und Nackenbereich, aber nie so, dass Blut floss. Sie stellten sich auf die Hinterbeine und rissen die Mäuler in vermeintlicher Drohgebärde auf.

Tagelang blieb das Männchen in der Nähe der Bärin, ging, trabte oder rannte hinter ihr her und beschnupperte ihre Spur. Sie interagierten ohne Vorwarnung und nach keinerlei absehbarem Verhaltensmuster. In der einen Sekunde liefen sie hintereinanderher, in der nächsten Sekunde rannte die Bärin auf das Männchen zu und vermied nur um Haaresbreite einen Zusammenstoß. Manchmal blieb sie vor ihm stehen und stieß mit der Pfote gegen seine Brust, oder sie schlugen ihre Kiefer aneinander.

Mitunter wirkte es, als würden sie durch Laute kommunizieren, doch Stirling war zu weit entfernt, um sie zu hören. Gelegentlich fiel sie in einen Sprint, und er jagte ihr nach, bis das Rennen abrupt endete, weil sie sich auf das Eis warf und er es ihr gleichtat. All diese Interaktionen unterbrachen ihren gemeinsamen Marsch, den das Weibchen weiterhin anführte, nur für kurze Zeit. Wenn sie nicht hintereinanderher liefen oder umeinander warben, schliefen sie dicht beieinander, aber ohne sich je zu berühren.

Eisbären haben eine aggressive Natur, und die Männchen sind deutlich kräftiger als die Weibchen. Das Risiko für die Eisbärin war hoch, weshalb er zunächst ihr Vertrauen gewinnen musste. Doch das langwierige Werben vor der Paarung hat auch einen physiologischen Grund. Eisbärinnen haben im Gegensatz zu vielen anderen Säugetieren keinen regelmäßigen Eisprung. Wenn sie jeden Monat ein Ei produzieren würden, ohne dass ein Männchen in der Nähe wäre, um es zu befruchten, ginge nicht nur die Chance auf ein neues Leben, sondern auch wertvolle Energie verloren. Stattdessen haben Eisbärweibchen eine sogenannte induzierte Ovulation. Sie produzieren nur dann Eier, wenn sie ausreichend Zeit mit einem Männchen verbracht haben und es ihr Vertrauen gewonnen hat.

Bei den beiden Bären, die Stirling 1997 beobachtete, dauerte diese Etappe fast eine ganze Woche. Am 9. Mai, sieben Tage, nachdem der Forscher die Bären entdeckt hatte, begannen sie, sich zu paaren. Fünf Tage lang bestieg das Männchen das Weibchen regelmäßig von hinten, manchmal nur für wenige Minuten, einmal mehr als zwei Stunden lang. Sie schwenkten ihre Köpfe hin und her, und manchmal knabberte sie an seinen Vorderbeinen. Bisweilen ruhte der Kopf des Männchens auf dem Nacken der Bärin.

Nach der ersten Paarung verhielt sich das Weibchen zunehmend unterwürfig, und keiner der Bären zeigte mehr Anzeichen von Aggression. Doch sie waren nicht allein auf dem Eis – drei andere männliche Eisbären näherten sich ihnen während der

Paarungszeit. Das Männchen vertrieb alle drei Störenfriede, zweimal nach erbitterten Kämpfen. Die beiden Angreifer zogen sich mit stark blutenden Wunden im Nacken zurück.

Nach der, wie sich im Nachhinein herausstellte, letzten Kopulation, einem 150-Minuten-Marathon, schien das Weibchen das Interesse zu verlieren. Sie schnüffelte am Eis und grub ihre Schnauze in Robbenhöhlen unter dem Schnee. Das Männchen versuchte weiterhin, sie in einem nahen Umkreis zu halten, aber weniger entschieden als in der Woche zuvor, und der Abstand zwischen den beiden Bären wuchs. Fast genau 13 Tage, nachdem sie in Stirlings Sichtfeld aufgetaucht waren, wanderten sie Richtung Norden hinaus aufs Eis und außer Sichtweite.

Nachdem sich die Wege von Männchen und Weibchen trennen, beginnt das Eisbärenmännchen unverzüglich, erneut im Schnee nach den Duftspuren einer paarungsbereiten Eisbärin zu suchen.

Dem Weibchen stehen deutlich schwierigere Monate bevor.

Falls die Bärin, die Stirling beobachtet hatte, Glück haben und trächtig werden sollte, würde die befruchtete Eizelle erst nach einigen Monaten zu wachsen beginnen. Die Zellen, aus denen eines Tages ein Bär entstehen würde, würden sich in der Gebärmutter der Bärin nur wenige Male teilen und anschließend in eine Art Ruhezustand übergehen. Eisbären paaren sich in den wärmeren Temperaturen des Frühlings und Frühsommers, doch im Körper der werdenden Eisbärenmutter kann nur dann ein Junges heranwachsen, wenn sich das Weibchen einen ausreichenden Fettvorrat angelegt hat, um Monate ohne Nahrung in der Geburtshöhle bleiben zu können. Das Weibchen aus der Radstock Bay würde den Sommer damit verbringen, Robben zu jagen und ihren Körper auf die Schwangerschaft vorzubereiten. Falls sie im Oktober nicht genug Fett angesammelt haben sollte, würde ihr Körper den Embryo entweder abstoßen oder ihn absorbieren. Falls ihre Jagd erfolgreich wäre, würde sich die Eizelle in der Gebärmutterwand einnisten und der Fötus zu wachsen beginnen.

Wenn der Herbst in den Winter übergeht, sucht sich die trächtige Bärin einen Ort, um ihre Höhle zu bauen. In der Nähe der Hudson Bay bauen Bärinnen ihre Höhlen in aufgeschichtetem Torf oder in den Wänden von Flussbetten. In anderen Gegenden graben Weibchen ihre Geburtshöhlen in Schneeverwehungen entlang von felsigen Steilküsten oder weit draußen auf dem gefrorenen Meer. Einige Bärinnen bauen ihre Höhlen bis zu 50 Kilometer landeinwärts, andere mehr als 160 Kilometer weit von der Küste entfernt auf dem Eis. Noras Großmutter in Alaska baute ihre Höhle in den Hohlraum eines Eisbergs auf dem Meereis, ungefähr 30 Kilometer nordöstlich von Wales.

Unabhängig von Ort und Baumaterial ähneln sich die Geburtshöhlen der Eisbären. Das Weibchen gräbt einen Tunnel, der in einer Kammer endet, die gerade groß genug ist, dass es sich drehen kann. Oft gibt es noch einen zweiten Raum. Dann wartet das Eisbärenweibchen, bis der Winterschnee den Eingang der Höhle bedeckt und eine Art Wärmedämmung gegen die eisige Kälte entsteht. Sobald sie sich in der Höhle niederlässt, verlangsamt sich ihr Herzschlag um die Hälfte, und die Eisbärin nimmt weder Wasser noch Nahrung zu sich, bis sie die Höhle im Frühjahr wieder verlässt.

Im Dezember oder Januar trägt der lange Fortpflanzungsprozess – von der ersten Begegnung mit dem Männchen über die langwierige Phase des Vertrauensaufbaus bis zum Sommer, in dem das Weibchen ihre Fettreserven anlegt – schließlich Früchte. Sie gebärt zwischen einem und vier winzigen, hilflosen Jungen, die weder sehen können noch Fell oder Zähne haben. Monatelang säugt sie ihren Nachwuchs, bis er kräftig genug ist, um außerhalb der schützenden Höhle überleben zu können. Ihr Mutterinstinkt hat sich über Tausende von Jahren in einem evolutionären Prozess des Ausprobierens und Scheiterns an eine unbarmherzige Umgebung angepasst.

Noras Moms im *Columbus Zoo* im Jahr 2015 konnten sich nicht auf den über Generationen hinweg entwickelten Instinkt verlassen. Als Shannon Morarity sich fragte, was dieses Baby brauchte, kamen die Antworten nicht instinktiv. Nora musste auf die Fürsorge ihrer Mutter und den Schutz der Höhle verzichten. In der vierten Woche ihres jungen Lebens würden sich diese Entbehrungen bemerkbar machen.

* * *

Während Noras Moms mit der Aufzucht ihres Schützlings beschäftigt waren, recherchierte Dana Hatcher im Ernährungszentrum, wie sie Heringsöl importieren konnte, dessen Fettsäureprofil laut Fachliteratur der Eisbärenmuttermilch näher kam als das Distelöl, das sie derzeit verwendete. Nachdem sie einen Lieferanten in Kanada ausfindig gemacht hatte, begann sie nach und nach, das Heringsöl in Noras Nahrung zu integrieren. Doch kurz darauf verlangsamte sich Noras Gewichtszunahme. Ende November bemerkte Priya, dass die kleine Eisbärin Öl im Stuhl hatte.

Die Tierärztin ordnete eine vollständige Untersuchung des inzwischen 54 Tage alten Eisbärjungen an. Die Ergebnisse waren alles andere als vielversprechend. Noras Vitamin-D-Werte und der Kalziumgehalt im Blut waren zu niedrig. Ihr Metabolismus schien die für das Wachstum und die Entwicklung der Knochen wichtigen Bausteine, die sie sonst über die Muttermilch aufgenommen hätte, nicht verarbeiten zu können.

Priya machte auch Röntgenaufnahmen.

In dem abgedunkelten Raum in der Radiologie außerhalb der Intensivstation betrachtete die Tierärztin die Aufnahmen. Noras Gehirn, das sich noch im Frühstadium seiner Entwicklung befand, war auf den Röntgenbildern weiß dargestellt. Ihre Wirbelsäule führte in einer S-Kurve von ihrem Kopf weg, genau wie es sein sollte. Aber als Priya die Gliedmaßen der kleinen Bärin genauer betrachtete, entglitten ihr die Gesichtszüge. Shannon, die vor der Tür wartete, sah den Gesichtsausdruck der Tierärztin und wusste, dass etwas nicht stimmte.

Die Röntgenbilder zeigten, dass Noras Knochen gekrümmt

waren, wo sie eigentlich gerade hätten sein sollen, und dass ihre linke Speiche, einer der tragenden Knochen zwischen Vorderfußwurzelgelenk und Ellbogen, gebrochen war. Trotz Danas Bemühungen hatte Nora nicht die erforderlichen Nährstoffe bekommen und eine Knochenstoffwechselerkrankung entwickelt.

Priya verließ die Radiologie und machte sich auf den Weg zur Intensivstation. Shannon war bereits da und lag neben Nora auf dem Boden, die nach der Anästhesie noch schwach auf den Beinen war. Das Eisbärenjunge war schlechter Laune und hungrig und bedachte die Pflegerinnen mit einem schrillen Knurren. Als Priya den Raum betrat, konnte Shannon die schlechten Neuigkeiten in ihrem Gesicht lesen. Diesmal brachen beide Frauen in Tränen aus.

KAPITEL 6

Als der Tod mit dem Hundeschlitten kam

Im Juli 1776 brach der Seefahrer und Entdecker Captain James Cook von der Südküste Englands zu seiner dritten und letzten Reise auf. Cook hatte nicht nur einige der ersten Karten von Neufundland gezeichnet, sondern auch zahlreiche Inseln im Südpazifik erkundet. Als sein 50. Geburtstag näher rückte, dachte Cook über den Ruhestand nach. Doch die Prämie von 20 000 Pfund für die Entdeckung der Nordwestpassage lockte ihn, und so begab er sich auf die Suche nach der legendären Handelsroute, die den Atlantik über die Spitze Nordamerikas mit dem Pazifik verbindet.

Seine Reise führte ihn vorbei am Kap Agulhas, dem südlichsten Teil Afrikas, dann nach Osten, unterhalb von Australien entlang, bevor er und seine Mannschaft mitten durch die Inseln von Neuseeland fuhren und ihr Schiff, die *HMS Resolution,* wieder nach Norden in Richtung Hawaii steuerten, wo sie einen Zwischenstopp einlegten und anschließend Kurs auf Nordamerika nahmen.

Ein Großteil des pazifischen Nordwestens und mehr oder weniger das gesamte Gebiet darüber waren damals von europäischen Entdeckern weitgehend unerforscht. Cook hatte es sich zur Gewohnheit gemacht, sich in den Ländern, die er zum ersten Mal betrat, zu verewigen. Dem Cape Foulweather (Schlechtwetter) gab er aus Gründen, die sich bei einem Besuch in der verregneten Küstenlandschaft Oregons schnell offenbaren, seinen Namen. Auch die Bucht Cook Inlet, die sich vom Golf von Alaska bis nach Anchorage, dem größten Bevölkerungszentrum des Bundesstaates, erstreckt, wurde von Cook getauft. Auf dem Weg zur Beringstraße und auf der Suche nach der Nordwestpassage benannte Cook den Norton-Sund nach Sir Fletcher Norton, dem damaligen Sprecher des britischen Unterhauses.

Als Cook am 8. August 1778 vom Norton-Sund Richtung Norden segelte, befand er sich zwischen zwei Kontinenten. Auf der asiatischen Seite lag die Ostküste Sibiriens, auf der anderen die westlichste Spitze des nordamerikanischen Festlands. »Uns war so, als hätten wir an der Küste Menschen gesehen, und vermutlich haben wir uns nicht getäuscht«, schrieb Cook. Er nannte die Landzunge Kap Prince of Wales. Die Nordwestpassage sollte Cook nie entdecken. Seine Reise wurde knapp 650 Kilometer nördlich des Kaps von undurchdringlichem Meereis vereitelt, und auf dem Heimweg nach England wurde er bei einem Zwischenstopp von hawaiianischen Einheimischen getötet. Doch die Namen, die er Buchten und Landzungen wie jener, die nur wenige Kilometer vom asiatischen Kontinent entfernt in die Beringstraße hinausragte und auf der er meinte, Menschen gesehen zu haben, gab, blieben erhalten. Auf Landkarten trägt Genes Heimat – die auch die Heimat von Noras Vorfahren ist – noch immer den Namen Wales, auch wenn viele der Bewohner den Inupiaq-Namen Kingigin verwenden.

Wales war einst eines der größten und wohlhabendsten der ungefähr ein Dutzend Dörfer an der Nordwestküste Alaskas, die durch ihre Tradition und Kultur verbunden waren, aber, gleich einem Nationalstaat, ihre Souveränität beibehielten. Das auf dem Kap gelegene Dorf beherbergte bisweilen bis zu 700 Menschen, verteilt auf zwei oder zeitweise drei kleinere Siedlungen, die weniger als 400 Meter voneinander entfernt lagen, aber ihre Identität und eigenen Bräuche behielten.

Die meisten Gemeinden im Nordwesten Alaskas mussten auf der Suche nach Nahrung in der unerbittlichen Landschaft häufig von Winter- zu Sommerlager wechseln, je nachdem, wo sich gerade Wild aufhielt. Doch die Bewohner von Wales hatten sowohl das Land als auch das Meer als Jagdgründe, und das Dorf lag direkt an der Wanderroute der Meeressäuger, die durch die Beringstraße und an der Küste entlangführte. Wales war nur eines von zwei Dörfern in der Region, die das ganze Jahr über bewohnt waren.

Die Menschen vom Kap jagten Karibus, deren Fell einen Großteil ihrer Kleidung ausmachte. Von Booten aus, die mit Tierhaut bespannt waren und *umiat* genannt wurden, jagten sie Grönlandwale. Ein Wal lieferte nicht nur Tonnen an Fleisch und Fett, sondern auch Barten, die für die Herstellung von Fallen verwendet wurden, und Knochen, die sich als Baumaterial eigneten. Die Felle von Walrossen dienten zum Bespannen von Booten, und ihre Stoßzähne wurden als Werkzeuge und Waffen benutzt. Doch die Hauptbeute der Bewohner von Wales waren Bartrobben, die sie *ugruk* nannten. Fleisch und Fett der Robben lieferten ihnen Nahrung, die Haut wurde zu Stiefeln und Zeltplanen, und das Öl diente als Lichtquelle und zum Heizen der Häuser. Wenn die Jäger einen Wal oder eine Robbe erlegten, wurde das Fleisch unter den Dorfbewohnern aufgeteilt, und die Ältesten bekamen die größten Anteile.

Wenn sich keine Meeressäuger auftreiben ließen, jagten sie Seevögel, fischten oder sammelten Muscheln und Krebse. Die Ufer der Lagune nördlich des Dorfes waren von Büschen mit essbaren Beeren gesäumt, und sie pflückten Weidenblätter, die sie in Robbenöl konservierten. Die erfolgreichsten Jäger mit den größen *umiat* (für gewöhnlich die Oberhäupter der vielköpfigsten Familien) wurden *umialgich* genannt. Die europäischen Entdecker nannten sie Häuptlinge, aber es gab keine offizielle Hierarchie, die ihnen diesen Titel zusprach. Dennoch übernahmen die *umialgich* die Aufgaben eines Anführers, sie leiteten die Jagd, organisierten Feste und schlichteten Streite, da es kein formelles Rechtssystem gab. Weil Wales Sibirien am nächsten liegt, wurde das Dorf zum Handelsposten für die Gemeinden der Region, schickte Boten in die umliegenden Dörfer und machte sich so seine geografische Lage zunutze.

Die meisten Menschen in Wales lebten in Grassodenhäusern, Behausungen mit einem einzigen Raum, die zur Hälfte in die Tundra gegraben wurden und deren torfgedeckte Dächer von Treibholz oder Walrippen gestützt wurden. Die Eingangstunnel, die tiefer lagen als das Haus selbst, bildeten eine Art Luftschleuse, um die Wärme der Öllampen im Innern zu halten. Bänke dienten als Schlafplätze. Da in den Häusern nur wenig Platz war, bewahrten die Bewohner viele ihrer Besitztümer draußen auf Gestellen aus Treibholz auf. Hier lagen Fisch, Fleisch und Felle neben Angelzubehör, Fellbooten und Harpunen.

Das Leben der Dorfbewohner folgte den Jahreszeiten. In den kalten und dunklen Wintermonaten blieben sie in der Nähe der Häuser, in Gesellschaft von Familie und Freunden. Wenn die Sonne höher am Himmel stand, wagten sich die Männer weiter in die Landschaft hinaus, um zu jagen, und kehrten oft nur kurz zurück, um das erlegte Wild abzulegen, damit die Frauen es verarbeiten konnten. Jedes Jahr im September veranstaltete das Dorf ein großes Fest, zu dem Menschen aus der gesamten Region kamen, um gemeinsam zu essen, zu tanzen und Spiele zu spielen.

Das Zentrum des sozialen Lebens der Jäger bildete das *qargi*, ein Gebäude, das zwei- bis dreimal so groß war wie das durchschnittliche Haus und von den erfolgreichsten *umialgich* des Dorfes gebaut wurde. Es diente als Gemeindezentrum, Gerichtsgebäude, Kirche, Tanzsaal und Bootswerkstatt und war für gewöhnlich den Männern vorbehalten. Das *qargi* war auch der Ort, an dem Geschichten über Jagd, Stürme und das Überleben, Schöpfungslegenden und Erzählungen über Tiergeister von einer Generation an die nächste mündlich weitergegeben wurden. Die Dorfältesten waren meisterhafte Handwerker und Jäger, und im *qargi* teilten sie ihr Wissen mit den Jüngeren.

Meer und Land hielten ausreichend Ressourcen bereit, und auch wenn es wie in jeder kleinen Gemeinschaft harte Zeiten und Konflikte gab, konnten die Bewohner von Wales sich selbst versorgen, sodass die Bevölkerungszahl über Hunderte von Jahren stabil blieb, bevor russische Jäger in den späten 1700er-Jahren nach Alaska vordrangen. In der Mitte des 19. Jahrhunderts stieß schließlich das erste amerikanische Walfangschiff, ein Dreimastkahn mit dem Namen *Superior,* in das Beringmeer vor. Die Besatzung war erstaunt darüber, dass es in den kalten Gewässern vor Alaskas Westküste ein so großes Vorkommen an Grönlandwalen gab. In den darauffolgenden Jahren setzte ein regelrechter Ansturm auf die Wale im Beringmeer ein. Während der Hauptsaison im Jahr 1852 wurden beinahe 2200 Wale getötet. Zwischen 1849 und 1857 wurde ungefähr ein Drittel der arktischen Grönlandwalpopulation erlegt.

Die Fremden, die mit den Walfangschiffen kamen, machten die einheimische Bevölkerung mit Alkohol und all seinen Problemen bekannt. Die Einwohner von Wales waren misstrauisch gegenüber den Neuankömmlingen, die oft betrunken von ihren Schiffen taumelten und versuchten, die Frauen des Dorfes zu verführen. Unter Alkoholeinfluss wurden die einheimischen Jäger zu furchtbar ungerechten Geschäften überredet und tauschten häufig Pelze und Felle von hohem Wert gegen Schusswaffen, die nicht mehr als ein paar Dollar kosteten.

Im Jahr 1877 lag die Handelsbrigg *William H. Allen,* die von George Gilley geführt wurde, bei Wales vor Anker, als zwischen den Händlern und den Einheimischen ein Kampf um Alkohol entbrannte. Manche sagten, Gilley habe seinen Männern befohlen, mit Mehrladewaffen auf die Einheimischen zu schießen, andere behaupteten, die Bewohner von Wales hätten sich dem Schiff in *umiat* genähert und ohne Vorwarnung angegriffen. So oder so entstand ein furchtbares Massaker. Mindestens ein Dutzend, vermutlich aber bis zu dreißig Einheimische wurden getötet. Sie wurden in einem mit Walknochen geschmückten Massengrab auf dem Hügel hinter dem Dorf begraben.

Gerüchte über die gewalttätigen Menschen am Kap hielten fortan die Walfangschiffe fern. Die Dorfältesten scheuten Fremde, und Wales erhielt den Ruf eines gesetzlosen Ortes. Wenn dieser Ruf nicht ganz abwegig war, so hatten die Einwohner von Wales ihre Gründe, Fremden gegenüber feindselig gesinnt zu sein. Ein Reisender schrieb, dass die Dorfbewohner ihr Bestes taten, um »ihr Volk vor der Versuchung durch Alkohol und Schwindler und ihre Frauen und Töchter vor der Verführung oder sogar Vergewaltigung zu bewahren … [Sie] konnten vertrauenswürdige und ehrliche Leute nicht von jenen mit bösen Absichten unterscheiden und versuchten deshalb, sie allesamt zu meiden.«

Wales hielt stand, während andere Dörfer in der Umgebung am Hungertuch nagten. Wale, Robben und Walrosse wurden von den Schiffen der Fremden in großen Mengen gejagt, während die ausgehungerten Einheimischen, einigen Beschreibungen zufolge, die verwesenden Kadaver von Walen aßen, die an den Strand gespült wurden. Dieselben Schiffe, die die Meere plünderten, brachten auch Geschlechtskrankheiten und die Grippe mit sich, die sich in der Gegend um Wales ausbreitete.

1877, im Jahr des Gilley-Massakers und etwa ein Jahrzehnt nachdem die Vereinigten Staaten Alaska von Russland gekauft hatten, brach der presbyterianische Missionar Sheldon Jackson unter dem Vorwand, der indigenen Bevölkerung Alaskas helfen zu wollen, nach Norden auf. Jackson hatte in der Mitte des 19. Jahrhunderts in Missionsschulen im Stammesgebiet der Choctaw unterrichtet und machte keinen Hehl aus seiner Verachtung für die Einheimischen Alaskas.

1889 beschloss Jackson als Generalbevollmächtigter für Bildung im Choctaw-Gebiet, dass die Bundesregierung entschiedener eingreifen müsse, um der indigenen Bevölkerung zu helfen.

»Hilfe« bedeutete für Jackson, die Bewohner Alaskas ihrer traditionellen Sprache und Kultur zu berauben. Er reiste durch das Land, um Unterstützung für seine Mission einzuholen, indem er von der angeblich rückständigen Lebensweise der Einheimischen sprach, Geschichten ausschmückte und unverhohlene Lügen über Kannibalismus, Polygamie, Kindermord und Zwangsprostitution in den Dörfern Alaskas erzählte. Er krönte seine Reden mit

Verheißungen unerschlossener Ressourcen und verkündete der neugierigen Menge, Alaska warte nur darauf, ausgebeutet zu werden. Man müsse die Menschen dort nur unterwerfen und »zivilisieren«. Deshalb habe er vor, Schulen in den abgelegenen Dörfern zu errichten, um die Menschen dort zunächst zu unterrichten und sie dann mittels Predigten zu bekehren. Neben diesen kulturellen Änderungen plante der Missionar eine völlig neue Lebensweise für die indigenen Völker im Nordwesten Alaskas. Er stellte sich ein Alaska vor, dessen Einwohner nicht mehr Jäger, sondern Hirten waren, die sich um friedliche Rentierherden aus Sibirien kümmerten.

Jackson persönlich beaufsichtigte die Eröffnung von mehr als einem Dutzend Missionsschulen in Alaska und erreichte mit seiner Beharrlichkeit den Bau zahlreicher weiterer Schulen, einige davon Internate. Die einheimischen Kinder wurden gezwungen, diese Internate zu besuchen, in denen der Unterricht ausschließlich auf Englisch stattfand und der Gebrauch indigener Sprachen bestraft wurde. Die Lehrpläne beinhalteten zu großen Teilen biblische Themen. Die Missionsschule in Wales, die 1890 gegründet wurde, machte Generationen von Kindern mit der englischen Sprache und dem Christentum vertraut.

Jacksons Bestreben, den Menschen in Alaska die europäische Kultur und ihre Normen aufzudrängen, war weitestgehend erfolgreich. Viele nahmen die Religion der Missionare an, und mit der Verbreitung der Schulen, in denen nur Englisch unterrichtet wurde, schwand der Gebrauch der indigenen Sprachen. Doch die koloniale Denkweise, die auch Jackson vertrat und laut der die Natur eine Ressource sei, die es in Kapital umzuwandeln galt, setzte sich nicht durch. Für die indigenen Menschen war die Natur ein zusammenhängendes Ganzes, dessen Elemente – Wale, Robben, das Eis, die Eisbären und die Menschen – jeweils ihre ganz eigene Bedeutung hatten. Keines dieser Elemente konnte allein existieren, und wenn ein Teil aus dem Gleichgewicht geriet, hatte das Auswirkungen auf das gesamte System. Trotz der Einführung von Rentieren aus Sibirien war die Jagd als Mittel zur Ernährung noch immer ein wichtiger Bestandteil des alltäglichen Lebens der indigenen Bevölkerung. Die Zahl der Einwohner in Wales blieb konstant bei 500 Menschen, die sich vom Land und aus dem Meer ernähren konnten.

Bis zum Winter 1918, als der Tod auf dem Hundeschlitten nach Wales kam.

* * *

Niemand kann mit Sicherheit sagen, wo die Spanische Grippe genau ausbrach, doch die frühesten Berichte über die Pandemie stammen aus Haskell County in Kansas.

Das County im Südwesten des Bundesstaats war größtenteils Agrarland und umfasste 1497 Quadratkilometer. 1918 lebten dort ungefähr 1500 Menschen, von denen beinahe alle in der Landwirtschaft arbeiteten, Getreide anbauten, Kühe, Hühner und vor allem Schweine in großen Zahlen hielten. Haskell County lag außerdem direkt unter der Wanderroute von mehr als einem Dutzend Vogelarten. Heute ist bekannt, dass auch Schweine und Menschen sich mit der Vogelgrippe infizieren können und dass die Erkrankung in diesem Fall höchst ansteckende Mutationen hervorbringen kann. Zwar kann nicht mit Sicherheit gesagt werden, was 1918 geschah, doch diese Vermutung ist nicht weniger plausibel als andere Hypothesen.

Im Januar desselben Jahres, als die von der lokalen Zeitung damals als Lungenentzündung bezeichnete Krankheit ausbrach, traten mehrere Männer aus Haskell County ihren Dienst im nahe gelegenen Camp Funston an, einem weitläufigen Ausbildungslager der Armee, in dem Rekruten aus der gesamten Region untergebracht waren. Mitte März lagen mehr als 1000 Männer krank in Feldbetten auf der Krankenstation des Camps. Von Kansas breitete sich die Grippe auf andere Stützpunkte aus. Insgesamt infizierten sich zwei Drittel der militärischen Ausbildungseinrichtungen im ganzen Land. Als Soldaten aus diesen Lagern nach Europa geschickt wurden, nahm das Unglück seinen Lauf.

Mehr als 10 300 Matrosen der britischen *Grand Fleet* wurden zwischen Mai und Juni zur ärztlichen Behandlung eingeliefert, aber nur vier von ihnen starben. Die Krankheit wurde als »Drei-Tage-Fieber« abgetan und fand in der Presse wenig Beachtung, vor allem in den Krieg führenden Ländern, in denen Berichte, die auf eine Schwächung der Armee hinwiesen, zensiert oder gar nicht erst geschrieben wurden. Die Grippe wanderte nach Spanien, wo sich König Alfons XIII., sein Premierminister und weitere Regierungsmitglieder infizierten. Die Spanier hatten sich im Ersten Weltkrieg, der um sie herum tobte, neutral verhalten, und dortzulande machte die Krankheit täglich Schlagzeilen. So wurde die Grippe von 1918 in jenen Ländern, die die Krankheit zunächst verschwiegen hatten – wie die Vereinigten Staaten, England oder Frankreich –, als Spanische Grippe bekannt.

Die meisten Grippestämme verbreiten sich rasant, weil sie die oberen Atemwege – Nase und Rachen – infizieren. Doch die Spanische Grippe verhielt sich anders: Das Virus setzte sich tiefer in den Lungen fest, sodass sowohl bakterielle als auch virale Lungenentzündungen entstehen konnten. Zwar forderte die frühe Version der Grippe von 1918 verhältnismäßig wenige Menschenleben, doch sie war ein Vorbote dessen, was noch kommen sollte. Während eines typischen Verlaufs der Grippe sterben hauptsächlich Menschen mit einem schwachen Immunsystem, also die sehr jungen sowie alten oder bereits kranken Menschen. Doch die Spanische Grippe tötete schon in den ersten Monaten der Epidemie auch ansonsten gesunde Erwachsene. Zu einem anderen Zeitpunkt hätte der Tod so vieler junger Menschen wahrscheinlich deutlich mehr Aufregung hervorgerufen, aber der Krieg kaschierte das Ausmaß der Grippe. Im Frühsommer hieß es in einem ärztlichen Bulletin von amerikanischen Soldaten in Frankreich, die Epidemie sei »so gut wie vorbei ... und durchweg harmlos verlaufen«. Britische Ärzte sagten, jedes Anzeichen der Grippe sei »vollends verschwunden«.

Im August tauchte in der Schweiz ein neuer und weitaus tödlicherer Grippestamm auf, und ein Offizier des US-Marine-Nachrichtendienstes, der sich gerade in der Schweiz befand, äußerte in einem vertraulichen Bericht die Vermutung, dass er Zeuge der Rückkehr des »Schwarzen Todes« wäre. Anfang Dezember erkrankten Soldaten im Fort Devens, einem militärischen Ausbildungszentrum nordwestlich von Boston.

Von dort aus zog das Virus weiter nach Philadelphia, verbreitete sich zunächst explosionsartig in der Marinewerft und sprang dann auch auf die Zivilbevölkerung über, als Tausende von Menschen sich während einer Militärparade in den Straßen drängten. Innerhalb von sechs Wochen starben mehr als 12 000 Menschen, davon beinahe 800 an einem einzigen Tag.

Die Krankheit streckte ihre tödlichen Tentakel über das ganze Land aus. Auch in Columbus, der Hauptstadt Ohios, wo ungefähr ein Jahrhundert später eine kleine Eisbärin namens Nora geboren werden sollte, befiel die Krankheit Tausende von Menschen und forderte mindestens 800 Leben, obwohl die örtlichen Gesundheitsbehörden Quarantänen anordneten und Versammlungsorte sperren ließen.

Die ersten Fälle im pazifischen Nordwesten wurden Ende September im Camp Lewis, südlich von Seattle, gemeldet. Die örtlichen Behörden empfahlen zunächst eine freiwillige Quarantäne und verhängten dann eine Quarantänepflicht. Kirchen, Schulen und Theater wurden ohne Vorwarnung geschlossen. Doch viel half das nicht. Bis Ende Februar 1919 starben allein in Seattle mehr als 1400 Menschen.

Als Thomas Riggs, Gouverneur des Alaska-Territoriums, hörte, dass die Krankheit die Westküste Amerikas erreicht hatte, setzte er alles daran, eine Ausbreitung in Richtung Norden zu verhindern. Er forderte die Dampfschiffsreedereien, die nach Alaska fuhren, auf, die Passagiere auf Anzeichen der Grippe zu untersuchen. Ärzte wurden in den Häfen Alaskas stationiert, um alle Menschen mit Symptomen zu untersuchen und, wenn nötig, in Quarantäne zu schicken. Am 14. Oktober 1918 wurde in Juneau,

Alaskas südöstlichstem Zipfel, der erste Fall gemeldet, und die Krankheit breitete sich wie ein Lauffeuer entlang der Küste aus. Dennoch kam der Südosten Alaskas verhältnismäßig glimpflich durch die Pandemie: Ärzte errichteten provisorische Krankenhäuser, die Toten wurden umgehend beerdigt, und sogar aus San Francisco kam Hilfe. All das trug dazu bei, dass die Krankheit sich langsamer ausbreitete. Vom Nordwesten Alaskas konnte das jedoch nicht behauptet werden.

Am 20. Oktober lief der Dampfer *Victoria* in den Hafen von Nome ein, etwa 160 Kilometer südöstlich von Wales. Dank einer Artikelserie im der Zeitung *Anchorage Daily News,* in der über die Ausbreitung der Krankheit im Nordwesten Alaskas berichtet wurde, ist der weitere Verlauf bekannt. Alle Passagiere der *Victoria* waren in Seattle untersucht worden, und niemand hatte Grippesymptome gezeigt. Trotzdem verordnete ein Arzt ihnen bei der Ankunft eine Quarantäne im örtlichen Krankenhaus. Nach fünf Tagen war nur eine einzige Person erkrankt. Die Ärzte taten es als Mandelentzündung ab, und die Quarantäne wurde aufgehoben. Vier Tage später zeigte ein Angestellter des Krankenhauses Symptome und starb. Zwei Tage darauf wurde ganz Nome unter Quarantäne gestellt, aber es war zu spät.

Schätzungen zufolge erkrankte mehr als die Hälfte der weißen Bevölkerung Nomes. Bis zur letzten Novemberwoche waren mehr als zwei Dutzend von ihnen tot. In dem kleinen Dorf abseits der Stadt, in dem die Einheimischen lebten, waren die Folgen noch verheerender. Innerhalb von acht Tagen starben dort 162 Menschen. In Panik waren die Einwohner von Haus zu Haus gerannt, um die anderen zu warnen, und hatten die Krankheit so in beinahe jeden Haushalt getragen. Später kamen Rettungskräfte, um in den Hütten, aus deren Schornsteinen kein Rauch quoll, nach Überlebenden zu suchen. Sie fanden ganze Familien erfroren vor. Die Krankheit hatte sie zu sehr geschwächt, um ein Feuer in Gang zu halten. Inmitten dieser dramatischen Ereignisse nahmen sich mehrere Einheimische das Leben. Der leitende Arzt der Stadt, Daniel S. Neuman, wurde zwei Wochen nach Ausbruch der Grippe krank und konnte nicht mehr arbeiten, sodass ein Arzt aus dem nahe gelegenen Fort Davis die zahlreichen Kranken allein versorgen musste. Das Schiff, das die Grippe eingeschleppt hatte, war das letzte der Saison gewesen. Niemand würde kommen, um ihnen zu helfen.

Die Post, die die *Victoria* nach Nome brachte, wurde desinfiziert, als die Passagiere in Quarantäne geschickt wurden, aber noch bevor die Crew die Hundeschlitten mit Briefen und Paketen für die abgelegenen Orte an der Küste belud, kamen sie in Kontakt mit den örtlichen Briefträgern. Ein Postbote und sein Sohn waren Anfang November in Richtung Wales unterwegs, als der Junge krank wurde.

Arthur Nagozruk sen., Schulleiter und Oberhaupt von Wales, hatte von der Grippe gehört und dem Postboten klare Anweisungen gegeben: Falls er oder sein Sohn Krankheitssymptome zeigen sollten, durften sie auf keinen Fall in das Dorf zurückkehren. Vielleicht hoffte er auf Hilfe für seinen Sohn, vielleicht war er zu verzweifelt, um kehrtzumachen, jedenfalls ignorierte der Briefträger den Befehl des Schulleiters. Als er in Wales ankam, war sein Sohn bereits tot. Zwei Tage später spürte auch er die Symptome der Grippe. Innerhalb von einer Woche war fast das ganze Dorf erkrankt.

Eine staatliche Krankenschwester kam, um zu helfen, aber sie hatte nicht ausreichend Medikamente für die zahlreichen Kranken dabei, und auch ihr Lebensmittelvorrat war schnell aufgebraucht. Sie wies die älteren Kinder an, Karibus zu schlachten, das Fleisch den Jüngeren zu geben und Brühe für die Babys zu kochen. Die Einwohner wurden in das Schulgebäude gebracht, wo viele von ihnen starben. Ihre Leichen wurden reihenweise im Hinterzimmer gestapelt. Anderen fehlte die Kraft, ihr Zuhause zu verlassen, und sie starben in ihren Grassodenhäusern. Als die Rettungskräfte ein paar Wochen später eintrafen, fanden sie Babys, die an den Brüsten ihrer toten Mütter saugten, und Kinder, die Milchkonserven mit ihrer eigenen Körperwärme auftauten, um damit ihre jüngeren Geschwister zu füttern.

70 Menschen – ungefähr die Hälfte des Dorfes – starben. Zu den Toten gehörten fast der ganze Dorfvorstand, zwei einheimische Lehrer und der Großteil der Walfangmannschaft. Auch fünf Babys, die ungefähr zum Zeitpunkt des Ausbruchs der Pandemie geboren worden waren, fielen der Grippe zum Opfer. Nagozruk, das Oberhaupt des Dorfes, verlor seine Frau und zwei Söhne. Zwei von Genes Großeltern zählten zu den Opfern und starben rund 39 Jahre vor Genes Geburt.

Der Rettungstrupp, der im Frühjahr 1919 in Wales eintraf, sprengte Löcher in den Strand nördlich des Dorfes und begrub die Toten in Massengräbern in den Dünen unter einem weißen Kreuz. Noch heute befindet sich dort der Friedhof.

Eineinhalb Jahre später traf Henry Greist, ein presbyterianischer Missionar, in Wales ein. Er blieb ein Jahr in dem Dorf auf dem Kap, bevor er weiter nach Norden zog und an Alaskas Nordküste ein Krankenhaus gründete. In einem unveröffentlichten Manuskript beschrieb er die Situation in Wales nach dem Eintreffen des Rettungstrupps. Sein Bericht war fehlerhaft, vor allem was die Jahreszahl, die Anzahl der Einwohner und die Todesopfer der Grippe betraf, und er vertrat fürchterlich rassistische Ansichten, doch sein Text ist der einzige bekannte schriftliche Bericht über das, was er als »tragisches, soziologisches Experiment« bezeichnete.

Mit dem Rettungstrupp kam 1919 auch ein Beauftragter des U. S. Bureau of Education (die damalige amerikanische Bildungsbehörde) nach Wales, bei dem es sich vermutlich um Ebenezer Evans handelte. Er wusste, dass die Grippe ungefähr vierzig Waisen in dem Dorf hinterlassen hatte, und brachte einen Stapel Heiratsurkunden mit. Evans versammelte Witwer, Witwen und alle anderen Erwachsenen im heiratsfähigen Alter im Schulhaus und stellte sie vor die Wahl. Sie könnten die Weisen in von der Grippe verschonte Städte und Gemeinden schicken und sie somit für immer von ihrer Heimat und ihren verbliebenen Verwandten – Tanten und Onkel, Brüder und Schwestern – trennen. Die zweite und einzige Alternative, verkündete Evans der versammelten Menge, bestünde darin, »hier und jetzt« einen neuen Ehepartner zu wählen und an Ort und Stelle zu heiraten.

Der Gedanke, nach dem schrecklichen Verlust durch die Grippe auch noch eine gesamte Generation an Kindern zu verlieren, jagte den Einwohnern – von denen viele um geliebte Menschen trauerten, die tot im Nebenzimmer lagen oder gerade draußen von Fremden in einem Massengrab beerdigt wurden – Furcht ein, wie aus Greists Schilderungen hervorgeht. Auf Evans Drängen hin reihten die Einwohner sich an den Wänden des Schulgebäudes auf, die Männer und Jungen auf der einen, die Frauen und Mädchen auf der anderen Seite. Die Männer wurden dann dazu aufgefordert, eine Braut zu wählen. Wenn sie zögerten, wurde ihnen eine Partnerin zugeteilt. Ein wohlhabender älterer Mann um die 50, der während der gesamten Zeremonie auf den Boden gestarrt hatte, weigerte sich, zu wählen. Er trauerte um seine verstorbene Frau, die überaus intelligent und begabt gewesen war und die er sehr geliebt hatte. Evans teilte ihm ein Mädchen zu, das nicht einmal halb so alt war wie er und außerdem eine Beziehung zu einem Jungen in ihrem Alter hatte, der sich zu diesem Zeitpunkt nicht im Schulhaus befand. Das Mädchen weinte bitterlich, als es zum Tisch geführt wurde, um die Heiratsurkunde zu unterschreiben. Nachdem allen ein Partner oder eine Partnerin zugewiesen worden war, erklärte Evans die Paare in einer Massenzeremonie zu Mann und Frau.

Sobald die Zeremonie vorbei war, brachte der ältere Mann seine frisch vermählte Frau zurück zu ihrer Mutter und wandte sich zum Gehen. Später erwirkte er eine gesetzliche Scheidung. Das Mädchen heiratete den Jungen, den es liebte. Der alte Mann blieb bis zu seinem Lebensende unverheiratet.

* * *

Die Spanische Grippe richtete verheerenden Schaden unter der indigenen Bevölkerung Alaskas an. Von den Toten, die zwischen 1918 und 1919 in Alaska verzeichnet wurden, war die Hälfte – mehr als 1100 Menschen – der Krankheit zum Opfer gefallen. 80 Prozent von ihnen waren Einheimische. Zwei Drittel der Grippeopfer stammten aus Nome und Umgebung, einschließlich Wales.

Das Dorf auf dem Kap würde nie wieder derselbe Ort sein. Die Bevölkerung war beinahe um die Hälfte geschrumpft, und die familiären Strukturen waren gegen den Willen der Bewohner neu geordnet worden. Wales, einst die größte indigene Gemeinde an der Küste Alaskas, würde nie wieder mehr als 160 Einwohner zählen. Doch die Konsequenzen der Pandemie gingen weit über die horrenden Todeszahlen und die Änderung von Nachnamen auf einem Stück offiziellen Papier hinaus. Die Dorfoberhäupter, Rentierhirten und geschicktesten Jäger des Dorfes waren tot und hatten das Wissen darüber, wo die Strömungen der Beringstraße verliefen, wann das Eis sich zu formen begann, wo die Walrosse sich versammelten und woran man erkennen konnte, dass ein Unwetter nahte, mit ins Grab genommen. Dieses Wissen wurde für gewöhnlich in Form von Geschichten in der Wärme der *qargis* mündlich von der älteren an die jüngere Generation überliefert und machte die Stärke der Einheimischen aus. Denn in einer so gefährlichen Umgebung wie dem hohen Norden konnte das Wissen, das in diesen Geschichten ruhte, den Unterschied zwischen Leben und Tod bedeuten. Der Walfang wurde für ein halbes Jahrhundert so gut wie aufgegeben, und der Verlust der Jäger machte die Bewohner von Wales abhängig von den Lebensmitteln, die aus Nome und weiter entfernten Orten kamen.

Die indigene Bevölkerung Alaskas lebte nicht in paradiesischen Zuständen, bevor die Weißen eintrafen. Wie in jeder anderen Gemeinschaft gab es Not und Konflikte, Krankheit und Hunger. Doch die Fremden brachten eine andere Art von Elend mit sich. Die Ankunft der ersten Missionare am Kap im Jahr 1890 war der Anfang vom Ende der Tradition und Kultur der Inupiat. Während Letztere im Einklang mit der Natur lebten und sie als gleichberechtigt betrachteten, sahen die Weißen jede natürliche Ressource als günstige Gelegenheit: eine Herde, die es einzufangen galt, ein Wal, dessen Öl sie nutzen, und ein Volk, aus dem man Christen und Arbeitskräfte machen konnte.

Die indigene Bevölkerung und ihre Lebensweise sollten nicht zum ersten und auch nicht zum letzten Mal von mächtigeren Außenstehenden bedroht werden.

KAPITEL 7

Meilensteine

Nora war ein echter Internetstar geworden. Nach der Veröffentlichung des Videos, in dem die erfahrene Tierpflegerin Cindy Cupps das Eisbärenbaby fütterte, verfolgten Tausende Noras Entwicklung regelmäßig über Facebook oder YouTube. Doch Noras Fans wussten nicht, dass die Pflegerinnen von einer drückenden Sorge geplagt wurden. Trotz all ihrer Bemühungen – den intensiven Recherchen, der aufmerksamen Videoüberwachung, der Rund-um-die-Uhr-Betreuung, den 28-Stunden-Schichten und dem Verzicht auf Urlaubs- und Feiertage – hatten Noras Moms versagt.

Nachdem sie erfahren hatte, dass Noras Körper nicht genug Vitamin D und Kalzium aufnahm und eine Knochenerweichung ihr Skelett verformte, hatte die Tierärztin Priya Bapodra ihre Tränen getrocknet und sich noch einmal in die Recherche vertieft, um herauszufinden, wie sie die Ernährung der kleinen Eisbärin anpassen könnte. Sie vermutete, dass das Problem begonnen hatte, als sie das Distelöl in Noras Nahrung durch Heringsöl ersetzt hatten. Den Recherchen zufolge war das Heringsöl besser geeignet, doch in Noras Fall hatte sich das nicht bewahrheitet.

Noras Nahrung wurde wieder auf Distelöl umgestellt, und sie fügten der Milch zusätzlich Kalzium hinzu. Außerdem bekam sie nun regelmäßig Vitamin-D-Spritzen. Schmerzen schien Nora nicht zu haben, aber da Eisbären nicht unbedingt zeigen, wenn sie leiden, gaben sie ihr auch leichte Schmerzmittel. Wenn die Pflegerinnen sie aus dem Brutkasten holten, achteten sie darauf, die kleine Eisbärin so wenig wie möglich zu berühren, damit ihre Knochen ungestört heilen konnten.

Die Pflegerinnen würden nie erfahren, warum Aurora ihr Junges allein gelassen hatte, sodass Nora die Nährstoffe, die sie brauchte, nicht direkt aus der Muttermilch bekam. Vielleicht hatte Aurora gespürt, dass das Eisbärenbaby schwächlich war. Vielleicht hatten Auroras Instinkte ihr nach dem Tod von Noras Zwilling unmittelbar nach der Geburt gesagt, dass die Aufzucht eines kränklichen Jungtieres ihr eigenes Überleben gefährden könnte, wie es in freier Wildbahn der Fall gewesen wäre.

Wenn Nora nicht in Gefangenschaft aufgewachsen wäre, hätte sie sich in der Geburtshöhle dicht an ihre Mutter gekuschelt, während sie sich nach und nach an die arktische Kälte gewöhnte. Im Laufe der Wochen reduzierten die Pflegerinnen die Temperatur auf der Intensivstation schrittweise von 31 auf 21 und schließlich auf 13 Grad. Sie selbst bewaffneten sich mit Heizdecken, Mützen und dicken Pullovern, um nicht zu frieren. Sie schliefen abwechselnd auf einer Luftmatratze in einer Ecke der Intensivstation, damit immer jemand in Noras Nähe war. Sie trugen robuste Kleidung von Carhartt, um sich vor den gekrümmten Krallen und den wachsenden Zähnen der kleinen Bärin zu schützen. In der einen Sekunde schien das Eisbärenjunge zufrieden, in der nächsten sorgte ein ungewohntes Geräusch dafür, dass es die Krallen ausfuhr. Unter anderen Umständen hätte seine Mutter es wohl mit fester Pfote zurechtgewiesen.

Nora zog sich noch immer wie eine Robbe mit gespreizten Hinterbeinen über den Boden. Sie richtete sich mühsam auf, kippte um und rollte als undefinierbare Fellkugel mit Pfoten und dunklen, neugierigen Augen über den Boden. Wenn ihre Moms in der Ecke der abgedunkelten Intensivstation E-Mails bearbeiteten oder Daten eintrugen, robbte Nora zu ihnen hinüber und schlang ihre Pfoten um die Knöchel der Pflegerinnen. Noras Moms suchten unentwegt nach Lösungen und hörten nicht auf, sich Sorgen zu machen, aber in solchen Momenten hielten sie inne und sahen die kleine Eisbärin liebevoll an. Manchmal hielt Shannon Morarity Nora im Arm, wenn diese ein Nickerchen machte, und nicht nur einmal schlief die Pflegerin selbst dabei ein, das warme, kuschelige Eisbärenbaby fest an sich gedrückt. In einem Video, das kurz nach Weihnachten veröffentlicht wurde, fütterte Shannon Nora mit der Flasche und stützte den verletzten Unterarm der kleinen Bärin, als dieser mitten beim Trinken die Augen zufielen.

Babys genesen schnell, und so dauerte es nur wenige Wochen, bis sich einige von Noras Knochenproblemen von selbst gelöst hatten. Priya und die anderen Moms waren überglücklich darüber, wie schnell es ihrem Schützling besser zu gehen schien. Am 21. Januar gaben sie ihr eine letzte Vitamin-D-Spritze. Die Röntgenaufnahmen zwei Tage später zeigten, dass der Bruch in ihrem Unterarm verheilt war. Alles deutete darauf hin, dass Nora ein gesundes Eisbärenbaby war.

Ende Januar trank Nora Wasser aus einer grünen Schale, und ihre Moms jubelten. Ein paar Tage später stellten sie ihr eine Wanne mit Wasser zum Erkunden hin, und Nora tauchte ihr Hinterteil hinein.

Die tierärztliche Leitung teilte Priya mit, was sie längst wusste: »Sie werden sie loslassen müssen.«

Nora wurde aus der Intensivstation entlassen und in das »Polar Frontier« des *Columbus Zoo and Aquarium* zu den anderen Bären gebracht.

* * *

Das Polar Frontier des *Columbus Zoo* ist einer verlassenen Bergbaustadt in der Arktis nachempfunden. So oder ähnlich hatte wohl auch Nome ausgesehen, nachdem der Goldrausch im frühen 20. Jahrhundert durch die Stadt gefegt war. In einem Gehege an der Nordseite des holzverkleideten und absichtlich verwittert wirkenden Hauptgebäudes tollen die Polarfüchse umher. Daran schließt sich das ungefähr 1350 Quadratmeter große Grizzly-Gehege, das sich die Bärenbrüder Brutus und Buckeye teilen. Neben den Grizzlys liegt das Eisbärengehege, dessen Grasflächen, Felsen- und Sandlandschaften der arktischen Tundra nachempfunden sind. Das riesige Schwimmbecken ist mit lebenden Forellen bestückt und wird mithilfe von Geothermalenergie beheizt oder gekühlt. Der Beobachtungsraum der Besucher verfügt über eine mehr als 30 Meter lange Fensterfront und ist über eine Treppe mit einem weiteren, unterirdischen Raum verbunden, der einem Minenschacht ähnelt. Dieser Raum ist wie ein umgedrehtes Boot geformt, und durch die Decke aus Plexiglas können die Besucher die Eisbären von unten beim Schwimmen und Tauchen beobachten. Es fällt einem nicht schwer, sich vorzustellen, dass die Silhouette eines zum Sprung ansetzenden Bären das Letzte ist, was eine Robbe in freier Wildbahn zu Gesicht bekommt.

Das Gehege war 2010 für zwanzig Millionen US-Dollar umgebaut worden und konnte nun mehrere Bären in getrennten Bereichen beherbergen. Neben Nora lebten im *Columbus Zoo* drei weitere erwachsene Eisbären – zu diesem Zeitpunkt mehr als in jedem anderen amerikanischen Zoo –, und das über einen halben Hektar große Gehege bot ihnen allen ausreichend Platz. Der Zoo machte seinem Engagement für die gefährdete Spezies alle Ehre.

Im Sinne des modernen Zoodesigns hatte das Eisbärengehege nur wenige sichtbare Wände, und es schien, als könnte Nora unbegrenzt gen Norden wandern, den Zoo verlassen, eine Linkskurve einschlagen, wenn sie nach Kanada kam, und ihren Verwandten in Alaska einen Besuch abstatten. Zögerlich erkundete Nora die neue Umgebung und blickte jedes Mal zu Shannon und den anderen Pflegerinnen zurück, wenn sie etwas Neues entdeckte.

Nach Noras ersten zwei Wochen im »Polar Frontier« zogen sich Shannon und eine weitere Pflegerin Neoprenanzüge an und wateten in das gut zwei Meter tiefe Becken, um Nora zu zeigen, dass es nicht gefährlich war. Die kleine Eisbärin schlich unentschlossen am Rand des Beckens entlang, bevor sie eine Pfote ins Wasser tauchte. Wenige Minuten später ging auch sie in das kühle Nass. Als Eisbärin war Nora eine geborene Schwimmerin. Ihre geschickte Art, sich im Wasser fortzubewegen, indem sie ihre großen Pfoten als Paddel benutzte, zeigte ihren Pflegerinnen, dass es durchaus Dinge gab, die Nora bereits über das Dasein als Bär wusste.

In dem Protokoll, das Noras Moms führten und in das sie alle Meilensteine eintrugen, die Nora bewältigte, prangten hinter dem Eintrag »Schwimmen« vier Ausrufezeichen.

Als Shannon Nora dabei zusah, wie sie das Gehege erkundete, konnte sie spüren, dass eine Last von ihren Schultern fiel, und sie dachte: *Okay, es geht ihr gut.* Die Zeit bis zu diesem Augenblick war anstrengend gewesen. Jetzt hatte die junge Bärin Platz, um mit all ihren Moms gleichzeitig zu spielen, und sie tobten mit ihr im Gehege herum wie ein Haufen ausgelassener Kinder.

Die Pflegerinnen wussten jedoch, dass die Bindung, die sie zu Nora aufgebaut hatten, ein gewisses Risiko barg. Sowohl Vögel als auch Säugetiere bilden schon früh im Laufe ihrer kognitiven Entwicklung ein Selbstbewusstsein aus. In den 1930er-Jahren stellte der österreichische Wissenschaftler Konrad Lorenz die Theorie auf, dass Babygänse sich auf das erste bewegte Objekt prägen, das sie nach dem Schlüpfen entdecken, unabhängig davon, ob es sich um eine andere Vogelart oder einen Stock handelt – oder um Lorenz selbst. Seine Theorie bewahrheitete sich, und mit seinem Schwarm aus Babyvögeln, der ihm auf Schritt und Tritt folgte, landete er auf den Titelblättern der Zeitungen. »Der Mann, der mit den Gänsen läuft« erhielt für seine Arbeit den Nobelpreis für Physiologie. Lorenz' Theorie, die unter dem Namen »Prägung« bekannt wurde, lieferte allen Federviehhaltern wertvolles Wissen, das sie sich zunutze machen konnten, indem sie dafür sorgten, dass sich die Vögel auf unbelebte Objekte wie farbige Bälle oder elektrische Züge prägten und auf diese Art von einem Ort zum anderen gelenkt werden konnten.

Aber der Prozess der Prägung hat auch Nachteile, besonders für wild lebende Tiere. Ein Vogel in freier Natur, der sich nicht auf das Muttertier prägt, lernt nie, sich seiner Art entsprechend zu verhalten und mit seinen Artgenossen zu interagieren. Zugvögel, die sich nicht auf ihre Mutter prägen, werden nie zu ihren Winterquartieren aufbrechen, und Raubvögel nicht lernen zu jagen. Wegen dieser Risiken ist es in der Regel verboten, verwaiste Jungvögel, die in der Wildnis gefunden werden, selbst aufzuziehen. Biologen, die Vögel großziehen, um sie anschließend auszuwildern, geben sich große Mühe, zu verhindern, dass die Tiere sich auf Menschen prägen, und verwenden Handpuppen, die der jeweiligen Art ähneln, mit der sie gerade arbeiten. Im *Monterey Bay Aquarium* in Kalifornien tragen die Pfleger Darth-Vader-ähnliche-Kostüme, um zu verhindern, dass Otterbabys sich auf sie prägen. Und das Internet ist voll von skurrilen Fotos von Zoomitarbeitern in Ganzkörper-Pandakostümen, die die gefährdeten Jungtiere in den Armen halten. Die Forschung zum Prozess der Prägung ist heute weiter fortgeschritten als zu Lorenz' Zeit in den Dreißigerjahren, doch die Risiken bleiben die gleichen, und sie beunruhigten die Pflegerinnen. Zwar konnte Nora die anderen Eisbären im Zoo sehen, hören und dank ihres ausgeprägten Geruchssinns auch riechen, dennoch befand sie sich hauptsächlich in menschlicher Gesellschaft. Diese Tatsache ließ sich jedoch für den Moment nicht ändern. Nora war noch zu klein und hilflos, um mit den anderen Bären im Gehege zu sein, und ihre Mutter Aurora würde sie nicht beschützen. Die kleine Eisbärin musste noch viel lernen und konnte sich dabei nur auf die Menschen verlassen.

Als Nora fünf Monate alt wurde, mussten die Pflegerinnen mehr Distanz wahren. Die Krallen und Zähne der Eisbärin waren länger und schärfer geworden. Sie war zu groß und kräftig, um unter Menschen zu sein, und zu klein, um sich gegen die anderen Bären behaupten zu können, die sie leicht verletzen oder sogar töten konnten. Ihre Moms interagierten durch Glasscheiben oder Netze hindurch mit ihrem Schützling. Sie sprachen weiterhin mit ihr und sagten ihr, wie lieb sie sie hatten. Aber innerhalb des Geheges waren die Geräusche und Gerüche der Bären ringsum Noras einzige Gesellschaft.

Hinter einer durchsichtigen Tür, sodass Nora sie sehen konnte, beobachtete Shannon die Eisbärin oft dabei, wie sie durch das Gehege streifte. Eine Zeit lang schaute die kleine Eisbärin jedes Mal zu der Pflegerin zurück, wenn sie ein neues Geräusch vernahm oder einen unbekannten Geruch witterte. Und dann, eines Tages, hörte sie damit auf. Dies war der Moment, auf den alle Mütter hinarbeiten und gleichzeitig fürchten. Nie wieder würden Noras Moms ihre Nase gegen die Schnauze der kleinen Eisbärin drücken.

Dafür warteten die Menschen hinter der Glasfront in Schlangen darauf, Nora kennenzulernen.

* * *

Seit Tausenden von Jahren werden Tiere zu Zwecken menschlicher Unterhaltung ausgestellt. Schon die Herrscher des alten Ägyptens um 3500 v. Chr. sammelten Elefanten, Paviane und Nilpferde. Im 11. Jahrhundert v. Chr. ließ der König des Assyrischen Reiches, Aššur-bel-kala, riesige botanische und zoologische Gärten errichten, um seine Kollektion an exotischen Tieren vergrößern zu können. Auch die römischen Kaiser hielten eine Vielzahl an Tieren, unter anderem, um Kriminelle bei öffentlichen Hinrichtungen vor Zehntausenden von Zuschauern töten zu lassen. Die ersten Menagerien dagegen waren nicht für die Öffentlichkeit bestimmt. Die Tiere wurden hinter Gittern und verschlossenen Türen gehalten, wo nur die Reichen und Mächtigen sie betrachten und mit ihnen handeln konnten. Mehr noch als die Zurschaustellung von Reichtum symbolisierte die Haltung wilder Tiere die Macht über die Natur. Je exotischer die Kreatur, desto mächtiger der Herrscher. Und da Eisbären aus einer der unzugänglichsten Gegenden der Erde stammen, waren sie besonders begehrt.

Im 13. Jahrhundert hielt König Heinrich III. einen Eisbären im Tower von London – mit Maulkorb und an der Kette. Auch Friedrich I., der erste König von Preußen, zählte – 500 Jahre später – angeblich einen Eisbären zu seiner Sammlung exotischer Tiere, die er gegeneinander antreten ließ. Da die Tiere schwer zu beschaffen waren und zu wertvoll, um ihnen beim Sterben zuzusehen, entfernte man ihnen Krallen und Reißzähne, bevor sie in die Arena geschickt wurden.

Schon bald nachdem Friedrich I. damit begonnen hatte, Tierkämpfe zu veranstalten, entstanden die ersten Wandermenagerien. Die Tiere wurden in Käfige verladen und durch das ganze Land gekarrt. Die Menschen zahlten, um die Kreaturen aus fremden Ländern zu bestaunen, die auf Messen und Jahrmärkten zur Schau gestellt wurden.

Zu Beginn des 19. Jahrhunderts baute die *Zoological Society of London* die ersten modernen Zoos des Westens. Der Londoner Zoo im *Regent's Park* war ursprünglich nur zur Durchführung wissenschaftlicher Studien gedacht und blieb der Öffentlichkeit vorenthalten. In der Mitte des Jahrhunderts wurden die Türen jedoch für Besucher geöffnet, und im Laufe der Jahrzehnte wurde der Zoo sogar umgestaltet, um der großen Einwohnerzahl Londons mit breiten Wegen und vielen Beobachtungsmöglichkeiten gerecht zu werden.

Für mehr als ein Jahrhundert nach der Gründung des Londoner Zoos standen die Beobachtung der Tiere und die Verhaltensforschung im Vordergrund. Zoobesitzer scherten sich nicht groß um Artenschutz oder das Wohlergehen der Tiere. Nicht selten wurden diese sogar mit brutalen Methoden dressiert, um das Publikum mit Kunststücken zu unterhalten. Als Politiker und Aktivisten in den 1970er-Jahren auf einen philosophischen Wandel drängten und schließlich die Verabschiedung des Tierschutzgesetzes erreichten, änderten sich diese Zustände in den Vereinigten Staaten. Heute sind Zoos nicht nur Orte, die der Wissenschaft dienen, sondern ebenso der Bildung und Entstehung eines Umweltbewusstseins.

Für die meisten Menschen stellen Zoos die einzige Möglichkeit dar, die Pracht und Vielfalt der Natur mit eigenen Augen zu sehen. Gäbe es keine Zoos, bekämen die meisten Kinder nie die Chance, den anmutigen Gang eines Tigers oder die Geschicklichkeit eines Elefantenrüssels zu bewundern. Ohne Aussichtsplattformen und Affengehege könnten nur die Privilegiertesten unter den Menschen in die Augen eines Orang-Utans blicken und darin etwas unbestreitbar Vertrautes erkennen. Nur wenige Menschen setzen sich für die Erhaltung von etwas ein, das sie selbst noch nie gesehen haben. Ende des 18. Jahrhunderts sagte der Besitzer einer Menagerie, er täte mehr dafür, die »Massen des Volkes mit den Bewohnern des Waldes vertraut zu machen, als alle jemals gedruckten Bücher über die Naturgeschichte zusammen«.

Darin besteht auch heute noch das Hauptargument für Zoos. In Zeiten, in denen immer mehr Tierarten durch die Jagd, den Verlust ihres Lebensraums oder durch Umweltveränderungen an den Rand ihrer Existenz gedrängt werden, kommt den Zoos eine noch viel wichtigere Aufgabe zu, als den Besuchern Wissen über die Tiere zu vermitteln. Die Presseabteilungen der Zoos weisen – zu Recht – darauf hin, dass Zoos eine entscheidende Rolle für den Schutz der vom Aussterben bedrohten Arten spielen.

Dennoch können Zoos ihren Tieren in Gefangenschaft keinen idealen Lebensraum bieten, schon gar nicht den Eisbären. Das passende Klima zu schaffen, ist eine große Herausforderung. Die Innen- und Außenbereiche von Eisbärengehegen sind mit Klimaanlagen und Ventilatoren ausgestattet, und auch das Wasser in den Schwimmbecken wird gekühlt. Die Bären werden mit Fisch gefüttert, der in Eisblöcken eingefroren ist. Selbst im natürlichen Lebensraum der Eisbären herrschen im Sommer manchmal an die dreißig Grad, weshalb die Tiere mit kurzen Wärmeperioden einigermaßen umgehen können. Doch das Wetter in Columbus ähnelt dem der Arktis kaum.

Auch die Ernährung der Tiere bringt Schwierigkeiten mit sich. Zoos werden in erster Linie als familienfreundliche Ausflugsziele gesehen. Doch nicht alle Eltern möchten ihren Kindern erklären müssen, warum der knuddelige Eisbär gerade vor ihren Augen eine Robbe zerfleischt. Deshalb versuchen Leute wie Dana Hatcher, die Ernährungswissenschaftlerin, die Noras Milch herstellte, die natürliche Nahrung der Tiere auf andere Art und Weise zu rekonstruieren. Das Zoopersonal muss die Tiere außerdem bei Laune halten. Ein gelangweiltes Tier ist ein unglückliches Tier. Deshalb geben die Pflegerinnen und Pfleger sich große Mühe, ihren Schützlingen Abwechslung zu verschaffen und dem Konzept des »Behavioral Enrichment« (der Verhaltensanreicherung) gerecht zu werden. Noras Pflegerinnen entwickelten Trainingsprogramme und Rätsel, für deren Lösung sie belohnt wurde. Sie munterten sie zum Spielen auf und gestalteten ihr Gehege regelmäßig um, damit sie nicht in einen Trott verfiel.

Amerikanische Zoos unterliegen dem Landwirtschaftsministerium der Vereinigten Staaten, das für die Einhaltung des Tierschutzgesetzes verantwortlich ist und die Lizenzen für Einrichtungen vergibt, die Tiere zur Unterhaltung ausstellen. Aber selbst bei lizenzierten Zoos gibt es große Unterschiede, wie beispielsweise zwischen dem Zoo in Columbus, der seinen Eisbären ein weitläufiges, mehrere Millionen US-Dollar teures Gehege zur Verfügung stellt, und solchen Einrichtungen, die kaum mehr als ein lauwarmes Schwimmbecken und das Bild eines Eisberges auf einer Betonwand bieten. Einen seriösen Zoo erkennt man daher an der Akkreditierung durch die *Association of Zoos and Aquariums,* die höhere Standards voraussetzt als das Landwirtschaftsministerium. Von den 2800 lizenzierten Tierausstellern in den Vereinigten Staaten sind nur zehn Prozent von der *Association of Zoos and Aquariums* zertifiziert. Diejenigen, die eine Akkreditierung haben, tragen sie wie ein Ehrenabzeichen und weisen durch Plaketten am Eingang und *AZA*-Logos auf ihren Webseiten darauf hin.

Der Schutz gefährdeter Arten spielt innerhalb des Verbands der *AZA* eine besondere Rolle. Für jede bedrohte Art gibt es einen eigenen Überlebensplan, den sogenannten *Species Survival Plan,* der von einer Kommission aus Mitarbeitenden der zugehörigen Zoos entwickelt wird. Die Kommissionsmitglieder werden ge-

wählt. Sie geben Empfehlungen dazu ab, wie die Tiere untergebracht und wann sie zur Fortpflanzung ermutigt werden sollten.
Im Falle der Eisbären, von denen verhältnismäßig wenige in Gefangenschaft leben, ist die Erhaltung der genetischen Vielfalt besonders schwierig. Diese Überlegung war auch der Grund dafür,
warum Nanuq durch das ganze Land geschickt wurde, nachdem
Gene Agnaboogok ihn in Alaska versehentlich zum Waisen gemacht hatte – von einem Zoo in Anchorage über Wisconsin und
New York bis zum Polar Frontier in Columbus, wo er Ende 2015
Nora zeugte.

* * *

An einem warmen Apriltag schob sich eine lange Schlange eifri-
ger Zoobesucher durch das Polar Frontier, vorbei an Informations-
tafeln zum Klimawandel, Bildern, die das rasante Verschwinden
des Meereises dokumentierten, und Plakaten mit dem Aufruf,
fossile Brennstoffe sparsam zu verwenden. Schließlich erreichte
die Menschenmenge den unterirdischen Raum mit der durchsichtigen Decke. Dort drängten sich Erwachsene mit hochwerti-
gen Kameras und Kinder mit erwartungsvollem Lächeln auf den
Lippen, die auf Nora warteten.

Die 30 Kilogramm schwere Eisbärendame – sichelfüßig und
mit weißem Flaum bedeckt – trottete in den Außenbereich des
Geheges, wo sie ihren Kopf in einen orangefarbenen Verkehrskegel steckte und blindlings umherstolperte wie ein verwirrter Bau-
arbeiter im Pelzmantel. Sie spielte mit einem gelben Ball, vergrub
ihre Nase in einem Haufen Eiswürfel und sprang mit einem
Bauchklatscher in den Pool, sodass die Fische darin in alle Rich-
tungen stoben.

»Noch mal«, schrie jemand. »Spring noch mal!«

Fast alle lokalen Zeitungen berichteten über Noras Debüt. Die
Tierpflegerin Shannon Morarity, die Noras erste 159 Tage beinahe durchgehend mit der kleinen Eisbärin verbracht hatte, vergoss
während einer Sendung auf Channel 10 ein paar Tränen.

»Wir sind sehr stolz auf Nora«, sagte sie.

In den nächsten fünf Monaten besuchten 261 126 Menschen das Polar Frontier des *Columbus Zoo,* um Nora zu sehen. Sie rannten dem Zoo regelrecht die Tore ein. Einige kamen sogar so oft, dass die Pflegerinnen sie wiedererkannten. Nora schien die Aufmerksamkeit zu genießen. Die Zeit vor den Besuchern – meist nur ein paar Stunden am Tag – verbrachte sie meist direkt vor der Glasscheibe, hinter der ihre Fans standen. Nora schien Menschen zu lieben, und die Menschen liebten Nora.

Die Pflegerinnen hatten sämtliches Forschungsmaterial zur Aufzucht von Eisbären durchforstet, und nach allem, was sie wussten, schien Nora glücklich zu sein, insofern man das Glück einer anderen Spezies beurteilen kann. Sie würde nie auf dem schwindenden Meereis nach Beute suchen, im Müll wühlen, Gänsenester plündern oder in mageren Zeiten Beeren fressen müssen, wie ihre Artgenossen im Norden. Noras Moms würden alles daransetzen, jedes ihrer Bedürfnisse zu erfüllen.

Aber konnten sie ihr genug Raum zum Umherstreifen bieten? Waren Verkehrskegel und überdimensionale Spielzeuge genug, um sie zu beschäftigen? Was war mit ihren sozialen Bedürfnissen? In freier Wildbahn können Eisbärenjungen nicht ohne ihre Mutter überleben. Sind sie ausgewachsen, begeben sie sich monatelang allein auf Nahrungssuche, doch wenn sie genug Reserven angelegt haben, finden sie sich mit anderen Bären zusammen. Im Gehege, das Nora gerade erst zu erkunden begann, würde sie irgendwann auf andere Eisbären treffen, und auch die Grizzlys im Nachbargehege konnte Nora sehen, hören und riechen, doch seit ihre Mutter Aurora die Geburtshöhle verlassen hatte, lange bevor Nora überhaupt die Augen geöffnet hatte, war die kleine Eisbärin nicht in der Nähe eines anderen Bären gewesen.

Nach fünf Monaten in der Gesellschaft der Tierpflegerinnen stellte sich die Frage, ob Nora überhaupt wusste, zu welcher Spezies sie gehörte.

KAPITEL 8

Abschied

Abgesehen von den Bären, die Nora durch die Wände und Türen des Geheges sehen und riechen konnte, war sie allein. Dafür hatte sie ganze Heerscharen von treuen Fans. Fans aus allen Ecken Ohios, die sie regelmäßig besuchen kamen. Fans aus ganz Amerika, die Züge, Busse oder Flugzeuge nahmen, um Nora beim Herumtollen zuzusehen. Fans überall auf der Welt, die darauf warteten, dass auf YouTube neue Videos von Nora erschienen und sie die Facebook-Seite des *Columbus Zoo* mit überschwänglichen Kommentaren füllen konnten. Hunderte von Menschen drängten sich täglich vor der Glasfront an der Westseite von Noras Gehege. Tausende von Besuchern strömten jede Woche in den Zoo und standen vor dem Polar Frontier Schlange. Und im Internet hatte die Eisbärin Millionen von Followern.

Nora wurde von allen geliebt.

Dennoch war sie bei Weitem nicht der erste Superstar der Zoowelt. Zu ihren Vorgängern zählte beispielsweise Heidi, das schielende Opossum aus dem Leipziger Zoo, dessen Fotos im Jahr 2010 zunächst in der lokalen Presse und schließlich im Internet kursierten. Dann gab es noch Koko, ein Westliches Flachlandgorillaweibchen, das 1971 im Zoo von San Francisco geboren wurde. Angeblich beherrschte Koko über eintausend Zeichen der sogenannten Gorilla-Gebärdensprache. Die beinahe 130 Kilogramm schwere Affendame adoptierte mit Vorliebe kleine Kätzchen, denen sie Namen wie All Ball, Lipstick und Smoky gab und sich hingebungsvoll um sie kümmerte. Und es gab Harriet, die Galapagos-Schildkröte, die Charles Darwin von den Galapagosinseln mitgebracht haben soll, als sie fünf Jahre alt gewesen war und die 2006 im Alter von schätzungsweise 176 Jahren starb. Sie wurde berühmt dafür, dass sie beinahe zwei Jahrhunderte lang gelebt hatte.

Und natürlich Knut.

Knut wurde im Dezember 2006 von der zwanzigjährigen Eisbärin Tosca, die aus einem Zirkus in Ostdeutschland gerettet worden war, geboren und war nach drei Jahrzehnten das erste Eisbärenjunge, das im Berliner Zoo zur Welt kam und über das Kindesalter hinauswuchs. Genau wie Aurora verließ Knuts Mutter ihren Nachwuchs nur wenige Tage nach der Geburt. Knut wurde mit einem ausziehbaren Kescher aus dem Gehege gefischt und fast sofort zum Medienliebling. Der Tierpfleger Thomas Dörflein zog ihn groß, fütterte und wusch ihn, spielte ihm Gutenachtlieder auf der Gitarre vor und schlief neben ihm ein. Beinahe täglich gab es Neuigkeiten von den beiden. Dörflein wurde selbst zu einer kleinen Berühmtheit und erhielt für die Pflege von Knut den Verdienstorden des Landes Berlin. Doch in den darauffolgenden Monaten wurde der kleine Eisbär nicht nur zum Gegenstand der öffentlichen Aufmerksamkeit, sondern auch der Kritik. Tierschützer waren der Meinung, der Zoo hätte Knut sterben lassen müssen, anstatt ihn wie ein Kind im Eisbärenfell großzuziehen. Wolfram Graf-Rudolf, Direktor des Aachener Zoos, gab den Tierschützern recht und sagte einer deutschen Zeitung gegenüber, Knuts Pfleger »hätte[n] den Mut haben müssen, den Bären sterben zu lassen«. Graf-Rudolf, der auch in seinem eigenen Zoo die Handaufzucht von Jungtieren miterlebt hatte, erklärte, die Gefahr bestünde darin, dass der kleine Eisbär sich zu sehr an Dörflein binden und eine Neurose entwickeln könnte. »Jedes Mal, wenn sein Pfleger geht und er ihm nicht nachkann, stirbt er einen kleinen Tod«, sagte Graf-Rudolf. Die Tierrechtsorganisation PETA verklagte den Zoo wegen »extremer Tiermisshandlung«.

Doch die Berliner wollten davon nichts hören. Schon die ältesten Wappen der Stadt, die aus dem 13. Jahrhundert stammen, zeigen einen Bären, und dieser ist bis heute das Emblem der Stadt. Die Berliner liebten das Eisbärenbaby. Sie überhäuften den Zoo mit E-Mails und Briefen, in denen sie um Knuts Leben flehten, und vor den Toren des Zoos demonstrierten Kinder. Der Zoo fügte sich, billigte Dörflein als Pfleger des kleinen Eisbären und machte Knut in der Folge zu einer internationalen Berühmtheit. Nicht weniger als 400 Journalisten aus den entferntesten Gegenden der Welt wie Usbekistan und Südamerika berichteten über Knuts ersten Auftritt in der Öffentlichkeit. Der kleine Eisbär hatte seinen eigenen Blog, der in der Ich-Form geschrieben war und in mehrere Sprachen übersetzt wurde. Mithilfe einer Webcam wurden Live-Videos aus seinem Gehege aufgenommen und veröffentlicht. Nach Knuts Debüt schnellten die Besucherzahlen des 163 Jahre alten Berliner Zoos in die Höhe und brachen alle Rekorde, als Knut und Dörflein zweimal täglich vor die Zuschauer traten, die in Massen vor den Glasscheiben warteten. Die weltberühmte Fotografin Annie Leibovitz schoss Porträts des Eisbären für die *Green Issue* (Grüne Ausgabe) der amerikanischen Zeitschrift *Vanity Fair* vom Mai 2007, auf deren Cover Knut in einer Fotomontage mit Leonardo DiCaprio auf einem Eisberg zu sehen war. Jeder Aspekt aus dem Leben des kleinen Eisbären wurde unter die Lupe genommen. Als er Zähne bekam und aufgrund der Schmerzen nicht hinauskonnte, entbrannten wilde Spekulationen über Knuts gesundheitlichen Zustand. Ein Zoobesucher behauptete, er hätte eine Aufnahme, die den Augenblick von Knuts Zeugung zeigte.

Anderen war der Rummel um den Eisbären zu groß, und in der Stadt tauchten »Tötet Knut«-Graffiti auf. Nachdem der Zoo per Fax eine anonyme Morddrohung gegen Knut erhalten hatte, wurde sogar die Polizei zum Schutz des Eisbären hinzugezogen.

Doch selbst, als viele des Bären überdrüssig wurden – im April, als Knut gerade mal fünf Monate alt war, veröffentlichte der *SPIEGEL* einen Artikel mit der Überschrift »Knut ist längst nicht mehr so süß« –, kurbelte Knut das Geschäft des Zoos weiter an. Der

Name des Eisbären wurde als zooeigene Marke geschützt, und die Aktien des Zoos verdoppelten ihren Wert an der Berliner Börse. Knut-Klingeltöne, Knut-Münzen und selbst eine Knut-Fernsehsendung fanden großen Anklang. Die Regierung sprang auf den fahrenden Zug auf und druckte eine Knut-Briefmarke. Der Zoo sah sich gezwungen, die Zeit, die jeder Besucher vor der Scheibe des Geheges verbringen durfte, auf sieben Minuten zu begrenzen, und versprach, den Großteil der Einnahmen in den Umweltschutz zu investieren. Als Knut älter wurde und sein kindliches Verhalten und Aussehen verlor, nahmen die weiterhin rekordverdächtigen Besucherzahlen zwar ab, doch Knut hatte noch immer eine treue lokale und internationale Fangemeinde. Der Zoo, dem Knuts Vater gehörte, verklagte den Berliner Zoo und beanspruchte Lizenzeinnahmen aus der Vermarktung des Eisbärenbabys für sich. Daraufhin entbrannte ein langwieriger Rechtsstreit, und der Berliner Zoo musste mehr als 500 000 Euro bezahlen, damit Knut in der Hauptstadt bleiben konnte.

Im Juli wog Knut bereits knappe 50 Kilogramm, und aus Sicherheitsgründen schränkte der Zoo den Kontakt zwischen den Pflegern und dem Bären ein. Auch Knut brauche seine Freiheit, und es sei wichtig für ihn, »Zeit mit anderen Bären und nicht nur mit Menschen zu verbringen«, sagte eine Zoosprecherin.

Markus Röbke, einer der Pfleger, der an Knuts Aufzucht beteiligt war, sagte, es wäre eindeutig, dass Knut seine Vaterfigur Thomas Dörflein vermisste, wenn dieser nicht um ihn herum wäre, und dass der kleine Eisbär auf die Aufmerksamkeit seiner Fans angewiesen wäre. Er jaulte, wenn er Dörfleins Geruch wahrnahm, und schrie, wenn hinter der Glasscheibe zu seinem Gehege keine Gesichter zu sehen waren. Als der Zoo seinen Betrieb aufgrund eisiger Temperaturen für einen Tag einstellen musste, wimmerte Knut stundenlang, bis sich ein Pfleger aus Mitleid vor die Glasscheibe stellte, um den Bären zu beruhigen. Der Zoo verbot dem Team schließlich, mit Knut zu spielen, und Röbke argumentierte, dass der kleine Eisbär eine Veränderung brauche, um sich seiner

Spezies entsprechend entwickeln zu können. »Er weiß nicht, dass er ein Eisbär ist. Solange er bei uns ist, wird er Thomas Dörflein immer als seinen Vater betrachten«, sagte er dem *SPIEGEL*. »Knut braucht ein Publikum. Das muss sich ändern.«

Als Dörflein im September 2008 an einem Herzinfarkt starb, wurde Knut in ein Gehege mit drei erwachsenen Eisbärenweibchen gebracht, darunter auch seine Mutter Tosca. Doch die Eisbärinnen schienen ihn nie richtig zu akzeptieren. Die meiste Zeit verbrachte er allein, und die Medien berichteten, dass die Bärinnen sich dem Jungtier gegenüber aggressiv verhielten. Nachdem ein Video veröffentlicht worden war, auf dem zu sehen war, wie eine der Eisbärendamen sich auf Knut stürzte und ihn ins Wasser schubste, wurde sogar von »Mobbing« gesprochen. Raufereien sind bei Eisbären nicht unüblich, weshalb die Pfleger den Vorfall herunterspielten. »Knut ist noch kein erwachsener Bär und weiß nicht, wie er sich Respekt verschafft, wie sein Vater beispielsweise«, sagte ein Pfleger der Zeitschrift *Time*. »Aber Knut setzt sich jeden Tag etwas mehr durch, und mit der Zeit wird sich das Problem von selbst lösen.«

Doch Knut sollte diese Chance nie bekommen.

Am 19. März 2011 begann der Eisbär, auf einem der Felsen neben dem Becken in seinem Gehege immer wieder im Kreis zu laufen. Nach mehreren Runden fing sein Hinterbein an zu zittern, und Krämpfe schüttelten seinen Körper. Begleitet von einem kollektiven Aufschrei der Menschenmenge, fiel er rücklings ins Wasser. Knut ertrank vor den Augen Hunderter seiner Fans. Später stellte sich bei einer Obduktion heraus, dass Knut schon Wochen vor seinem Tod an einer Gehirnentzündung gelitten hatte. Die Infektion, die eine Schwellung des Gehirns hervorruft, hätte sehr wahrscheinlich früher oder später zum Tod geführt, auch wenn er nicht ertrunken wäre. Obwohl Knut schon seit Jahren nicht mehr das niedliche Eisbärenbaby war, schien die Trauer nach seinem Tod fast genauso groß wie die Freude über seine Geburt. Hunderte von Menschen pilgerten in den Zoo, um ihm die letzte Ehre zu erweisen, und vor seinem Gehege stapelten sich Blumen. »Wir alle hatten den Eisbären ins Herz geschlossen«, sagte der amtierende Berliner Bürgermeister Klaus Wowereit einer lokalen Zeitung. »Er war der Star des Berliner Zoos.« Heute steht eine lebensgroße Bronzestatue von Knut zwischen zwei künstlichen Eisbergen auf dem Gelände des Zoos. Knut selbst wurde ausgestopft und im Berliner Naturkundemuseum ausgestellt. Doch selbst seine letzte Ruhestätte erregte die Gemüter der Fans. Dem Eisbären wurde eine Art Online-Gedenkbuch gewidmet, in das sich Tausende eintrugen und ein angemessenes Begräbnis für den Bären und sogar den Rücktritt des Zoodirektors forderten.

Trotz aller Unterschiede gibt es zwischen Nora und Knut unbestreitbar Gemeinsamkeiten. Beide Eisbären wurden von Menschenhand aufgezogen, und die schwierigen Umstände ihrer Geburt sorgten dafür, dass sie schon früh im Rampenlicht standen. Die Menschen liebten sie für ihre Niedlichkeit, aber auch für die hoffnungsvolle Botschaft, die sie verkörperten: Die Eisbären hatten sich trotz der Steine, die das Leben ihnen in den Weg gelegt hatte, nicht unterkriegen lassen. Und das wiederum kam auch den Zoos zugute. Die Bären, die von ihren Müttern verstoßen worden waren und dennoch auf wundersame Weise überlebt hatten, brachten den Zoos nicht nur mehr Besucher ein, sondern machten die Eisbären außerdem zu einer Art Botschafter für ihre Spezies. Gerald Uhlich, der kaufmännische Leiter des Berliner Zoos, sagte: »Knut ist zu einem Kommunikationsmedium geworden … [Er] hat den Vorteil, dass er auf nette Weise auf die Umwelt aufmerksam machen kann. Nicht auf eine bedrohliche und verurteilende Art.« Der Berliner Eisbär wurde zum offiziellen Maskottchen der Internationalen Artenschutzkonferenz 2008 gekürt, und das Konterfei des Bären auf der Knut-Briefmarke von den Worten »Natur weltweit bewahren« eingerahmt.

Auch Nora kam diese Rolle zu. Die Besucher des Polar Frontier im *Columbus Zoo* liefen über eine Art interaktiven Fußboden, auf dem mithilfe eines Projektors Eisschollen abgebildet waren, die zu bersten schienen, sobald die Leute darauf traten. An den Wänden hingen Schilder, die die Besucher daran erinnerten, dass sie ihren CO_2-Fußabdruck verringern konnten, indem sie das Thermostat ihrer Heizungen herunterdrehten. Sie lauschten Experten, die anhand von Noras Geschichte anschaulich von der Gefahr des schrumpfenden Meereises berichteten. Als Nora etwa acht Monate alt war, ungefähr vier Monate, nachdem sie zum ersten Mal der Öffentlichkeit präsentiert worden war, bekam sie Besuch von Robert Papp, dem US-Sonderbeauftragten für die Arktis. »Abstraktion, Theorie und Bildung sind gut, aber die eigene Erfahrung ist besser«, sagte er nach seinem Besuch bei Ohios Lieblingsbärin. Der Zoo bringe den Menschen im Mittleren Westen der USA die scheinbar weit entfernte Realität des Klimawandels näher. »Hier bekommen sie die Gelegenheit, den Klimawandel mit eigenen Sinnen zu erfahren. Je mehr Menschen wir mit dieser Realität und den Herausforderungen, denen die Tiere in freier Wildbahn begegnen, konfrontieren, desto mehr Leute können wir beeinflussen. Wenn es uns gelingt, ihnen die Rolle des Menschen bei der Zerstörung ebenjener Natur vor Augen zu führen, setzen sich diese Leute in Zukunft vielleicht für positive Veränderungen ein und tragen dazu bei, das monumentale Problem, vor dem wir auf diesem Planeten stehen, zu lösen.«

Die Öffentlichkeit mit einem abstrakten Problem und unklaren Folgen zu konfrontieren, die nur schwer zu verstehen sind, ist alles andere als zielführend. Zeigt man den Menschen jedoch ein Eisbärenbaby, das erst wenige Monate alt ist und schon schwierige Zeiten hinter sich hat, und erinnert sie daran, dass auch die frei lebenden Eisbären bedroht sind, werden viele zum Handeln inspiriert. Die hohen Besucherzahlen kommen den Zoos sicher gelegen – die meisten stecken einen beachtlichen Teil ihrer Einnahmen in Naturschutzprojekte –, doch ihr größtes Interesse liegt in der persönlichen Bindung zwischen Mensch und Tier. Im Laufe ihrer sechs Monate in Ohio hatte Nora die Chance, eine solche

Bindung zu mehr als einer Viertelmillion Menschen, die sie im Polar Frontier im *Columbus Zoo* besuchten, herzustellen.

Doch es war nicht genug.

* * *

Viele Kilometer weiter nördlich, mitten im echten Polargebiet, durchlief die Arktis große Veränderungen. Im Jahr 2016 erreichte das arktische Meereis seine maximale Ausdehnung im März. Die maximale Ausdehnung ist zu jenem Zeitpunkt im Jahr erreicht, an dem am meisten Fläche von Eis bedeckt ist. Am 24. März 2016 maßen Forscher eine Ausdehnung von 14,5 Millionen Quadratkilometern. Das Eis begann ein gutes Stück südlich von Wales an der Westküste Alaskas und erstreckte sich bis in die Tschuktschensee, bedeckte den gesamten Arktischen Ozean und legte seine eisigen Finger um die Inseln des kanadisch-arktischen Archipels. Unter anderen Umständen klingt das nach einer Menge Eis, allerdings nur, wenn man nicht weiß, dass es sich um die niedrigste maximale Meereisausdehnung seit Beginn der Satellitenaufzeichnungen handelte. Die Größe der Eisfläche lag sieben Prozent unter dem Durchschnittswert der letzten 30 Jahre. Im Vergleich zur bislang niedrigsten Ausdehnung, die im Jahr zuvor gemessen wurde, war sie noch um beinahe 13 000 Quadratkilometer kleiner.

Von Dezember bis Februar waren die Temperaturen in der Arktis überdurchschnittlich hoch gewesen, und der März brach alle Rekorde. Wind aus Süden schob die Eisfläche von Russlands Nordküste fort, während warmes Wasser aus dem Atlantik durch das Europäische Nordmeer strömte und das Eis von unten und oben auffraß. In den ersten beiden Märzwochen lagen die Temperaturen am Nordpol etwa sechs Grad Celsius über dem Normalwert.

Eine Welle von Schreckensnachrichten zu den Auswirkungen des Klimawandels brach über die Menschheit herein. Ein paar Wochen, bevor Nora zum ersten Mal auf die Besucher des *Colum-*

bus Zoo traf, veröffentlichte die Regierung um Barack Obama einen dreihundertseitigen Bericht über die gesundheitlichen Folgen des Klimawandels. Die Allergiesaison würde aller Voraussicht nach früher einsetzen, ebenso wie die Zeit für Borreliose, da die wärmeren Temperaturen das Ausbreitungsgebiet von Zecken vergrößerten. In den Sommermonaten würden Tausende oder sogar Zehntausende von Amerikanern den zunehmend intensiven, häufigen und lang anhaltenden Hitzewellen zum Opfer fallen und frühzeitig sterben. Die durch extremen Niederschlag größeren Zuflüsse würden die Gewässer erwärmen und sie dadurch anfälliger für giftige Algenblüten machen. Diese würden zusätzlich von dem durch heftige Stürme flussabwärts gespülten Dünger profitieren. Der Bericht sagte voraus, dass die Auswirkungen des Klimawandels alle beträfen, aber nicht alle im gleichen Ausmaß. Frauen, Arme, die indigene Bevölkerung, Minderheiten, Einwanderer und ältere Menschen würden die Folgen stärker zu spüren bekommen. Diejenigen, die am meisten zur Verursachung des Klimawandels beigetragen hatten – die Führungskräfte von Unternehmen, die die Ressourcen der Welt weiter ausbeuteten, obwohl sie genau wussten, welchen Schaden sie damit anrichteten –, würden sich zunächst ihre Sicherheit erkaufen können.

Doch seit James Hansen an jenem heißen Tag im Jahr 1988 vor dem Kongress gesprochen hatte, war das öffentliche Bewusstsein für die Umwelt und ihren Schutz gestiegen.

Der Zwischenstaatliche Ausschuss für Klimaänderungen (IPCC) wurde gegründet, ein Gremium der Vereinten Nationen, das 1990 seinen ersten Bericht veröffentlichte. Im Abstand von fünf oder sechs Jahren folgten weitere Berichte. Die Aufgabe dieses Gremiums bestand nicht darin, neue Klimaforschung zu betreiben, sondern darin, bereits bestehende Erkenntnisse, die der Regierung bei ihren Entscheidungen als Grundlage dienen sollten, zusammenzufassen.

Im ersten Bericht wurde mit mehr Nachdruck wiederholt, was

Hansen schon vor dem Kongress gesagt hatte. Darauf beruht das internationale Abkommen, das 1992 in Rio de Janeiro bei der Konferenz der Vereinten Nationen über Umwelt und Entwicklung – besser bekannt als Erdgipfel – verabschiedet wurde. Die Länder, die das Abkommen unterzeichneten, verpflichteten sich, ihre Treibhausgasemissionen zu reduzieren. Die Länder einigten sich außerdem darauf, sich jährlich zu treffen, um ihren Fortschritt zu bewerten. Das von 177 Staaten unterzeichnete Abkommen war unverbindlicher Art – die Länder waren nicht gezwungen, irgendetwas zu tun –, dennoch erkannte es den Klimawandel zum ersten Mal eindeutig als weltweites Problem an.

Schon Jean-Pierre Perraudin und Louis Agassiz mussten sich mit dem Widerstand gegen die damalige Klimaforschung auseinandersetzen. Doch während der Widerstand zu ihrer Zeit aus einem gesunden, wissenschaftlichen Misstrauen bestanden hatte, entwickelte sich in den späten 1980er-Jahren eine andere Art der Gegenbewegung. Der Interessenverband *Global Climate Coalition (GCC)*, dem mehr als 40 Unternehmen und Wirtschaftsverbände angehörten – darunter Shell, Chevron, Ford, Chrysler und das American Petroleum Institute –, begann schon früh mit dem Versuch, die Erkenntnisse der Klimaforschung zu untergraben. Mit einem Heer aus Lobbyisten und Experten der Presse- und Öffentlichkeitsarbeit, Koffern voller Geld, das aus fossilen Brennstoffen gewonnen wurde, und einer von der Tabakindustrie übernommenen Strategie versuchte die *GCC*, ihre eigenen Wissenschaftler in den Weltklimarat zu schleusen, um die Bedrohung durch den Klimawandel herunterzuspielen. Die Vertreter der *GCC* taten ihr Bestes, um die Interessen der Industrie in die öffentlichen Berichte der Vereinten Nationen einfließen zu lassen. Doch die Lobbyorganisation widersprach sich selbst: Sie schrieb einerseits, dass »die Rolle der Treibhausgase für den Klimawandel falsch verstanden« werde, doch gleichzeitig räumten Wissenschaftler der Organisation ein, die Klimaforschung sei »gut etabliert« und könne »nicht geleugnet werden«.

Mit ihrer Kampagne gegen eine umfangreiche Reduzierung des CO_2-Ausstoßes beabsichtigte die Organisation nicht, die Leute restlos zu überzeugen. Das war auch nicht nötig. Denn das Ziel solcher Gruppen wie der GCC besteht darin, ausreichend Zweifel zu säen, um die Menschen davon abzuhalten, entschlossen zu agieren. In den meisten Fällen gelingt dieser Schachzug.

Nach dem Abkommen des Erdgipfels unterzeichnete die internationale Gemeinschaft 1997 das Kyoto-Protokoll. Auch der damalige Präsident der Vereinigten Staaten, Bill Clinton, stimmte zu, doch der von den Republikanern dominierte Senat ratifizierte das Abkommen nicht. Clintons Nachfolger, Präsident George W. Bush, zumindest teilweise durch die Lobbyarbeit der GCC beeinflusst, hielt sich ganz aus dem Protokoll heraus. Währenddessen veröffentlichte das UNO-Gremium einen Bericht nach dem anderen, in dem es die düstere Zukunft schilderte, die der Erde bevorstünde, wenn der CO_2-Ausstoß nicht abnähme. Der Einfluss der GCC wurde bald darauf geringer, da einige der wichtigsten Mitglieder die Organisation verließen. Der Schaden aber war angerichtet, und die Lücke, die die GCC in den Rängen der Klimawandelleugner hinterließ, wurde schnell von anderen gut finanzierten Gruppen gefüllt.

In ihrem vierten Bericht aus dem Jahr 2007 bestätigte die UNO, dass nicht alle Gegenden der Erde sich gleich schnell erwärmten. Im Laufe des letzten Jahrhunderts habe sich die Arktis etwa doppelt so schnell erwärmt wie der Rest der Welt, hieß es im Bericht. Außerdem wurde die Prognose aufgestellt, dass die Sommer im hohen Norden Ende des 21. Jahrhunderts vermutlich beinahe eisfrei sein würden. Im Herbst 2012 wurde in der Arktis zum ersten Mal die geringste Meereisausdehnung seit Beginn der Satellitenaufzeichnungen gemessen. Die minimale Ausdehnung ist deshalb relevanter als die maximale, weil das Eis, das den Sommer überlebt, zu mehrjährigem Eis wird, das weniger salzig und deshalb stabiler ist als einjähriges Eis. Die minimale Ausdehnung des Meereises im Jahr 2012 lag über 750 000 Quadratkilometer unter dem bisherigen Minimalwert und war ungefähr 3,29 Millionen Quadratkilometer kleiner als die durchschnittliche Ausdehnung der Jahre 1979 bis 2000. Die Menge an Eis, die der Arktis fehlte, hätte ausgereicht, um ganz Indien zu bedecken.

* * *

Im Laufe des Sommers 2016 erreichte Nora weitere Meilensteine ihrer Entwicklung. Zwei Wochen nach ihrem ersten Aufeinandertreffen mit den Zoobesuchern traute sie sich zum ersten Mal, vollständig unter Wasser zu tauchen. Etwas mehr als eine Woche später tauchte sie schon regelmäßig drei oder vier Meter tief und fing ihre erste Beute – einen der flinken Fische, die in ihrem Becken im Zoo schwammen. Am Ende des Sommers legte sie auch die gut sechs Meter bis zum Boden des Beckens tauchend zurück. Sie reagierte deutlich gelassener, wenn sie die anderen Bären aus der Ferne oder durch die Gitter in den schweren Stahltüren sah. Diese Interaktionen blieben den Blicken der Öffentlichkeit verborgen.

Doch Nora würde nie mehr mit ihrer Mutter vereint werden. Sosehr sie die Gesellschaft anderer Bären auch brauchte und sosehr der Zoo und seine Besucher sie liebten, so wäre es dennoch für alle am besten, wenn Nora in einen anderen Zoo überführt werden würde. Die Tierpflegerinnen hatten gesehen, wie Noras Vater, Nanuq, sich im Frühjahr mit Aurora und der anderen Eisbärin des Zoos gepaart hatte. Wenn die Bärinnen schwanger waren, würden im November oder Dezember neue Eisbärjunge zur Welt kommen. Nora beanspruchte Platz, den der Zoo dringend brauchte.

Die *Association of Zoos and Aquariums,* die die Unterbringung der in Gefangenschaft lebenden Eisbären überwacht, und die zugehörigen Unterausschüsse des *Species Survival Plan* nahmen jeden Zoo im Land unter die Lupe, der ein Jungtier aufnehmen könnte. Der Zoo musste einerseits über genügend Platz für die noch wachsende Nora verfügen und ihr außerdem die Gesellschaft eines anderen Bären bieten können. Schließlich wurde entschieden, dass Nora die perfekte Mitbewohnerin für Tasul wäre, einer älteren Eisbärin im *Oregon Zoo* in Portland.

Im Spätsommer reise Nicole Nicassio-Hiskey, eine von Tasuls Pflegerinnen, von Portland nach Columbus, um Nora und ihre Moms kennenzulernen. Noras letzter Tag in der Öffentlichkeit fiel auf den Labor Day. Die Pflegerinnen zogen mit Eisbären bedruckte Pyjamas an und gingen ebenfalls hinaus ins Gehege. Die Stimmung war fröhlich, fast wie bei einer Abschiedsparty für einen Studienanfänger. Eine der Pflegerinnen hatte mit Kreide auf einen Felsen im Gehege geschrieben: »Nora: Always a Buckeye« – eine Anspielung auf das Maskottchen der *Ohio State University* in Columbus. Nicole Nicassio-Hiskey half dabei, das Gehege mit Spielzeug auszustatten, und andere Pflegerinnen hängten Luftschlangen und Schilder mit dem Schriftzug »Bon voyage« auf. Viele der Nora-Fans, die miterlebt hatten, wie sie aufgewachsen war, hatten das Gefühl, die kleine Eisbärin persönlich zu kennen. Beinahe 7000 Menschen waren gekommen, um ihr Lebewohl zu sagen. Als Nicole durch das Polar Frontier ging, versammelte sich eine Gruppe forscher Besucher um sie, die Blicke misstrauisch auf das Logo des *Oregon Zoo* auf ihrem T-Shirt gerichtet, und bedrängten sie halb scherzhaft, halb anklagend mit der Frage: »Sie sind also diejenige, die uns unsere Nora wegnimmt?«

Noras Moms hatten der kleinen Eisbärin ein Jahr lang den Großteil ihrer Zeit gewidmet. Sie hatten Marathonschichten eingelegt und Geburtstage sowie Feiertage bei Nora auf der Intensivstation verbracht. Sie hatten immer gewusst, dass sie ihren Schützling irgendwann würden gehen lassen müssen, aber das machte die Trennung nicht einfacher.

Nur wenige Tage nach Noras Abschied vom *Columbus Zoo* stand Shannon Morarity auf der Startbahn des *Indianapolis International Airport* vor einem FedEx-Frachtflugzeug. Nora steckte die Nase durch die Gitterstäbe ihrer Transportbox neben dem Hangar und nahm die unbekannten Gerüche des Flughafens auf.

Sie war gewogen worden, man hatte sie eingecheckt und ihr ein leichtes Beruhigungsmittel verabreicht. Shannon und eine andere Pflegerin verabschiedeten sich nacheinander von Nora. Sie waren einerseits traurig, andererseits zuversichtlich. Sie hatten das Unmögliche geschafft: Die zehn Monate alte Bärin mit den geringen Überlebenschancen war auf dem Weg in ein neues Leben.

»Wir haben dich lieb«, versicherte Shannon der Eisbärin durch die Gitterstäbe hindurch. »Vor dir liegt eine tolle Zukunft, und wir freuen uns sehr für dich.«

Die andere Pflegerin stand daneben und filmte den Abschied. Die fünf Frauen, die sich seit Noras erstem Tag um sie gekümmert hatten, waren stolz auf ihre Arbeit. Gemeinsam hatte das Zoo-Team die liegen gebliebenen Aufgaben der Pflegerinnen erledigt, deren gesamte Zeit von Nora in Anspruch genommen worden war. Wenn sich diese Menschen zusammenschließen konnten, um ein einzelnes Eisbärenbaby zu retten, vielleicht konnte sich dann auch die Welt zusammenschließen, um den Rest der Spezies zu retten. Die Kuratorin und die Tierärztin, die die junge Bärin auf ihrer Reise begleiteten, stiegen ins Flugzeug. Shannon sah, wie sich die Tür hinter ihnen schloss. Als sich das Flugzeug in den Himmel erhob, ließ Nora ein leises, grollendes Knurren hören.

KAPITEL 9

Tasul

Im Jahr 2016 war Tasul 31 Jahre alt. Damit stellte die Eisbärin zwar keinen Rekord auf – der älteste Eisbär wurde 42 Jahre alt –, aber zu jenem Zeitpunkt gehörte sie zu den ältesten lebenden Vertretern ihrer Art. Sie hatte gerade erst ihren Zwillingsbruder Conrad verloren. Die beiden Bären hatten einander sehr nahegestanden. Manchmal waren sie aneinandergeschmiegt eingeschlafen, und wenn Tasul spielen wollte, hatte sie ihrem Bruder einen auffordernden Stoß mit dem Kopf versetzt oder mit ihrer riesigen Pfote einen Ball in seine Richtung geschlagen. Kurz zuvor hatten die Pfleger herausgefunden, dass Conrad unter einem nicht operierbaren Tumor litt und eingeschläfert werden musste. Tasul blieb als einzige Eisbärin im *Oregon Zoo* zurück.

Bären sind schon lange Zeit für ihre Lernfähigkeit bekannt. Im Zirkus oder in Tiershows mussten sie deshalb oft die Hauptrolle spielen und Kunststücke wie Rollschuhlaufen, auf Bällen balancieren oder sogar Seilspringen bewältigen. Die Trainingsmethoden waren oft grausam, und die Tiere wurden streng bestraft, wenn sie nicht gehorchten. Aber auch wilde Bären beweisen eine beeindruckende Intelligenz. Angeblich zählen sie zu den intelligentesten Landsäugetieren Nordamerikas, und ihr kognitives Niveau kann dem von Primaten gleichkommen. Grizzlybären haben ein hervorragendes Gedächtnis und erinnern sich jahre- oder sogar jahrzehntelang an den Ort einer besonders ergiebigen Nahrungsquelle. Sie können unter ihren Artgenossen einzelne Individuen identifizieren und in ihre komplexe soziale Hierarchie einordnen – und das aus ungefähr 600 Metern Entfernung.

Eine Studie hat ergeben, dass junge Malaienbären – Malaienbären sind die kleinste Bärenart und in Südostasien beheimatet – die Mimik ihrer Artgenossen kopieren können, ein eindeutiges Zeichen ihrer Intelligenz und ihres komplexen sozialen Verhaltens. Besucher in amerikanischen Nationalparks müssen ständig neue »bärensichere« Behälter ersinnen, weil die einfallsreichen Tiere schnell Techniken entwickeln, um die alten zu öffnen.

Von allen acht Bärenarten ist der Eisbär der einzige richtige Jäger. Eigentlich sind Eisbären Allesfresser, genau wie ihre Verwandten aus dem Süden, von denen man weiß, dass sie Beeren fressen, Vogelnester plündern und Müllhalden durchwühlen. Doch um ihren hohen Bedarf an Energie zu decken, benötigen Eisbären viel Fett, das ihnen nur Robben liefern können. Um eine Robbe zu erbeuten, pirschen Eisbären sich entweder auf dem offenen Eis an, oder sie überraschen die Flossenfüßer an ihren Luftlöchern.

Diese Art der Jagd erfordert viel Geduld. Manchmal harren die Bären tagelang neben den Löchern aus und warten darauf, dass eine Robbe auftaucht, um Luft zu holen. Geduld reicht aber nicht aus. Sie müssen auch gewitzt sein. Angeblich verbergen Eisbären, wenn sie auf der Lauer liegen, ihre Schnauze – der einzige Teil ihres Körpers, der nicht weiß ist – mit der Tatze, um vollständig mit der Umgebung zu verschmelzen. Beweise gibt es für dieses Verhalten allerdings nicht. Ihr ausgeprägter Geruchssinn ist das bedeutendste Jagdwerkzeug der Eisbären, deshalb wäre es denkbar ungünstig, darauf zu verzichten, ganz zu schweigen von der Herausforderung, dreibeinig auf eine Robbe loszugehen. Doch die Tatsache, dass diese Theorie nicht vollkommen abwegig erscheint, ist ein Beleg für die Intelligenz der Eisbären.

Tasul unterschied sich in diesem Punkt nicht von ihren Artgenossen. Auch in ihren Gehirnzellen waren Tausende von Jahren evolutionärer Anpassung gespeichert. Ihre erstaunliche Intelligenz in Kombination mit ihrer Größe und Kraft führten auch dazu, dass Tasul sich nicht überlisten ließ. Die Tierpflegerin

Nicole Nicassio-Hiskey aus Portland hatte schon eine Menge Erfahrung gesammelt, bevor sie auf Tasul traf. Als Meeressäugerforscherin im *Oregon Coast Museum* hatte sie mit Keiko gearbeitet, dem Orca, der durch den Film *Free Willy* berühmt geworden war. Danach hatte sie sich im *Alaska SeaLife Center* auf der Kenai-Halbinsel um Robben und Seelöwen gekümmert. 2001 stieß sie zum Team des *Oregon Zoo* und arbeitete dort für die nächsten 19 Jahre mit Tigern, Ottern und Malaienbären. Sie ist Co-Autorin eines Buches über das Verhalten von Tieren, das beschreibt, wie man Haustiere im Sinne des Behavioral Enrichment durch Beschäftigungsmöglichkeiten vor Langeweile und damit vor Verhaltensstörungen bewahrt. Sie selbst hatte im Zoo keine Lieblingstiere, aber ihre Arbeit mit den Eisbären Tasul und Conrad, den bei den Besuchern beliebtesten Zoobewohnern, war besonders bereichernd.

Zunächst versuchte Nicole einfach, Tasuls Vertrauen zu gewinnen. Dazu fütterte sie die Bärin aus der Hand mit Stint und Forelle und sprach leise mit ihr durch die Gitterstäbe hindurch. Die Pflegerin zwang Tasul nicht dazu, Dinge zu tun, zu denen die Eisbärin keine Lust hatte. Sie richtete sich ganz nach der Bärin, die mit der Zeit lernte, Nicole zu folgen.

Die größte Herausforderung bestand darin, Tasul daran zu gewöhnen, dass die anderen Pfleger sie – zu Trainingszwecken – durch die Gitterstäbe hindurch berührten. Eisbären mögen es nicht, wenn man sie anfasst, und auch Tasul jagte der Körperkontakt Angst ein. Doch durch ein sogenanntes »Positive Reinforcement Training« (Positive Verstärkung) lernte Tasul, die Berührungen zu tolerieren. Wenn Tasul kooperierte, bekam sie Papayas, Bananen – mit Schale – und Fruchtsaftspritzer direkt in das Maul. Wenn ihre Pfleger einen großzügigen Tag hatten, bekam sie sogar Sorbet.

Im Laufe der Jahre entwickelten Nicole und Tasul eine enge Bindung. Die Tierpflegerin lernte, die Stimmung der Bärin anhand subtiler Verhaltensweisen zu deuten, und Tasul lernte durch wiederholte Übungen des Positive Reinforcement Trainings, zu erkennen, was Nicole von ihr wollte. Als Nicole das erste Mal Tasuls Pfote – die so groß war wie Nicoles Kopf – in der Hand hielt, erfüllten sie Ehrfurcht und Demut. Sie fühlte sich geehrt, weil eines der wildesten Raubtiere der Welt sie so nah an sich heranließ.

Nicole erinnert sich noch genau an das Datum des Tages, an dem sie bei ihrer Arbeit mit Tasul den größten Durchbruch erzielte. Es war der 4. Dezember 2011 und ihr Geburtstag. Die Tierpflegerin machte eine schwere Zeit durch. Ihr Vater war gerade gestorben, und sie war aufgewühlt, doch der Fortschritt mit Tasul gab ihr neuen Mut.

Ein lokales Unternehmen hatte einen speziellen Käfig gebaut. Dieser schloss an einen der höhlenähnlichen Räume an und verfügte an der Vorderseite über eine Vertiefung, die so groß war, dass Tasuls mächtiger Kopf hineinpasste. An jenem Morgen stand Nicole vor dem Käfig, fütterte Tasul aus der Hand und überwachte ihr Verhalten über einen Monitor, während eine andere Pflegerin vor Tasuls Hinterbeinen kniete, die durch eine Klappe im Käfig zugänglich waren.

Während Nicole Tasul mit Möhren beschäftigte, rasierte ihre Kollegin die Oberseite von Tasuls Pfote, um auf der Haut darunter nach einer Ader zu suchen. Die Tatsache, dass die Eisbärin sich so bereitwillig untersuchen ließ, war außergewöhnlich.

Plötzlich kam die andere Pflegerin hinter Tasuls Körper hervor.

»Oh, mein Gott«, sagte sie. »Wir haben es geschafft. Wir haben Blut.«

Niemandem zuvor war es je gelungen, einem Eisbären Blut abzunehmen, ohne ihn zuvor zu betäuben. Tierpfleger sind stets bemüht, Zootiere nicht zu sedieren. Der Prozess vor der Sedierung bedeutet sowohl für das Tier als auch für die Menschen viel Stress, ganz zu schweigen von den medizinischen Risiken. Doch nun konnten sie Tasul Blut abnehmen, wann immer sie wollten, ohne die Eisbärin zu betäuben. Das eröffnete völlig neue Forschungsmöglichkeiten und machte Tasul zu einer Art Berühmtheit in der kleinen Welt der Eisbärenforschung.

* * *

Der Zoo von Portland hatte nicht immer so viel Wert auf Forschung und Artenschutz gelegt. Er wurde im späten 19. Jahrhundert gegründet und ist damit der älteste amerikanische Zoo westlich des Mississippi. Wie in den meisten Zoos, die vor den Zeiten des modernen Tierschutzes gegründet wurden, ereigneten sich in seiner Vergangenheit grausame und tragische Dinge.

Die Geschichte des Zoos beginnt mit einem englischen Apotheker namens Richard Knight. Er besaß eine Sammlung an Tieren, die ihm seine Freunde von ihren Seefahrten mitgebracht hatten, und er bewahrte die Tiere in einem Hinterzimmer seiner Apotheke in der Innenstadt von Portland auf, nicht weit entfernt vom Hafen am Willamette River. Langsam, aber sicher wurde seine Sammlung – bestehend aus Sittichen, Affen und zwei Bären, die er auf einem leeren Grundstück neben seinem Laden hielt – zu groß, und er begann, nach anderen Unterbringungsmöglichkeiten für einen Teil seiner kleinen Menagerie zu suchen. Der Apotheker hoffte darauf, die Bären verkaufen zu können. Im Juni 1888 schrieb er einen Brief an den Bürgermeister und berichtete ihm von dem »jungen männlichen Braunbären und dem Grizzlyweibchen«. Er schrieb: »Sie sind sanftmütig, bedürfen nicht viel Pflege, und ihre Haltung kostet nur eine Kleinigkeit. Da ich überzeugt bin, dass sie eine große Attraktion für den Stadtpark wären, möchte ich Ihnen ein Angebot machen, bevor ich die Bären andernorts unterbringe.«

Doch die Stadt wollte kein Geld für die Bären ausgeben und bot Knight stattdessen an, die Tiere in zwei Zirkuskäfigen im späteren Washington Park im bewaldeten Stadtteil West Hills unterzubringen. Der Apotheker war weiterhin für die Pflege der Bären verantwortlich, und allem Anschein nach hatte er es nach einigen

Monaten satt, jeden Tag in den Stadtpark zu kommen, um die Tiere zu füttern. Er bot dem Bürgermeister an, den Grizzlybären der Stadt zu schenken, und dieser nahm das Angebot an. Was aus dem anderen Bären wurde, ist unklar. Im November desselben Jahres entstand die erste Version des zukünftigen *Oregon Zoo*.

1894, nur sechs Jahre später, war die Sammlung im Stadtpark auf rund 300 Tiere gewachsen. Kurz nach der Jahrhundertwende bekam der Zoo einen Eisbären namens Polar geschenkt, der zuvor Teil der *Lewis and Clark Centennial Exposition* gewesen war. Polars neues Zuhause war ein Käfig von der Größe eines durchschnittlichen Wohnzimmers, der aus Zementblöcken und Eisenstangen gebaut war und Besucher mit einer Absperrung aus Vierkantstäben und Hühnerdraht auf Abstand hielt. Der Bär bekam täglich knappe vier Liter Milch und zwei Kilo Lebertran und wirkte alles andere als glücklich in seiner beengten Behausung. »Durch die Eisenstäbe seines Käfigs hindurch starrte er hinaus auf die offenen Felder«, schrieb die lokale Zeitung damals. »Er schwang den Kopf unaufhörlich hin und her, hin und her, und schien sich nach Freiheit zu sehnen.«

Als der Bürgermeister Harry Lane den Zoo besuchte, war er empört. »Meiner Meinung nach gibt es nichts Grausameres auf der Welt, als wilde Tiere in Gefangenschaft zu halten, wie es im Stadtpark der Fall ist«, sagte Lane gegenüber der Zeitung *The Oregonian*. »Allein der Gedanke daran macht mich krank.« Zwischen den Einwohnern von Portland entbrannte eine hitzige Debatte um das Wohlergehen des Eisbären Polar. Die Tierschutzorganisation *Oregon Humane Society* forderte, den Bären mit Chloroform einzuschläfern, um ihn aus seinem Elend zu erlösen. *The Oregonian* erhielt zahlreiche Leserbriefe, in denen die Stadtverwaltung gebeten wurde, den Bären an einen geeigneteren Ort zu bringen.

Der Bürgermeister, der aus seiner Verachtung für den Zoo keinen Hehl machte, schwor, dass er die Anschaffung von Tieren aus Klimazonen, die sich erheblich von Portlands Klima unterschieden, niemals finanzieren würde. Doch Politiker kommen und gehen, und nicht jeder im Stadtrat teilte Lanes Meinung. Während der ehemalige Bürgermeister in den Senat der Vereinigten Staaten aufstieg, verbrachte Polar seinen Lebensabend in einem Käfig aus Beton und Eisen. Nach dem Tod des Eisbären im Jahr 1915 wurde sein Fell im Rathaus von Portland ausgestellt. Bei einem Spaziergang auf den unbefestigten Wegen durch den heutigen Washington Park kann man noch immer die Ruinen des Eisbärengeheges unter einem Dickicht aus Rhododendron und Farn entdecken.

Beinahe 30 Jahre würde es dauern, bis erneut ein Eisbär in die Stadt kam. Im Jahr 1943 lief ein sowjetischer Frachter in den Hafen von Portland ein. An Bord befand sich ein 23 Kilogramm schweres, männliches Jungtier namens Mishka, dessen Pelz verfilzt und fettig war, weil es auf dem Schiff mit dem Getriebe und der Seilwinde gespielt hatte.

Der Zoodirektor überzeugte den Kapitän, ihm den Bären zu überlassen, und so wurde Mishka im Hauptgebäude des Zoos neben Schlangen, Pumas, Affen und mindestens einem Löwen untergebracht. 1948 wog der Eisbär mehr als 360 Kilogramm, und eines Tages, kurz vor Toresschluss des Zoos, brach er das Vorhängeschloss seines Käfigs auf. Der erste Tierpfleger, dem Mishka begegnete, konnte sich in den Keller des Gebäudes retten. Daraufhin griff der Bär ein Auto an, dessen Fahrer versuchte, ihn zurück in das Gebäude zu treiben. In der lokalen Zeitung erschienen Bilder des Zoodirektors auf einer Leiter, mit der er sich auf einen knapp vier Meter hohen Käfig geflüchtet hatte. Die Feuerwehr versuchte vergeblich, Mishka mit Wasserschläuchen und Feuerlöschern wieder hinter die Gitterstäbe zu zwingen. Letztendlich waren es weder die Pfleger noch die Feuerwehrleute, die den stattlichen Bären zurück in seinen Käfig brachten, sondern ein Stück Pferdefleisch. Mishka verbrachte fast ein weiteres Jahrzehnt ohne erneute Zwischenfälle im Zoo von Portland, bevor er gegen ein halbes Dutzend Präriehunde, einen schwarzen Panther und ein Nordamerikanisches Katzenfrett eingetauscht und in den Zoo von Dallas gebracht wurde.

1959 zog der Zoo von Portland an seinen heutigen Standort um, etwa anderthalb Kilometer vom Washington Park entfernt, wo Polar einst seinen traurigen Lebensabend verbracht hatte. Die neue Anlage war im Vergleich zu der alten Version des Zoos eine erhebliche Verbesserung, sowohl für die Besucher als auch für die Tiere. Das Eisbärengehege war von einem tiefen Graben und hohen Mauern umgeben, von wo aus die Besucher die Bären beobachten konnten. Innerhalb des Geheges befanden sich Betonplattformen in unterschiedlichen Höhen und mehrere Becken und Höhlen, die den Bären die Möglichkeit gaben, sich vor den Blicken der Öffentlichkeit zurückzuziehen. Die ersten Bewohner des neuen Geheges waren die Eisbärenzwillinge Zero und Zerex, die in der Wildnis Alaskas geboren worden waren – nicht weit entfernt von Kotzebue, etwa 280 Kilometer nordöstlich von Wales.

Innerhalb weniger Monate hatten die mehr als 200 Kilogramm schweren Eisbären ihr neues Zuhause verwüstet und vier massive Stahltüren aus den Angeln gehoben. Die Pfleger mussten die Bären mit in Fisch verstecktem Beruhigungsmittel betäuben, um das Gehege säubern und reparieren zu können. Ein Tierarzt des Zoos sagte, dass die verwendete Menge an Beruhigungsmittel ausgereicht hätte, um zehn Büffel unschädlich zu machen oder 75 Menschen in einen tiefen Mittagsschlaf zu versetzen. Trotzdem stand für alle Fälle einer der Tierpfleger mit einem Gewehr bereit, während das Gehege auf Vordermann gebracht wurde. Zero und Zerex waren die Hauptattraktion des Zoos, bis sie beide 1966 bei verschiedenen Vorfällen ums Leben kamen. Zero verschluckte einen Gummiball, den ein Besucher in das Gehege geworfen hatte. Eine Nekropsie ergab, dass der Ball seine Eingeweide verstopft hatte. Nur wenige Monate später fiel ein Gärtner beim Heckenschneiden in das tiefer gelegene Eisbärengehege. Zerex zerrte den Mann fünfzehn Minuten lang über den Boden und fügte ihm mit Bissen in Beine, Hüfte und Arme schwere Verletzungen zu. Die Pfleger versuchten noch, das Tier mit einem Wasserstrahl aus einem Feuerwehrschlauch von seiner Beute abzubringen, sahen sich aber schließlich gezwungen, den Bären zu erschießen.

Doch das Eisbärengehege blieb nicht lange unbewohnt. Im darauffolgenden Jahr kauften zwei lokale Unternehmen zwei junge Eisbären aus dem russischen Teil der Arktis von einem niederländischen Händler und schenkten sie dem Zoo. Die Bären kosteten 2200 US-Dollar, was damals dem Preis eines günstigen Autos entsprach. Die Unternehmen ESCO Corp. und Hyster Co. hatten die Namensrechte für die Eisbären inne. Das Männchen wurde auf den Namen Esco-Mo und das Weibchen auf den Namen Ice-Ter getauft.

Die Jungtiere waren zwar gleich alt, aber nicht verwandt, und der Zoo hoffte, dass sie Nachwuchs zeugen würden. 1973 brachte Ice-Ter Zwillinge zur Welt, doch eines der Babys wurde tot geboren, und das andere starb innerhalb einer Woche an einer Lungenentzündung. Im darauffolgenden Jahr brachte die Eisbärin ein weiteres Paar Junge zur Welt. Zunächst schien alles gut zu gehen. Ice-Ter zog die Babys in einer der Geburtshöhlen abseits der Blicke der Besucher auf. Über ein Lautsprechersystem überwachten die Pfleger die Jungtiere. Nach ungefähr einem Monat wurde es in der Höhle plötzlich still, und als die Pfleger sie eine Woche später betraten, mussten sie feststellen, dass die Eisbärenmutter die Jungen gefressen hatte. Aus menschlicher Sicht mag das grausam erscheinen, doch in der Wildnis ist dieses Verhalten durchaus normal. 1978 brachte Ice-Ter schließlich ein einzelnes männliches Eisbärenbaby zur Welt und zog es erfolgreich auf. Der Name des kleinen Eisbären lautete Cheechako, was auf Chinookan, einer indigenen Sprachfamilie aus der Region des pazifischen Nordwestens, so viel bedeutet wie »Naseweis«. Cheechako zog in den *Utah's Hogle Zoo* in Salt Lake City um, damit Platz für mehr Nachwuchs war. Ice-Ter gebar in den folgenden Jahren noch drei weitere Jungtiere, die in Sacramento und Seoul ein neues Zuhause fanden.

1982 starben Ice-Ter und Esco-Mo, nachdem sie verdorbenen Lachs gefressen hatten. So tragisch der Vorfall auch war – vor allem, weil sich herausstellte, dass Ice-Ter trächtig gewesen war –, bot er gleichzeitig die Chance auf einen Neuanfang. Die Zeiten änderten sich, und der *Oregon Zoo* wollte sich den neuen Entwicklungen der Tierpflege und -haltung anpassen. Der Tod von Esco-Mo und Ice-Ter war in gewisser Weise ein Anlass, das Eisbärengehege umzubauen und es besser an den natürlichen Lebensraum der Eisbären anzupassen.

Das neue, 2,6 Millionen US-Dollar teure Gehege wurde 1986 eingeweiht. Die Besucher betraten es durch einen lang gezogenen, höhlenartigen Tunnel, in dem die Schreie aufgeregter Kinder widerhallten. Die Wände waren so gestaltet, dass sie Felswänden ähnelten, und die bodentiefen Fenster gaben den Blick auf die Eisbären frei. Hinter den Fenstern lag das Schwimmbecken der Bären, sodass die Besucher die Tiere auch unter Wasser beobachten konnten. Das ungefähr 4600 Quadratmeter große Gehege war in mehrere Bereiche aufgeteilt, die von den Pflegern durch Türen getrennt werden konnten. Die Besucher hatten Einblick in zwei der Bereiche, in denen es keine sichtbaren Gitter gab. Der dritte Außenbereich entzog sich den Blicken der Öffentlichkeit und gab den Bären etwas Privatsphäre. Boden und Wände waren zwar aus Beton, doch sie waren so gefertigt, dass sie natürlichen Materialien ähnelten. Nichts erinnerte mehr an das frühere Gehege mit seinen Betonplattformen und den nierenförmigen Becken. Zwar war es nicht die arktische Tundra, aber es gab Gras und Baumstämme, die strategisch so platziert waren, dass die Bären damit spielen konnten.

Seit der Zoo mit seinem Käfig aus Eisen und Beton den Unmut von Bürgermeister Harry Lane geweckt hatte, hatte sich viel verändert. Als die Zwillinge Tasul und Conrad, die in South Carolina geboren worden waren, 1986 im Alter von zwei Jahren in den

Oregon Zoo kamen, stellte das einen Wendepunkt dar. Eine neue Ära begann und beendete eine lange und bisweilen unschöne Geschichte. Zur gleichen Zeit traf auch das Eisbärenweibchen Yugyan im *Oregon Zoo* ein. Dort lebte es bis 2008, bevor es an Nierenversagen starb. Shivers, ein männliches Jungtier, das aus dem *Columbus Zoo* nach Oregon kam, zeugte Nachwuchs mit Tasul, der jedoch nur wenige Tage lebte. 1998 wurde Shivers in einen mexikanischen Zoo gebracht. Als Conrad schließlich starb, waren er und Tasul zu den Hauptattraktionen des Zoos auf dem Hügel geworden, und ihre Langlebigkeit wurde als Beweis für Portlands neues Engagement für den Tierschutz gewertet. Die Entwicklung des *Oregon Zoo* spiegelt die Entwicklung vieler Zoos weltweit wider, die sich von nachlässig geführten Menagerien zu Institutionen der Bildung und des Artenschutzes entwickelten. Heute ist der *Oregon Zoo* Träger verschiedener Rettungs- und Rehabilitationsprogramme für eine Vielzahl an Tieren – von Schildkröten über gefährdete Schmetterlingsarten bis hin zum Kalifornischen Kondor, der gerade noch vor dem Aussterben bewahrt werden konnte.

Und auch für die Erforschung der in Gefangenschaft lebenden Eisbären nimmt der Zoo eine führende Rolle ein.

* * *

Tasuls sensationelle Blutabnahme 2011 machte Schlagzeilen in den lokalen Zeitungen Portlands. Karyn Rode, eine Wildbiologin des *United States Geological Survey (USGS)*, die in der Umgebung lebte, las den Bericht im *Oregonian* und erkannte ihre Chance. Zu Beginn ihrer Karriere hatte sie mit Elefanten und Primaten gearbeitet, doch den Großteil ihrer Forschung widmete sie Bären, insbesondere den Eisbären. Jahrelang hatte sie die Tiere studiert und sich immer wieder auf das Eis vor Alaskas Westküste begeben, wo Nanuq, Noras Vater, einst seine Mutter verloren hatte.

Sie hatte stets mit an Halsbändern befestigten Sendern gearbeitet, die den Standort der Tiere mithilfe von Satelliten ermittelten.

Doch die Halsbänder verrieten ihr nur, wo die Eisbären sich aufhielten und wohin sie gingen, nicht, was sie taten, wenn sie ihr Ziel erreicht hatten.

Tasul eröffnete Karyn die Möglichkeit, ihre Forschung voranzutreiben und mit Daten zu belegen. Gemeinsam mit einem anderen Eisbärspezialisten vom *USGS*, Anthony Pagano, stattete sie Tasul mit einem der Sender aus. Er ähnelte einer überdimensionalen Fitnessuhr mit Aktivitätentracker, der die Bewegungen der Bärin messen und feststellen konnte, ob sie sich gerade in einer aktiven Phase oder in einer Ruhephase befand. Die Forscher machten Videos von Tasul, während die Eisbärin das Halsband mit dem Sender trug. Sie notierten, was Tasul tat und wie sie sich bewegte, und glichen ihre Notizen mit den vom Sender erhobenen Daten ab. Wenn sie in Zukunft Bären in freier Natur mit den gleichen Sendern versehen würden, könnten sie ermitteln, wie viel Zeit die Tiere damit verbrachten, zu ruhen, und wie viel Energie sie für Bewegungen aufbrachten. Und wenn sie das Verhalten wild lebender Bären katalogisiert und analysiert hätten, könnten sie auch herausfinden, wie sich das Verhalten der Tiere änderte, wenn das Meereis schrumpfte, dünner wurde und vollkommen verschwand.

Die Forscher befestigten außerdem eine GoPro-Kamera am Halsband, sodass sie Tasuls Bewegungen im Gehege auch aus der Perspektive der Bärin verfolgen konnten. Die Aufnahmen wackelten, wenn Tasul durch das Gehege trabte, aber es war eine völlig neue Erfahrung, aus der Sicht der Bärin zu erleben, wie das Spielzeug aus der Hand des Pflegers in das Becken flog, Tasul hinterherstürzte und ihr dickes weißes Fell im Wasser wogte, während Luftblasen wie in Zeitlupe aus ihrem Pelz aufstiegen.

Der Sender und die Kamera würden sich bei der Erforschung wild lebender Bären bewähren. Die herkömmlichen GoPro-Kameras, die Anthony Pagano zunächst verwendete, hielten den Temperaturen des arktischen Winters nicht stand, also ließ er spezielle Kameras entwickeln, die auch Temperaturen bis zu

20 Grad unter null trotzen konnten. Im Laufe von drei Jahren sammelte Anthony Pagano unzählige Stunden an Filmmaterial von neun verschiedenen Bären. Die Aufnahmen zeigten die Tiere beim Schwimmen, Ruhen, Spielen und Jagen. Das Filmmaterial gab Anthony Pagano und seinen Kollegen auch Aufschluss darüber, wie häufig die Tiere fraßen. Die erfolgreichsten Jäger erlegten jeden oder jeden zweiten Tag eine Robbe. Sogar Teile des Paarungsprozesses nahm die Kamera auf. Wie auch Ian Stirling auf der Klippe von Devon Island, hatte Anthony Pagano eine Möglichkeit gefunden, die schwer erreichbaren Tiere in ihrem natürlichen Lebensraum zu beobachten, ohne dass ihr Verhalten von den Forschern beeinflusst wurde.

Auch Tasuls regelmäßige Blutspenden gaben den Forschern wichtige Einblicke in die Ernährung von Eisbären. In Zusammenarbeit mit Karyn Rode passten Nicole Nicassio-Hiskey und die anderen Pfleger Tasuls Speiseplan so gut wie möglich an den in freier Wildbahn lebender Eisbären an – auch wenn Robbenfleisch unmöglich zu beschaffen war.

Karyn untersuchte dann, inwiefern sich die chemischen Bestandteile der Nahrung in Tasuls Blut und Haaren widerspiegelten. Indem die Forscher anschließend Blut, Haare und die potenzielle Beute von wilden Bären untersuchten, analysierten und mit Tasuls Werten abglichen, konnten sie herausfinden, was wilde Bären fraßen. Durch monatelanges Training brachte Nicole Nicassio-Hiskey Tasul sogar dazu, ein Laufband in einer Stoffwechselkammer zu benutzen, damit Anthony Pagano den Energieverbrauch der Eisbärin messen konnte.

Tasul war in einem Zoo geboren worden und hatte gelernt, den Menschen zu vertrauen. Sie verkörperte das Beste, was Mensch und Tier erreichen konnten, wenn sie zusammenarbeiteten. Ungeachtet aller Kritik, die an Zoos geübt wird, der Frage, ob Zootiere glücklich sind, und dem Einwand, dass der Zweck in keinem Verhältnis zu den Mitteln stehe – die Forschungen, die dank Tasul möglich wurden, hätten mit frei lebenden Bären niemals durchgeführt werden können. Die Einsichten, die Karyn Rode dank Tasul gewann, halfen ihr dabei, mehr über das Verhalten der Bären in freier Wildbahn zu erfahren, und diese Einblicke kamen im Endeffekt allen Bären zugute, sowohl im Zoo als auch draußen auf dem Meereis.

Tasul war nicht wild und würde es auch nie sein, dafür hatte sie ihr Leben mit ihrem Bruder verbracht. Als Conrad starb, war sie zum ersten Mal allein. Sie war an den Umgang mit anderen Bären gewöhnt, und obwohl sie an Arthritis litt und deshalb in ihren Bewegungen eingeschränkt war, befand sie sich für einen Bären, der in Gefangenschaft lebte, in sehr guter körperlicher Verfassung. Außerdem war sie intelligent und gelassen. Damit schien sie die perfekte Mentorin für eine jüngere Eisbärin zu sein.

KAPITEL 10

Anpassen

Gilbert Oxereok wusste schon als Kind, dass er später einmal Kapitän eines Jagdbootes werden wollte. Bereits mit vier oder fünf Jahren fuhr er das erste Mal hinaus auf die Beringstraße, hauptsächlich deshalb, weil seine Eltern keinen Babysitter für ihn gefunden hatten. Er erinnerte sich daran, dass die älteren Männer einen Belugawal in eine Bucht bei Wales trieben, das Tier erlegten und auf einem nahe gelegenen Stück Eis schlachteten. Als Kind verbrachte er seine Freizeit damit, Vögel mit einer Schleuder zu erlegen, die einer seiner älteren Brüder für ihn gebaut hatte. Mit zwölf Jahren bekam er zu Weihnachten ein Winchester Vorderschaftsrepetitiergewehr im Kaliber .22 geschenkt. Von da an verbrachte er jede freie Minute damit, draußen auf dem Hügel hinter Wales Schneehühner zu jagen.

Schon als junger Teenager hatte Gilbert sich eine Stellung als Schütze auf den Booten erarbeitet, von denen aus in den Gewässern vor dem Kap gejagt wurde. Die Rangordnung auf dem Boot lässt sich an der Position der Sitzplätze vom Heck Richtung Bug ablesen – mit Ausnahme des Kapitäns, der den Motor im Heck bedient. Direkt vor ihm sitzt der Rangniedrigste, der Kaffeejunge. Darauf folgen auf beiden Seiten des Bootes Jäger, wobei die talentiertesten Schützen näher am Bug sitzen. Ganz vorne steht der Harpunier, der die erlegte Beute aufspießt, damit sie nicht sinkt oder davontreibt. Gilbert lernte schnell, vom Boot aus zu jagen. Er lernte, den Abzug erst dann zu betätigen, wenn er vollständig ausgeatmet hatte, den Schuss genau in dem Bruchteil einer Sekunde abzufeuern, in dem sich keine Luft mehr im Körper und er sich in einem Zustand völliger Ruhe befand. Er kalkulierte jeden

Schuss mit mathematischer Präzision, rechnete den Wellengang des Ozeans, die Entfernung zu seinem Ziel, das Kaliber seines Gewehrs, die Flugbahn und den Wind mit ein. All das ging ihm in den wenigen Augenblicken vor dem Schuss durch den Kopf. Er behauptet, dass er sein Ziel aus anderthalb Kilometern Entfernung treffen könnte.

Als junger Mann verließ Gilbert Wales für ein paar Jahre. Er ging zum Militär, um seine Treffsicherheit zu perfektionieren und den Umgang mit einem Kompass zu lernen. Doch vor allem wollte er mit dem Geld, das er beim Militär verdiente, sein eigenes Boot kaufen. Mit Anfang dreißig war Gilbert Kapitän.

Auch Gene Agnaboogok bekam durch einen Zufall die Chance, zum ersten Mal an einer Jagd teilzunehmen. An einem klaren Frühlingsmorgen brach sein Vater auf, um auf die Beringstraße hinauszufahren. Auf dem Boot war ein Platz frei, den einer von Genes älteren Brüdern eingenommen hätte, wären sie zu Hause gewesen. Gene war gerade mal sechs oder sieben Jahre alt, aber er zögerte nicht lange und schloss sich den älteren Männern an. Das Wasser stand flach an diesem Tag, und es gab Beute im Überfluss – Robben, Walrosse und Belugawale. Die fünfköpfige Mannschaft musste nicht weit hinausfahren, bevor sie auf *ugruk* – Bartrobben – stieß. Genes Erinnerung an jenen Tag ist mit der Zeit verblasst, aber an seine Aufgabe auf dem Schiff erinnert er sich noch gut. Als jüngstes Mitglied der Mannschaft war er für den Kaffee zuständig. Er saß im Heck des Bootes und sorgte dafür, dass die Becher der Männer stets voll waren, während er unaufhörlich Fragen stellte und alles genau beobachtete, um so viel Wissen wie möglich aufzusaugen.

Mitunter kann viel Zeit vergehen, bevor man in der Rangfolge eines Jagdbootes aufsteigt. Zwischen seinem ersten Tag auf dem Boot und seinem ersten Schuss auf eine Robbe vergingen Jahre, in denen Gene weiter Kaffee kochte und Fragen stellte. Er lernte, dass man Waffen auf der See niemals geladen aufbewahrt und dass alles auf dem Boot seinen Platz hat. Wenn man etwas benutzt, legt man es genau dorthin zurück, wo man es weggenommen hat. Er lernte, wie man *ugruk*, die mehr als 300 Kilogramm wiegen können, zu einem flachen Stück Eis schleppt und vor Ort zerlegt, wie man die Haut vom Fett und das Fett vom Fleisch trennt. Er lernte, das Robbenfleisch nicht in der Nähe der Gasanlage des Bootes zu lagern, damit es nicht verdarb.

Er lernte die Strömungen kennen und wusste mit der Zeit, in welche Richtung das Wasser die mächtigen Eisberge zwischen Beringmeer und Tschuktschensee schob und was das Wetter bringen würde. Von den Ältesten lernte er, stets ein Auge auf den Ozean und das andere auf eine der Landmarken rund um Wales zu haben. Hinter dem Dorf ragt Cape Mountain auf, und etwas mehr als 30 Meter vor der Küste liegt Fairway Rock, eine ungefähr 150 Meter hohe Insel, die nur von Zugvögeln bewohnt ist und ansonsten nicht viel zu bieten hat. Nordöstlich davon liegen die Diomedes-Zwillingsinseln, die von der internationalen Datumsgrenze geteilt werden. Die kleinere der beiden Inseln gehört zu Alaska, die größere zu Russland. Von den Gewässern um Wales aus waren diese Landmarken immer sichtbar und dienten den Jägern in der Meerenge als Bake. Wenn sich über den Landmassen Wolken bildeten – einige der Dorfbewohner nannten sie auch »Windfänger« –, war es ratsam, sich auf den Rückweg zu machen: Rauer Seegang würde folgen.

Nicht alles, was die Einwohner von Wales jagen, stammt aus dem Meer. Elche, Karibus und seit einigen Jahren auch Vielfraße durchstreifen die Tundra rund um das Kap. Auch der Eisbär ist eine vielversprechende Beute, und der erste Bär, den ein Jäger erlegt, gilt als Initiationsritus ins Erwachsenenleben. Gene erlegte seinen ersten Eisbären mit ungefähr 20 Jahren, als er kurz nach Thanksgiving mit dem Schneemobil nördlich von Wales nach Beute suchte. Jäger gehen jedoch selten auf die Suche nach Eisbären; meistens stoßen sie zufällig durch Spuren im Schnee auf die Tiere und bringen sie als Gelegenheitsbeute mit nach Hause. Nach wenigen Kilometern entdeckte Gene zwei Eisbären auf dem

Meereis, die beide mehr als drei Meter lang waren. Da Eisbären von Natur aus Einzelgänger sind, handelte es sich bei diesen beiden vermutlich um Männchen und Weibchen im langen Prozess des Vertrauensgewinns vor der Paarung. Im selben Moment entdeckten die Bären Gene und flüchteten. Dem Jäger blieb nicht viel Zeit, um zu reagieren, und in der Eile fand er seine Munition nicht. Er rannte zurück zu seinem Schneemobil, um die Patronen zu holen, lud seine Waffe und zielte auf das Hinterbein des einen Bären. Er schoss, und das Tier stürzte zu Boden. Der andere Bär setzte seine Flucht fort. Gene kletterte von seinem Schneemobil, näherte sich dem verwundeten Eisbären und tötete ihn mit einem Schuss in den Nacken.

Er sprach ein kurzes Gebet, als er vor dem Bären stand, bedankte sich für die sichere Jagd und dafür, dass das Tier sein Leben für ihn gelassen hatte. Er schlachtete den Eisbären draußen auf dem Eis, häutete ihn, schnitt das Fleisch in handliche Stücke und lud sie auf sein Schneemobil. Dann fuhr er zurück ins Dorf und teilte das Fleisch unter den Bewohnern auf. Die Pfoten eines Eisbären waren in Wales sehr begehrt, und Gene gab zwei davon den Dorfältesten. Die anderen beiden hob er für seine Eltern auf, die oben auf dem Hügel neben Gilbert Oxereok wohnten.

* * *

Gene lebt noch immer in demselben Haus, von dem aus er zu seiner ersten Robbenjagd aufgebrochen war, in das er die Pfoten seines ersten erlegten Eisbären brachte und in dem für kurze Zeit die zwei verwaisten Eisbärenjungen lebten, nachdem er ihre Mutter, Noras Großmutter, getötet und die Jungtiere aus der eingestürzten Höhle gerettet hatte. Die Aufteilung des Fertighauses war pragmatisch, es besaß ein Giebeldach und lag in einer leichten Senke am Berghang mit Blick auf die Beringstraße. Die Außenwände waren früher vermutlich einmal grau oder grün gewesen, doch die rauen Winter hatten die Farbe zu einem undefinierbaren Ton verblassen lassen. Im Jahr 1988, als Gene die

Eisbärenjungen fand, die später einmal Nanuq und Norton heißen würden, war es voller Leben. Gene teilte das Haus – ein Wohnbereich mit Kochnische, zwei kleine Schlafzimmer und ein Badezimmer – mit seinen Eltern, einer seiner Schwestern und deren Tochter und einem Neffen.

In der Zwischenzeit sind seine Eltern, Edna und Roland, verstorben, und seine Geschwister haben das Dorf verlassen. Gene lebt nun allein in dem Haus. Im Inneren riecht es schwach nach altem Fisch und Meeressäugern, und der Geruch vermischt sich mit dem rauchigen Aroma des Holzofens. Der Großteil des Wohnzimmerbodens, der nach all den Jahren das Sperrholz durchscheinen lässt, wird von einer Matratze eingenommen, auf der sich Laken und Decken stapeln. Für Wärme sorgen eine elektrische Heizung und ein Holzofen, den Gene mit Treibholz füttert, oder mit Pappe, wenn ihm das Holz ausgeht. Das glatte schwarze Haar, das ihm früher bis auf die Schultern fiel, ist inzwischen von grauen Strähnen durchzogen. Wenn er sich Zigaretten leisten kann, steigt ihr Rauch durch Genes weißen Ziegenbart auf und schlängelt sich um das Drahtgestell seiner Brille. Die Narbe an seinem Bein, die ihm die Eisbärin verpasst hat, ist beinahe vollständig verblasst. Mit seinem Schneemobil fährt er noch immer auf die Jagd, aber er ist vorsichtiger, wenn er auf Eisberge klettert.

In Wales gibt es kein Abwassersystem, weshalb die meisten Bewohner einen sogenannten »honey pot« verwenden, eine Eimertoilette, bestehend aus einer Holzkiste mit Toilettensitz, unter dem ein Eimer steht. Wenn die Eimer voll sind, entsorgen die Dorfbewohner den Inhalt in große schwarze Behälter, und ein paar Mal pro Woche holt Gene den Abfall mit einem Quad ab und bringt in zu einer kleinen Lagune nördlich des Dorfes. Keine besonders glamouröse Arbeit, aber das stört ihn nicht. Wenn Gene nicht gerade arbeitet, schnitzt er kunstvolle Tierfiguren aus Knochen und Elfenbein und versucht, sie an Besucher auf der Durchreise oder in Nome, der nächsten größeren Stadt, zu verkaufen. Und wenn er nicht jagt, arbeitet oder schnitzt, dann verbringt er Zeit mit seinem Cousin Josh Ongtowasruk, der Gitarre spielen und Lieder in Inupiaq singen kann.

Die Landschaft, die man aus den Fenstern von Genes Haus sieht, hat sich seit der Ankunft der Missionare im späten 19. Jahrhundert und der Spanischen Grippe im Jahr 1918 nicht groß verändert. Die Hänge des Cape Mountain fallen südlich des Dorfes steil zum Beringmeer hin ab, während sie weiter nördlich, in Richtung des Dorfes, allmählich in Strand übergehen. Im Norden liegt eine große Lagune, die an manchen Stellen bis zu 8 Kilometer breit und 27 Kilometer lang ist, von sandigen Zuflüssen aus dem Beringmeer gespeist wird und in der Sommersonne glitzert.

Die Missionsschule dagegen gibt es schon lange nicht mehr. Sie wurde von einem der neueren Gebäude im Ort abgelöst, das über Klassenräume, eine große Turnhalle, eine Bücherei, eine Küche und ein Badezimmer mit modernen Sanitäranlagen verfügt. Nicht nur die Kinder aus Wales, sondern auch aus umliegenden Ortschaften gehen hier zur Schule. Die Dachsparren der Turnhalle sind mit Bannern von Orten wie Teller geschmückt, wo zu Zeiten der Missionare das erste Rentiercamp stattfand, von Shishmaref, dem nächstgelegenen Dorf im Norden, oder von der kleinen Diomedes-Insel in der Mitte der Beringstraße, die zu den Vereinigten Staaten gehört. Die Turnhalle bleibt manchmal bis spätabends für Basketballspiele der Erwachsenen geöffnet und dient fast ebenso oft als sozialer Treffpunkt wie als Bildungseinrichtung.

Gleich hinter der Schule befindet sich der *Wales Native Store*, einer der zwei Läden des Ortes, in dem man Lebensmittel, Benzin, Munition und andere Dinge kaufen kann. Fast das gesamte Angebot wird per Flugzeug geliefert, und der Aufwand, Waren an die Spitze des nordamerikanischen Kontinents zu schaffen, spiegelt sich in den Preisen wider. Neben dem Laden erstreckt sich eine Häuserreihe entlang der Hauptstraße des Dorfes, der

Kingkinkgin Road, Richtung Norden. Am Strand von Wales ragt ein halbes Dutzend sonnengebleichter Kieferknochen von Grönlandwalen aus dem Sand; dahinter steht ein aus Treibholz gebautes Trockengestell. An der Küste finden sich außerdem die Überreste eines runden Fundaments, das in den 1980er-Jahren das Gemeindezentrum war. Früher besaß das Gebäude, das als moderne Version des *qargi* diente und das Stammesbüro sowie Bingo- und Trommelabende beherbergte, ein kuppelartiges Dach. Die Kingkinkgin Road windet sich an einem Kraftwerk vorbei, und daneben, im Schatten eines Sendemastes, befindet sich eine Senke im Boden, über der zwei Holzbalken gegeneinander gelehnt sind und an deren Rändern verstreute Walknochen liegen – die Überreste des Grassodenhauses, in dem Genes Mutter aufwuchs.

Hinter dem Kraftwerk führt die Straße als Brücke über einen Bach, der in die Beringstraße mündet. Sie schlängelt sich am zweiten Laden des Dorfes vorbei in Richtung Postamt, wo Briefe und Amazon-Pakete in Postfächern darauf warten, abgeholt zu werden. Eine Straße nach Wales gibt es nicht, weshalb es sich mitunter als schwieriges Unterfangen herausstellen kann, dorthin zu gelangen. Seit es im Dorf eine Landebahn gibt, ist die Anreise einfacher geworden, aber die kleinen Maschinen, die täglich nach Wales fliegen sollen, können aufgrund von schlechten Wetterverhältnissen oft tage- oder sogar wochenlang nicht starten.

Neben dem Postamt befindet sich das neue Gemeindezentrum, das von allen nur »Multi« genannt wird, weil es sich um ein multifunktionelles Gebäude handelt. Seit das alte Gemeindezentrum abgerissen wurde, befinden sich im Multi die Büros des Stammesrates, ein paar Räume für Verwaltungsangestellte und ein Gemeinschaftstraum, in dem offizielle Geschäfte abgewickelt und Gottesdienste gefeiert werden. An manchen Abenden hallt das Klappern von Bingokugeln in den Räumen des Zentrums wider, während die älteren Dorfbewohner angestrengt auf ihre Zahlenkarten starren. An anderen Abenden erklingen Trommeln und Gesang, unterbrochen vom Kreischen der Kinder, die die Flure des Gebäudes auf und ab rennen. An einem Schwarzen Brett am Eingang hängen Zettel mit Stellenausschreibungen oder -gesuchen, Kleinanzeigen für Schneemobilersatzteile und Poster, die vor den Folgen von Alkohol- und Drogenkonsum warnen, ein Erbe der Kolonialzeit, die die Droge nach Wales gebracht hat. Wie viele andere indigene Gruppen litten die Inupiat und andere indigene Gruppen in und außerhalb Alaskas unter den negativen Stereotypen des Alkoholismus. 1981 stimmte das Dorf dafür, den Verkauf und Import von Alkohol nach Wales zu verbieten, und eine Kopie dieses Verbotes ist an der Wand des Multis, direkt neben dem Stammesbüro, angebracht. Gilbert Oxereok arbeitet als Seelsorger des Dorfes, doch die meisten Leute, die zu ihm kommen, leiden unter Traurigkeit oder Depressionen und nicht unter den Folgen des Alkohols. Von Zeit zu Zeit gelangt Alkohol dennoch nach Wales, entweder über das Flugzeug aus Nome oder an Bord eines Schneemobils aus einem der Nachbardörfer, aber zur Alkoholsucht kommt es selten. »Wir haben Glück, dass wir nicht an das Straßennetz angebunden sind«, sagte Gilbert.

Nördlich der Stadt liegen die Landebahn und der Friedhof. Das Kreuz, das in Gedenken an die Opfer der Spanischen Grippe errichtet wurde, steht auf der höchsten Düne. Seine einst weiße Farbe ist inzwischen verblasst und abgeblättert. Nachdem die Grippe von 1918 bis 1919 in Wales gewütet hatte, hat sich die Bevölkerungszahl nie wieder richtig erholt. Während Wales einst bis zu 700 Bewohner zählte, schwankt die Einwohnerzahl seit der Spanischen Grippe zwischen 150 und 160.

Vermutlich könnte man Wales aufgrund seiner abgeschiedenen Lage und der Hilflosigkeit gegenüber äußeren Einflüssen als tragischen Ort bezeichnen. In Büchern wird die Arktis oft als trostlos und karg beschrieben. Doch diese Schilderungen werden den Menschen, die sich die Arktis zur Heimat gemacht haben, nicht gerecht. Unter den Bewohnern von Wales herrscht ein ausgeprägtes Gemeinschaftsgefühl, das auf Jahren der völligen

Abgeschiedenheit beruht, in denen die Dorfbewohner auf sich allein gestellt waren. Auch wenn Wales abgelegen ist, so sind die Menschen dort nicht einsam. Viele Häuser haben Satellitenfernsehen und einen Internetanschluss. Wenn das nicht der Fall ist, gehen die Kinder in die Schule, um sich dort am Computer bei Facebook oder Netflix einzuloggen, oder sie warten auf der Tribüne der Turnhalle, bis die Sendungen auf ihren Smartphones oder Tablets heruntergeladen sind. Auf dem Spielfeld trainieren Jugendliche im Outfit der Golden State Warriors ihren Sprungwurf, während im Hintergrund Rapmusik aus einem Bluetooth-Lautsprecher dröhnt. Weiße Ohrstöpsel baumeln von den Ohren der Dorfbewohner, die auf ihren Quads über die Straße rumpeln.

Die Stadt kann, je nach Jahreszeit, sehr unterschiedlich aussehen. Im Sommer sind die Hügel hinter dem Dorf und die Wiesen im Norden grün und voller Leben, bedeckt von Tundra-Moos, arktischen Gräsern, Weiden und Beerensträuchern. Die Temperaturen liegen bei zehn Grad Celsius, und Mitte Juni scheint die Sonne fast vierundzwanzig Stunden am Tag, mit Ausnahme einer Stunde Dämmerung von drei bis vier Uhr morgens. Wenn der Sommer in den Herbst übergeht, färben sich die grünen Gräser erst rot, dann braun, und die Temperaturen sinken. Ende Oktober geht die Sonne am späten Vormittag auf, und die Schulkinder legen den Weg zur Schule mit ihren blinkenden Turnschuhen in der Dunkelheit zurück. Die kleine Lagune hinter dem Dorf ist von einer dünnen Eisschicht überzogen, und die Gipfel der Berge sind schneebedeckt. Wenn der Winter Wales vollständig im Griff hat, lässt die Sonne sich noch seltener blicken, und die Häuser verschwinden teilweise bis zu den Dächern hinter Schneewehen. Normalerweise bildet sich um Thanksgiving herum Meereis, das bei seiner maximalen Ausdehnung bis weit in die Beringstraße hinausreicht. Einige der Dorfbewohner berichten, dass sich das Eis in den kältesten Jahren 40 Meter weit bis zur kleinen Diomedes-Insel erstreckte. Wenn der Frühling über die Region hereinbricht, werden die Tage länger, aber in der Vergangenheit blieb das Meereis bis Ende Mai oder Anfang Juni.

Das Leben der Menschen am westlichsten Kap des Kontinents wird seit jeher von den Jahreszeiten bestimmt. Im Frühling füllen die Jäger den Vorrat an Fleisch wieder auf, der über den Winter zur Neige gegangen ist. Im Sommer pflücken die Einheimischen Beeren, fangen Fische und Vögel. Im Herbst werden die Vorräte für die langen kalten Wintermonate, die vor den Bewohnern liegen, aufgestockt.

Doch die traditionellen Jahreszeiten, die seit der Ankunft ihrer Vorfahren das Leben der Einwohner von Wales bestimmten – die Zyklen von Wind, Temperatur, Schnee und Regen, die vorgeben, wann es Zeit ist, Pflanzen zu sammeln, oder wann es als sicher gilt, auf die Jagd zu gehen – ändern sich. Und die Bewohner, wie Gene Agnaboogok und Gilbert Oxereok, müssen sich anpassen.

Die junge Eisbärin Nora in Quarantäne, kurz nachdem sie im September 2016 im *Oregon Zoo* angekommen ist. *Foto von Shervin Hess für den Oregon Zoo.*

Nora erkundet ihr Gehege im *Oregon Zoo,* Oktober 2016. *Beth Nakamura* © *Oregonian Media Group.*

unten: Interessiert beäugt Nora einen roten Ball, eines ihrer Lieblingsspielzeuge, *Oregon Zoo,* März 2017. *Stephanie Yao Long* © *Oregonian Media Group.*

oben: Eine Luftaufnahme von Wales, Alaska, 2. April 2017. Wales zählt ungefähr 160 Einwohner und ist die westlichste Stadt auf dem amerikanischen Festland. Durch die Beringstraße getrennt, liegt Wales knapp 100 Kilometer von Russland entfernt. *Dave Killen © Oregonian Media Group.*

unten: Ein Porträt von Gene Agnaboogok draußen vor seinem Haus in Wales, April 2017. *Dave Killen © Oregonian Media Group.*

Linke Seite:
oben: Nora stürzt sich auf ihren roten Ball, *Oregon Zoo,* März 2017. *Stephanie Yao Long © Oregonian Media Group.*

Mitte: Nora im *Oregon Zoo,* August 2017. *Dave Killen © Oregonian Media Group.*

unten: Nora treibt auf einem Spielzeug im Pool. So genießt sie ihren letzten Tag in der Öffentlichkeit des *Oregon Zoo,* September 2017. *Dave Killen © Oregonian Media Group.*

Diese Aufnahme seines Vaters bewahrt
Gene Agnaboogok in seinem Haus in
Wales auf, April 2017.
Sie zeigt Genes Vater Roland auf einem
Fellboot, über dessen hölzernen Rahmen
eine Tierhaut gespannt ist.
Dave Killen © Oregonian Media Group.

oben: Die Überreste des letzten
Fellboots, das in Wales zum Einsatz
kam, bevor diese vollständig durch
Boote mit Aluminiumrumpf ersetzt
wurden. *Dave Killen © Oregonian
Media Group.*

links: Gilbert Oxereok ist seit jeher
Jäger und Einwohner von Wales. Hier
ist er im Gemeindezentrum der Stadt
zu sehen, April 2017.
Dave Killen © Oregonian Media Group.

Gene Agnaboogok zündet sich in seinem
Haus in Wales eine Zigarette an,
Alaska, 2. April 2017
Dave Killen © Oregonian Media Group.

oben: Walknochen ragen aus dem
Schnee am Strand von Wales hervor,
Alaska, 31. März 2017.
Dave Killen © Oregonian Media Group.

rechts: Ein Ausschnitt aus der Zeitung
The Nome Nugget vom 31. März 1988
zeigt die beiden kleinen Eisbären, die
Gene Agnaboogok in der Nähe von
Wales in Alaska gerettet hatte. Einer der
beiden Eisbären sollte im Jahr 2015
Noras Vater werden.
*Mit freundlicher Genehmigung von
Diana Haecker und Sandra Madearis
für The Nome Nugget.*

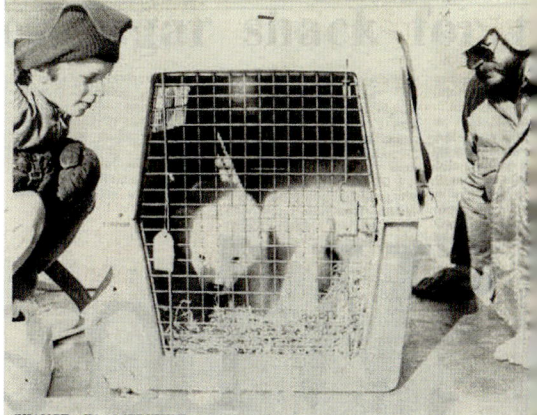

CHANGE IN LIFESTYLE — Jim Rowe and his friend observe two po
brought in from Wales on Bering Air. Cubs will reside in zoo after
mother sow in self defense *Photo by Sandra Medearis*

Cindy Cupps (links) und Devon Sabo (rechts), Tierpflegerinnen im Columbus Zoo and Aquarium.

Priya Bapodra, Tierärztin im Columbus Zoo and Aquarium.

Shannon Morarity, kuratorische Assistentin im Columbus Zoo and Aquarium.
Alle Fotos: Stephanie Yao Long © Oregonian Media Group.

Rechte Seite:
oben: Karyn Rode überprüft die Vitalfunktionen eines Eisbären während einer Feldstudie auf der Tschuktschensee vor der Nordwestküste Alaskas, April 2016.
Mit freundlicher Genehmigung von Karyn Rode, U.S. Geological Survey.
unten: Die Eisbärin Tasul trägt ein Halsband, das den Wissenschaftlern wichtige Informationen zur Erforschung ihres Verhaltens liefert, Oregon Zoo, Juli 2013.
Benjamin Brink © Oregonian Media Group.

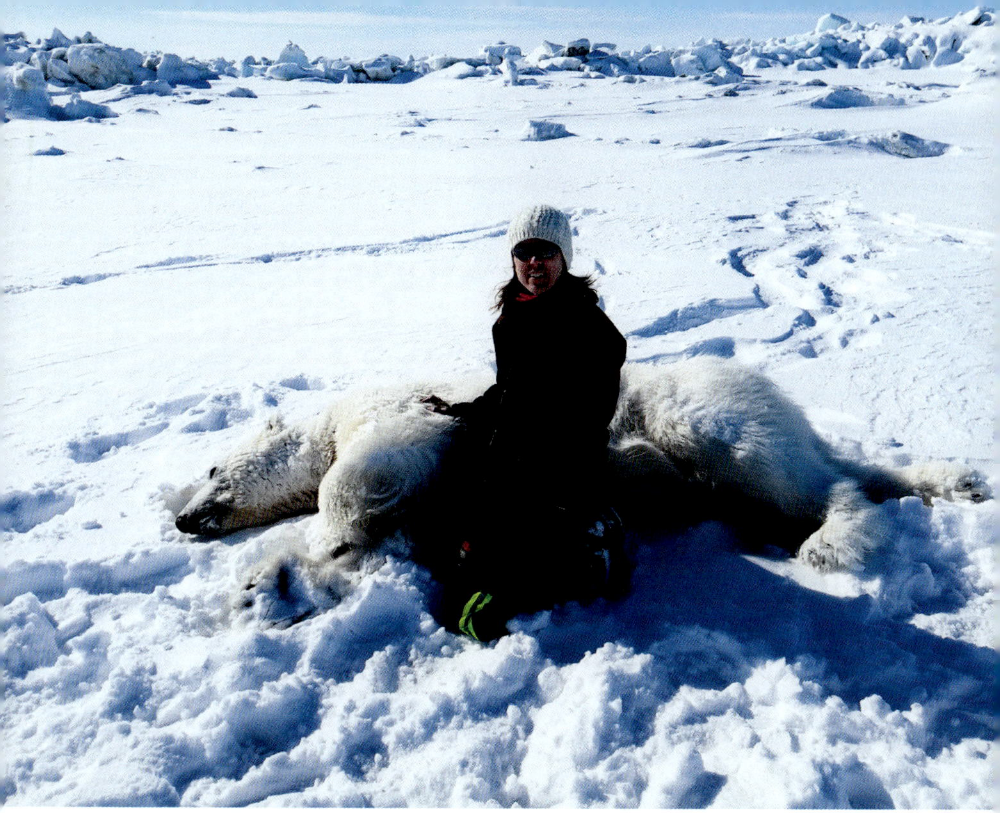

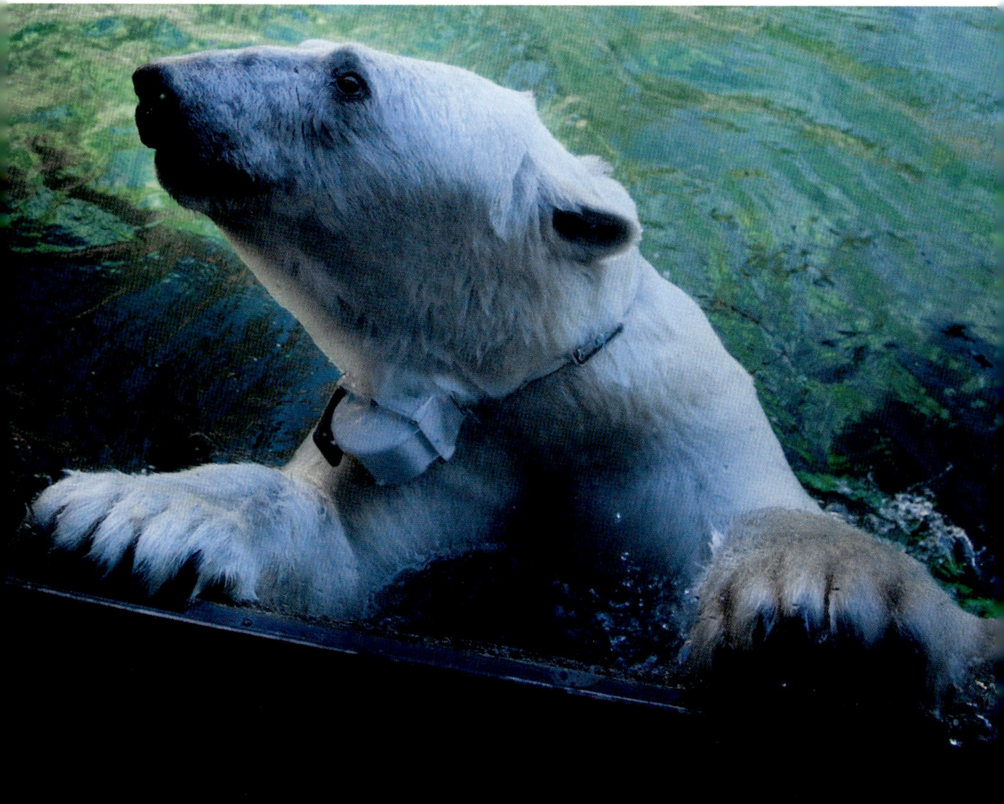

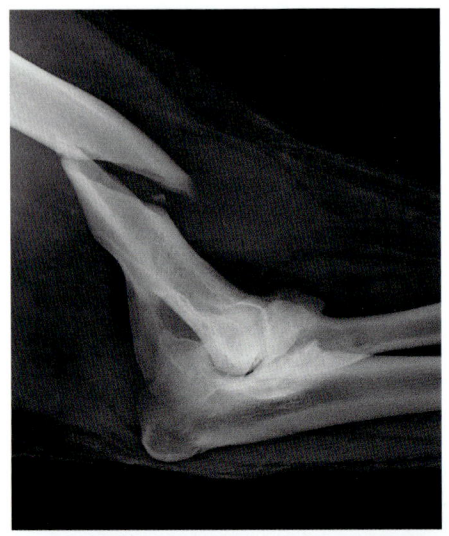

Die Röntgenaufnahme zeigt einen schwerwiegenden Bruch in Noras Oberarmknochen von Anfang 2019. *Mit freundlicher Genehmigung von Utah's Hogle Zoo.*

Nora und Hope beschnuppern sich in ihrem Gehege im Utah's Hogle Zoo, Salt Lake City, Februar 2020. *Mit freundlicher Genehmigung von Utah's Hogle Zoo.*

KAPITEL 11

Ankommen

Nora kam Mitte September 2016 nach Portland. Nach dreißig Tagen in medizinischer Quarantäne organisierten Nicole Nicassio-Hiskey und die anderen Pfleger diverse Treffen zur Annäherung, die in der Zoowelt als »Howdies« bezeichnet werden. Zunächst wurden die beiden Eisbären so untergebracht, dass sie einander sehen konnten. Anschließend hielt man sie in zwei aneinandergrenzenden Räumen, die nur durch ein Metallgitter voneinander getrennt waren. Im Oktober brachte die fast einjährige Nora beinahe hundert Kilo auf die Waage. Zwar schien sie nicht sonderlich daran interessiert, mit Tasul durch das Gitter zu interagieren, aber sie wirkte auch nicht ängstlich; das Team des Zoos wusste, wie wichtig der Kontakt zu Artgenossen für Noras Entwicklung war.

Einige Wochen später wurde beschlossen, dass es an der Zeit war, beide Bären gemeinsam unterzubringen.

Nicole beobachtete die Zusammenführung vom Dach des Bärengeheges aus, mit dem Funkgerät in der Hand. Das Gehege war von breiten Mauern umgeben, sodass sie es von oben komplett überblicken konnte. Sie sollte ungefähr alle zwanzig Sekunden genau berichten, was die Bären taten.

Mindestens zehn Pfleger und Tierärzte hatten sich an den Türen zum Gehege aufgestellt, um diese im Notfall schnell schließen zu können. Im Gehege gab es keine Sackgassen, sodass Nora nicht in die Enge getrieben werden konnte. Die Pfleger hatten gefrorene Orangen und Grapefruits dabei, die sie werfen konnten, um die Bären abzulenken. Außerdem starke Wasserschläuche und Feuerlöscher, mit denen sie die Tiere, falls nötig, voneinander trennen konnten. Sie hatten dafür gesorgt, dass ein Funkkanal frei war und die anderen Funkgespräche des Zoos ihre Kommunikation nicht stören würden.

Außerdem hatten sie eine klare Anweisung: *Nur eingreifen, wenn Blut fließt.*

Eisbären knurren für gewöhnlich oder machen einen Buckel, bevor sie richtig wütend werden, und Nicole wusste, auf welche Verhaltensweisen Tasul anspringen würde. Die Pfleger ließen Nora in den Hauptraum des Geheges, während Tasul in der Höhle festgehalten wurde.

Nach ein paar Minuten öffnete sich die Zwischentür, und Tasul ging hinaus. Knisternd ertönte Nicoles Stimme über das Funkgerät.

Kaum hatte das ältere Weibchen Nora erblickt, setzte es zu einem Sprint in Richtung des Jungtieres an. Nora, die sich auf einmal einem ihr unbekannten Tier gegenübersah, das doppelt so groß wie sie selber war, erschrak.

Sie drehte sich um und rannte davon.

Nicole verstummte. Das lief keineswegs so, wie sie es sich erhofft hatten.

Nora sprang über einen Baumstamm und flüchtete durch einen Tunnel, der beide Außenbereiche miteinander verband. Nicole befand sich oben auf den Außenwänden, die Felsen nachempfunden waren, und beobachtete, wie Tasul langsam hinter Nora hertrottete.

Nora sprang ins Wasserbecken, und die Tierpfleger hielten allesamt den Atem an. Das Becken war der einzige Bereich im ganzen Gehege, wo sie in die Enge getrieben werden konnte. Für einen Augenblick schien es so, als würde Tasul ihr folgen.

»T-Bear!«, riefen die Pfleger, die Wasserschläuche in den Händen. Die ältere Bärin wich zurück.

Derartige Zusammenführungen von Tieren können kompliziert sein, doch Nicole blieb ruhig. Sie kannte Tasul seit mehr als 15 Jahren und wusste, wenn sie panisch, gereizt oder aggressiv war. Als Tasul Nora folgte, zeigte sie keine dieser Verhaltensweisen. Sie war einfach nur neugierig. Die alte Bärin war Gesellschaft gewohnt: Jahrelang hatte sie zusammen mit ihrem Zwillingsbruder Conrad gelebt, bis dieser zwei Monate zuvor gestorben war. In den folgenden Tagen versuchte Tasul, sich möglichst offen gegenüber dem Neuankömmling zu zeigen. Sie schaute weg, wenn Nora näher kam. Sie duckte sich, um kleiner auszusehen. Und sie bemühte sich, Nora zum gemeinsamen Spielen zu animieren. Doch Nora war nicht interessiert.

Das Gehege war während der Zusammenführung für Besucher gesperrt, aber der Zoo veröffentlichte ein Video, das zeigte, wie Nora zögerlich im Außenbereich umherlief und sich dabei ganz offensichtlich der Anwesenheit Tasuls bewusst war. In dem Nachrichtentext zu dem Video beschrieb der Zoo die erste Begegnung als »überaus positiv«, wenn auch in »Zeitlupe« verlaufend. Was die Nachrichten verschwiegen und was hinter den Kulissen geschah: Noras Gemütszustand verschlechterte sich allmählich.

Devon Sabo, die Tierpflegerin, die Nora bereits in dem unscharfen roten Bild des Videos beobachtet hatte, das aufgezeichnet wurde, als ihre Mutter sie im *Columbus Zoo* allein zurückließ, hatte die junge Bärin von Ohio nach Oregon begleitet. Fast eine Woche verbrachte sie mit dem zuständigen Team in Portland, klärte sie über Details von Noras Persönlichkeit auf, und – viel wichtiger – war für den Neuzugang ein vertrautes Gesicht, während sich die junge Bärin an ihr neues Zuhause gewöhnte.

Doch schon bald nach Devons Abreise schien Nora zunehmend unglücklich. Sie bellte wie ein wütender Seehund, so laut, dass man sie auch außerhalb des Gebäudes hören konnte. Nicht einmal ihr Lieblingsspielzeug oder ihre Leibspeise konnten sie aufheitern. Sie hatte angefangen, stereotype Verhaltensweisen zu entwickeln, wiederholte eine Handlung, die keinerlei Zweck erfüllte, immer und immer wieder. Sie kratzte mit den Pfoten in den Beton, so als würde sie Löcher graben. Sie tigerte im Kreis umher und ignorierte die Spielzeuge, die sie dabei umstieß. Sie fixierte sich enorm auf ihre Pfleger, und jedes Mal, wenn einer von ihnen den Raum verließ, bekam sie einen Wutanfall. Sie kaute auf den Streben der Kiste, in der sie nach Oregon gereist war, und machte dabei das gleiche surrende Geräusch, das sie auch während des Saugens in Ohio von sich gegeben hatte. Nach jeder Begegnung mit Tasul wurden Noras Symptome schlimmer. Einmal versetzte ein solches Zusammentreffen Nora vollkommen in Panik, und sie lief stundenlang im Kreis umher. Selbst wenn die beiden Bären voneinander getrennt waren, spürten Noras Pfleger, dass sie Angst hatte, so als hätte sie das Gefühl, Tasul würde auf sie lauern.

Und es ging ihr keineswegs besser.

* * *

Im Grunde dreht sich Noras Geschichte um eine schwierige Frage: Helfen Zoos den Tieren, oder schaden sie ihnen?

An einem Ende des Spektrums befinden sich die Tierrechtsaktivisten, manchmal auch Tierbefreier genannt. Manche sind der Ansicht, Menschen und Tiere sollten dieselben Rechte haben, denn das Menschsein betreffe sämtliche zu Empfindungen fähige Wesen, und die Behandlung von Tieren als natürliche Ressource sei grundlegend falsch. Die Verfechter dieses Standpunkts behaupten, eine utilitaristische Ethik (die davon ausgeht, eine Handlung ist richtig, wenn sie der größtmöglichen Gruppe den größtmöglichen Vorteil bringt) verlange auch die Berücksichtigung des Wohlergehens von Tieren, da diese Leid empfinden können. Sie nicht in die Rechnung mit einzubeziehen, bezeichnen die Verfechter dieser Richtung als eine Form der Diskriminierung: den Speziesismus. Den Gruppen, die an diesem Ende des Spektrums zu verorten sind, ist das entschiedene Ablehnen der Haltung von Tieren in Gefangenschaft gemein, insbesondere wenn diese Gefangenschaft dem Profit dient.

Eine 2003 erschienene Studie der Oxford University zeigt, dass es einigen Tieren – insbesondere Löwen, Tigern, Geparden und Eisbären – in Zoos äußerst schlecht ergeht. Diese großen Raubtiere werden meistens in Gehegen gehalten, deren Größe nur einem winzigen Bruchteil ihres natürlichen Lebensraums entspricht, und diese räumliche Beschränkung (nicht etwa, wie anfangs vermutet, die Unfähigkeit zu jagen) führe zu Verhaltensstörungen wie Herumtigern und niedrigen Überlebensraten bei den Jungen. Die Autoren fanden heraus, dass die Eisbären genauso litten wie alle anderen Raubtiere, schließlich umfassen die Zoogehege im Durchschnitt nur ein Millionstel ihres natürlichen Habitats. Die in der besagten Studie untersuchten Eisbären verbrachten ein Viertel des Tages mit Herumtigern und wiesen eine Säuglings-Sterblichkeitsrate von 65 Prozent auf. (Michael Hutchins, der damalige Leiter der Abteilung für Tierschutz und Wissenschaft der *Association of Zoos and Aquariums,* wies die Erkenntnisse der Studie zurück, indem er in der *New York Times* erklärte, sie beinhalte »breite Verallgemeinerungen« und weise »echte Schwächen« auf; er fügte hinzu, er habe keinerlei »Beweise für das Herumtigern« in den in der Studie genannten Einrichtungen gesehen.)

Aber selbst die Tiere, die in ihren Gehegen zufrieden sind, führen ein Leben als Attraktionen. Die Zoos in Oregon und Columbus besaßen bestimmte Bereiche, in denen die Eisbären vor dem Blick der Öffentlichkeit geschützt waren, doch die Gehege dienten im Grunde dazu, die Tiere auszustellen. Hinter den Fenstern wartete eine nie endende Masse felloser Zweibeiner auf sie, die sie anstarrten, einige davon mit schwarzen Kästen in der Hand, deren grelles Blitzlicht sie blendete.

Den charismatischen Arten – Bären, Löwen und Elefanten – wird eine übergroße Aufmerksamkeit zuteil, die auf eine Art Popularitätswettbewerb hinausläuft. Diese Tiere locken die Besucher in die Zoos, so die Kritiker, und die Erhaltung dieser Arten habe daher Vorrang vor anderen Tieren.

Zoos und ihre Befürworter dagegen loben die Fürsorge, welche den Tieren dort zuteilwird, und behaupten, die Wildnis, in die sie den Zookritikern zufolge gehörten, entspreche nicht dem Bild, das die breite Öffentlichkeit von ihr habe. Von der wahren Wildnis existiere nur noch ein kleiner Teil, der durch menschliche Eingriffe stets weiter eingeschränkt oder im Zeichen von Erschließung und Geldgewinn weitgehend zerstört würde. Nur noch wenige Tiere leben so wie ursprünglich von der Natur vorgesehen. Dazu zählt weder das Nashorn, das wegen seines Horns niedergemetzelt wird; noch der Elefant, der ohne Unterlass der Wilderei ausgesetzt ist; noch der Orang-Utan, der sein Zuhause für Palmöl-Plantagen aufgeben musste. Auch nicht die Rundschwanzseekuh, der Baumsteigerfrosch, nicht einmal unsere eigenen Haustiere, die wir gezähmt und fügsam gemacht haben. Selbst die Orte, die wir als Inbegriff der Wildnis auffassen, wie die Arktis, sind die Heimat von Menschen, seit Menschen Häuser bauen. Auf jedem Quadratzentimeter des Planeten finden sich die Fingerabdrücke des Menschen.

In der Wildnis, was auch immer davon noch übrig ist, legen Eisbären Hunderte Kilometer auf der Suche nach Nahrung zurück; im Zoo hingegen brauchen sie das schlichtweg nicht. Der Speiseplan eines Eisbären im Zoo ist ausgewogen und von einer Verlässlichkeit, die der natürliche Lebensraum niemals bieten könnte. Ganz gleich, welche Leiden die Tiere haben, ob Zahnschmerzen oder Arthritis, ein Team professioneller Tierärzte kümmert sich sofort darum. Übersteigt eine Erkrankung ihre Expertise, rufen sie Spezialisten, häufig von der anderen Seite des Kontinents, zu Hilfe, die sich um die betroffenen Tiere kümmern. Regelmäßige Mahlzeiten und permanente medizinische Betreuung, betonen die Zoobefürworter, führen bei den Tieren in Gefangenschaft zu einer höheren Lebenserwartung im Vergleich zu ihren Artgenossen in der freien Wildbahn.

Aber der Nutzen von Zoos reicht weit über ihre Mauern hinaus. So bewerben Zoos ihre Bemühungen in Sachen Artenschutz mithilfe von gut sichtbaren Tafeln innerhalb des Zoos und auf ihren Webseiten. Der *Columbus Zoo* arbeitet mit anderen Organisationen zusammen, um die Korallenriffe in der Karibik wiederherzustellen, und hat Tierärzte bei der Versorgung von Gorillas in Ruanda und der Demokratischen Republik Kongo unterstützt. Gute 140 Kilometer südöstlich von Columbus wandelte der Zoo ein ehemaliges Kohleabbaugebiet um: in einen 4000 Hektar großen Freiluft-Wildpark, der dem Artenschutz dient, in dem sich Geparden und Nashörner wie in der freien Wildbahn bewegen können.

Der *Oregon Zoo* legt neben der Forschungsrichtung, die Karyn Rode mit Tasul verfolgte, den Fokus auf die Erhaltung lokaler Tierarten. Die gefährdeten Oregon-Silverspot-Schmetterlinge werden in einem eigenen Labor aufgezogen und anschließend an der Küste Oregons freigelassen, mitunter bis zu 2000 Exemplare. Ähnliche Projekte gibt es für die Pazifische Sumpfschildkröte, den Kalifornischen Kondor, den Rana Pretiosa (Oregon Spotted Frog) und auch für die im Becken des Columbia River beheimateten Zwergkaninchen. Werfen Kritiker den Zoos vor, ausschließlich die charismatischen Tiere – die Bären, Tiger und Elefanten, die Besucher anlocken – anzupreisen, dann entgegnen die Zoos, dass es die Anziehung ebendieser populären Tierarten ist, die die Bemühungen zur Erhaltung von bestimmten Schmetterlings-, Schildkröten- und Kaninchenarten finanziert. Ein reiner Frosch-Zoo würde niemals genügend Eintrittskarten verkaufen, um die Kosten für die Forschung zu tragen, die der Frage nachgeht, warum Frösche in freier Wildbahn aussterben. Um die Frösche zu retten, brauchen Zoos daher Tiere wie Nora.

Trotz der angepriesenen Vorteile müssen sich Zoos noch immer gegen die Kritik von Tierschutzorganisationen verteidigen. Pfleger und PR-Angestellte der Zoos sprechen oft von »Gebäuden«, »Gehegen« oder »Vivarien«, nicht aber von »Käfigen«. Medien erhalten nur mit einer Fotografie-Verzichtserklärung Zutritt; so möchte man verhindern, dass die Öffentlichkeit Gitter und Käfigstreben sieht. Die PR-Abteilungen von Zoos geben nur selten Informationen an die Öffentlichkeit, wenn es den Tieren schlecht geht. Als man Noras gesundheitliche Probleme entdeckte, teilte man diese nicht mit ihren begeisterten Fans. Als Noras Knochenerkrankung im *Columbus Zoo* behandelt wurde, fragte jemand eine von Noras Pflegerinnen, wie es dem Jungtier gehe, und sie antwortete, »prächtig«. Von der Störung des Knochenstoffwechsels war weder in den Presseerklärungen zu Noras Meilensteinen noch in den Videos, die ihre lustigen Streiche zeigten, die Rede. Da fällt es nicht schwer, sich auszumalen, wie viele andere Zootiere unter ähnlichen Problemen leiden.

Im Allgemeinen wollen Zoopfleger nur das Beste für die Tiere. Sie werden nicht besonders gut bezahlt, arbeiten viele Stunden pro Tag, teils unter gefährlichen Umständen. Selten haben sie ein Mitspracherecht, wenn es um wichtige Entscheidungen geht, die im Namen der Tiere gefällt werden, wie zum Beispiel, in welchen Zoo ein bestimmtes Tier gebracht wird. Doch all diesen Widrigkeiten zum Trotz bauen beinahe all diejenigen Menschen, die sich um die Zootiere kümmern, eine starke emotionale Beziehung zu ihnen auf.

Das erkennt man ohne Weiteres an der Aufgeregtheit in Nicole Nicassio-Hiskeys Begeisterung, wenn sie von Tasuls Errungenschaften spricht, oder daran, wie Shannon Moraritys Stimme zittert, wenn sie erzählt, wie sie sich um Nora als wenige Wochen altes Eisbärenjunges kümmerte. Diese Bindung erkennt man in den Opfern, die sie alle brachten: daran, dass Priya Bapodra ihre Geburtstagspläne absagte, um sich um die gerade von ihrer Mutter verlassenen Nora zu kümmern, und die deshalb das Thanksgiving Dinner auf dem Boden des tierärztlichen Krankenhauses aß.

Doch die Hingabe und Opferbereitschaft von Tierpflegern in Zoos kann nichts an der Tatsache ändern, dass es manchen Lebewesen außerhalb ihrer natürlichen Umgebung einfach nicht gut geht. Tiere wie Nora stellen ein wahres Dilemma dar: In der Wildnis wäre sie mit ziemlicher Sicherheit gestorben, kurz nachdem ihre Mutter sie verlassen hatte. Ohne die menschliche Intervention in Ohio hätte sie jenen Tag sicher nicht überlebt, doch ebendiese Intervention hatte ihrer Psyche geschadet.

* * *

Als Sohn eines Eisbären namens Snowball, geboren 1985 im *Toledo Zoo* im Norden Ohios, verlebte Gus seine ersten Jahre ziemlich anonym. Das änderte sich etwa drei Jahre später schlagartig, als er nach New York zog; theoretisch sollte er sich dort lediglich vermehren, doch tatsächlich wurde er dort zum Aushängeschild des *Central Park Zoo*.

Nach einer 35 Millionen US-Dollar teuren Sanierung rühmte der Zoo sich mit einer Schneeaffen-Insel, von der aus die japanischen Makaken im Winter in 40 Grad warme Whirlpools aus künstlichem Stein, umgeben von Eis und Schnee, tauchen konnten. Er wartete mit einer umgestalteten Tropenwelt auf, in der sich farbenprächtige Grüne Hundskopfboas auf dem Boden entlangschlängelten und Schwarzweiße Varis vor von Hand bemalten Wänden in Dschungeloptik turnten. Doch Gus war der unbestrittene Star des Zoos. Er war aus all den Gründen beliebt, aus denen alle Eisbären beliebt sind. Er war umgänglich und charismatisch, riesig und stark, auch wenn sein Gang aufgrund der Sichelfüße etwas plump anmutete.

Das Gehege von Gus war typisch für Zoos in Städten: Zwar war es nicht groß, dafür aber so wie die Landschaft in der Tundra angemalt, und verfügte über Gras- und Kieselflächen sowie über ein großes, tiefes Wasserbecken. Irgendwann in den frühen 1990er-Jahren begann Gus damit, Runden zu schwimmen. Dabei stieß er sich mit einer der Hinterpfoten an den künstlichen Felsen ab und glitt mühelos durchs Wasser, bevor er vor der Fensterscheibe untertauchte und wendete, direkt vor den staunenden Gesichtern der Kinder, die den über 300 Kilo schweren Bären unter Wasser anstarrten. Anschließend schwamm er zurück zum Felsen und wiederholte das Ganze. Wieder und wieder, manchmal zwölf Stunden pro Tag.

Sein skurriles Verhalten steigerte seine Berühmtheit noch, doch seine Tierpfleger machten sich Sorgen. Irgendetwas stimmte nicht mit Gus.

Gus zeigte stereotype Verhaltensweisen, genauso wie Nora es zwei Jahrzehnte später tun sollte. Das machen nicht nur Tiere, sondern auch Menschen – aber ganz egal, wer derartige Verhaltensweisen an den Tag legt, sie sind bestenfalls ein Anzeichen für Stress, schlimmstenfalls ein Hinweis für geistige Erkrankungen oder neurologische Störungen.

Jahrhundertelang haben Philosophen und Wissenschaftler sich über die intellektuellen Fähigkeiten von Tieren gestritten. Im frühen 17. Jahrhundert behauptete René Descartes, Tiere seien im Grunde Automaten, die nur darauf programmiert seien, zu essen und sich zu reproduzieren, nicht aber in der Lage, Schmerz zu empfinden.

Etwa hundert Jahre später verkündete David Hume: »Keine Wahrheit erscheint mir offensichtlicher, als dass Tiere genauso wie Menschen mit der Fähigkeit, zu denken, und mit Vernunft ausgestattet sind.« William Lauder Lindsay, ein schottischer Mediziner und Botaniker des 19. Jahrhunderts, nahm an, Geisteskranke, Kriminelle und nicht-europäische Völker fielen in dieselbe Kategorie wie nicht-menschliche Tiere. Doch in Erinnerung blieb er wegen eines anderen Standpunkts: Er glaubte, auch andere Lebewesen könnten an den geistigen Erkrankungen des Menschen leiden, und hielt schriftlich fest, dass viele Tiere durchaus Krankheitsbilder aufweisen könnten, die von Nymphomanie über Wahnvorstellungen bis hin zu Demenz und Melancholie reichen.

Charles Darwin teilte ähnliche Ansichten in Bezug auf die Intelligenz von Tieren, und seine Werke bereiteten den Weg für ein neues Forschungsgebiet, das im weiteren Verlauf als Ethologie bekannt werden sollte: die Untersuchung tierischen Verhaltens. Während der Arbeit im natürlichen Habitat von Tieren entdeckten Ethologen Formen komplexer sozialer Kommunikation in

Walgesängen, Altruismus bei Bonobos und Anzeichen für Kummer bei Pavianen.

Das eindeutige Kennzeichen für höhere Intelligenz blieb jedoch die Selbstwahrnehmung. 1970 schickte sich Gordon Gallup junior, ein Psychologe an der Tulane University, an, herauszufinden, ob Tiere sich selbst erkennen können. Gallup setzte dafür vier Schimpansen – zwei Männchen und zwei Weibchen – vor einen Spiegel. Zunächst reagierten die Affen mit Drohgebärden, wahrscheinlich weil sie ihr eigenes Spiegelbild als Rivalen wahrnahmen. Als sie sich dem Spiegel allerdings näherten, begannen die Schimpansen damit, bestimmte Körperteile, die sich zuvor außerhalb ihres Sichtfeldes befunden hatten, zu säubern. Sie schnitten Grimassen und bohrten in der Nase. Es schien, als würden sie sich im Spiegel anschauen, doch Gallup wollte weitere Beweise. Er betäubte die Tiere und malte ihre Augenbrauen und Ohren mit geruchsneutraler Farbe an. Als sie aufwachten und erneut vor dem Spiegel positioniert wurden, verbrachten sie mehr Zeit damit, sich anzuschauen. Zudem fassten sie sich häufiger an die mit Farbe markierten Körperstellen und drehten sich, um besser sehen zu können. Gallup schlussfolgerte aus diesen Beobachtungen, dass die Schimpansen sich im Spiegel selbst erkannten. Der sogenannte Spiegeltest – so wurde das Experiment genannt – sollte mehrere Male wiederholt werden, mit einer Vielzahl von Tierarten. Elefanten, Orcas, Tümmler und verschiedene Große Menschenaffen (Bonobos, Orang-Utans und Gorillas) lieferten allesamt zumindest einige Hinweise auf Selbsterkennung. Sogar einige Ameisenarten, die mit Farbe markiert wurden, verhielten sich ihrem Spiegelbild gegenüber anders. Obgleich der Spiegeltest als unverlässlich und anfällig für falsche Positivergebnisse kritisiert wurde, gilt er noch immer weitgehend als der beste Indikator für die Selbstwahrnehmung bei Tieren.

Als die Umweltbewegung in den 1970er- und 1980er-Jahren an Fahrt aufnahm und mit ihr auch die Tierrechtsbewegung, war Descartes' Auffassung, Tiere seien kaum mehr als organische

Roboter, weitgehend in Verruf geraten. Im Jahr 2012 schlossen sich mehrere Neurowissenschaftler zusammen, um das offiziell zu belegen. Die *Cambridge Declaration on Consciousness* besagt eindeutig, dass »das Gewicht der Beweise [zeigt], dass Menschen nicht die Einzigen sind, die über die neurologischen Substrate verfügen, die Bewusstsein erzeugen. Nicht-menschliche Tiere, einschließlich aller Säugetiere und Vögel, und viele andere Kreaturen, darunter Tintenfische, besitzen diese neurologischen Substrate ebenfalls.« Somit lautete die Frage nicht länger *Haben Tiere Gefühle?*, sondern vielmehr *Welche Art von Gefühlen haben Tiere?*.

Beim Menschen können ein erhöhter Herzschlag und geweitete Pupillen auf Angstzustände hindeuten, doch bei Tieren lässt sich schlichtweg nicht feststellen, ob sie Gefühle wie Angst ebenso wie wir empfinden. Als es Wissenschaftlern daran gelegen war, die internen Vorgänge des tierischen Denkens nachzuvollziehen, suchten sie neue Wege, um über das psychologische Wohlergehen von Tieren zu sprechen; sie gebrauchten den Terminus »affektiver Zustand« zur Beschreibung der Kombination ihrer psychologischen, biologischen und behavioristischen Reaktionen auf ihre Umgebung. Die Wissenschaftler untersuchten dabei die Herzraten und die Spiegel bestimmter Stresshormone wie Glukokortikoid. Sie achteten auf Trägheit, Gewichtsverlust und den allgemeinen Gesundheitszustand. Schließlich beobachteten sie das Verhalten der Tiere: Entsprach dieses der Norm der jeweiligen Art? Dabei unterschieden sie zwischen kurzfristigem Stress, wie etwa bei der Jagd durch einen Räuber, und der allgemeinen Stimmung des Tieres über einen längeren Zeitraum hinweg. Zusammengenommen konnten diese Beobachtungen den Menschen, die Tiere betreuten – ganz gleich, ob nun Tierpflegern in Zoos, Rindfarmern, Labortechnikern oder auch den Haltern von ganz gewöhnlichen Haustieren –, eine bessere Vorstellung des geistigen Wohles eines individuellen Lebewesens liefern.

Doch manchmal kann ein Verhalten, das scheinbar durch eine Geisteserkrankung hervorgerufen wurde, auch das Resultat von etwas ganz anderem sein. In ihrem Buch *Animal Madness* schildert die Historikerin Laurel Braitman die Geschichte eines verwirrten Känguruweibchens im San Antonio Zoo, das mehrfach ihre Neugeborenen angegriffen hatte. Jedes Mal, wenn ein Pfleger das Gehege betrat, schlug die Mutter ihre Jungen mit den Pfoten und kratzte sie heftig. Der Zoo befürchtete, das erwachsene Känguru leide an einer Art Nervenzusammenbruch, und rief den Fachtierarzt Mel Richardson zu Hilfe. Als er sich dem Tier näherte, rannte die Kängurumutter davon und begann, die Kinder zu schlagen. Als er zurückwich, hörte sie damit auf. Der Tierarzt wiederholte dieses Manöver, und das Känguru gängelte die Jungtiere von Neuem. Sobald er sich ein Stück entfernte, hörte sie auf. »Mir wurde klar, dass sie ihre Kinder nicht brutal angriff«, erklärte Richardson Braitman später. »Sie versuchte, sie vom Boden aufzunehmen, doch ihre kleinen Pfoten waren dafür nicht geschaffen. In ihrer Geburtsheimat Australien und Papua-Neuguinea würden sich ihre Jungen nie auf dem Boden befinden, sondern die gesamte Kängurufamilie würde in Bäumen leben.« Die Mutter griff somit ihre Kinder nicht an, sondern wollte sie lediglich vor den Eindringlingen in ihrem Territorium beschützen. Der Zoo nahm daraufhin Veränderungen an dem Kängurugehege vor, verlegte das Nest weiter nach oben und weiter weg vom Eingang, und die Verhaltensstörung verschwand. Abnormales Verhalten kann jedoch nicht immer mit Eingriffen in die Umgebung eines Tieres beseitigt werden; Tierpfleger in Zoos greifen häufig zu Medikamenten, wenn die von ihnen betreuten Tiere abnormale Verhaltensweisen entwickeln.

Die meisten stimmungsverändernden Arzneimittel wurden an Tieren getestet, bevor sie auf den Markt kamen. Chlorpromazin – in den USA unter dem Handelsnamen Thorazine bekannt, in Deutschland als Megaphen (inzwischen vom Markt genommmen) – wurde zunächst als Antihistaminikum in den frühen 1950er-Jahren entwickelt, doch schon bald entdeckten Forscher seinen beruhigenden Effekt auf Ratten. Chlorpromazin wurde während dieser frühen Testphase an Ratten als das erste Antipsychotikum weltweit vermarktet und einige Jahre von vielen Menschen eingenommen. Meprobamate (Handelsname Miltown) war ein sehr starkes Arzneimittel, das etwa zur gleichen Zeit vielversprechende Ergebnisse bei Tests an Rhesusaffen lieferte. Die Entwicklung von Meprobamat und Chlorpromazin ebnete den Weg für eine regelrechte Welle aus Antidepressiva, wie Zoloft und Prozac, aber auch für die noch heute üblichen als Beruhigungsmittel eingesetzten Benzodiazepine wie Valium und Xanax. Irgendwann schloss sich der Kreis unweigerlich: Tiere, die vormals Probanden waren, wurden zu Patienten. Einer der ersten war ein Gorilla namens Willie B.

Willie kam in der Wildnis Afrikas zur Welt, wurde in den frühen 1960er-Jahren gefangen und landete im *Zoo Atlanta*. Im Winter des Jahres 1970/71 zerstörte Willie ein Fenster im Affenhaus und musste daher sechs Monate lang in einem kleineren Käfig untergebracht werden, während man die Glasscheibe durch schwere Metallstäbe ersetzte. Um den Aufenthalt des Gorillas in diesem beengten Raum erträglicher zu machen, gab das Pflegepersonal jeden Morgen eine Dosis Thorazin in Willies Trinkwasser. Mel Richardson, ebender Tierarzt, der bei der Diagnose des Baumkängurus in San Antonio half, arbeitete zu jener Zeit im Zoo Atlanta. Er sagte, Willies Reaktion auf das Antipsychotikum ähnele der eines Menschen: Er schleppe sich mit glasigen Augen durch den Tag. »Ein bisschen erinnerte mich das an die Männer aus *Einer flog über das Kuckucksnest*«, erzählte Richardson Braitman, »nur war Willie eben ein Gorilla.«

Heutzutage kommen stimmungsverändernde Arzneistoffe in Zoos in den USA und weltweit zum Einsatz. *SeaWorld* verabreichte den in Aquarien untergebrachten Seelöwen Haldol, ein Neuroleptikum. Eine junge Walrosskuh in der nordkalifornischen *Six Flags Marine World* erhielt Antipsychotika, nachdem man beobachtet hatte, wie sie ihr Futter regelmäßig hochwürgte. Im Zoo in Toledo, Ohio, verabreichte das Pflegeteam Antidepressiva, Beruhigungsmittel und Neuroleptika, sowohl bei Zebras, Gnus, Vogelsträußen als auch bei einer Sumpfmeerkatze. Ein Gorillaweibchen namens Johari erhielt Prozac, das ihre Aggressionen abmildern sollte, diese jedoch verstärkte, kurz bevor ihre Periode einsetzte. »[Psychopharmaka sind] ganz eindeutig ein wunderbares Steuerungsinstrument, und als ein solches betrachten wir sie«, erklärte die für die Säugetiere zuständige Zookuratorin Randi Meyerson gegenüber einer Lokalzeitung. »Die Tatsache, dass wir damit in der Lage sind, bestimmten Extremen die Spitze zu nehmen, macht uns die Sache ein wenig leichter.« Der Markt für Psychopharmaka im Reich der Tiere ist derart gewachsen, dass Prozac inzwischen in verschiedenen tierfreundlichen Geschmacksrichtungen zu haben ist: Sardelle, Rind, Leber, Fisch, Fisch-Duo, Fisch-Trio.

Doch diese pharmazeutischen Hilfsmittel sind nicht mehr als ein Pflaster, das die eigentlichen Ursachen des Stresses bei Tieren in Gefangenschaft verdeckt. Eine dieser Ursachen ist die Unterbringung in kleinen Gehegen über längere Zeiträume. Die Herausforderung der Betreuer von schlauen Tieren – wie Gorillas, Elefanten und Eisbären – besteht darin, sie geistig zu beschäftigen und zu fordern.

Die Menschen, die Gus betreuten, waren sich nie wirklich sicher, was sein stereotypes Verhalten ausgelöst haben mochte, aber es gab ein paar Anhaltspunkte. Während seiner ersten Tage im Zoo stalkte Gus am liebsten Kinder, die neben dem Fenster standen, durch das man sein Schwimmbecken sehen konnte. »Er fand es toll, wenn sie laut kreischten und panisch wegliefen – das war eine Art Spiel«, erklärt der zuständige Betreuer des Zoos gegenüber des New York Magazine im Jahr 1995. »Aber wir wollten keine Herzinfarkte riskieren, also sperrten wir den Bereich direkt vor der Scheibe ab.« Kurz darauf begann Gus, seine Runden im Becken zu drehen, die ihn berühmt machen sollten.

Die ersten Berichte über Gus' stereotypes Verhalten erschienen in der Zeitung Newsday, doch innerhalb weniger Tage gab es

Schlagzeilen über den Eisbären in der *New York Times,* und David Letterman riss Witze im Late-Night-TV über ihn. Die kanadische Musikband Tragically Hip schrieb einen Song mit dem Titel »What's Troubling Gus?« (Deutsch: Was bekümmert Gus?). Sein Verhalten lieferte Stoff für Kinderbücher und ein kurzes Theaterstück. Die Bewohner New Yorks sahen den Bären als Symbol ihrer eigenen kollektiven Angst an. Die Sprecherin des Zoos sagte, Gus sei ein gesunder Eisbär, der lediglich an einer »milden Form von Neurose« leide. Ein Kolumnist der *New York Times* reagierte darauf wie folgt: »NUR EINE MILDE FORM VON NEUROSE? DU WILLST EINE NEW YORKERIN SEIN, UND MEHR ALS EINE MILDE FORM VON NEUROSE HAST DU NICHT ZU BIETEN?« Gus wurde als der »bipolare Bär« bekannt, und täglich riefen Hunderte besorgte Zoofans an, um sich nach seinem Befinden zu erkundigen. Der Zoo zahlte 25 000 US-Dollar, um einen Spezialisten für Verhaltenspsychologie, Tim Desmond, einzustellen, der zuvor mit dem Orca aus *Free Willy* zusammengearbeitet hatte. Somit freuten sich die New Yorker, dass Gus – genau wie sie – nun einen kostspieligen Therapeuten hatte. Seine Bekanntheit führte zwar zu Rekorden beim Ticketverkauf des Zoos, doch seine Pfleger machten sich Sorgen. »Er erfüllt nicht unsere Kriterien für Lebensqualität«, erklärte Tim Desmond. »Wir versuchen, seinen Lebensstil zu verbessern.«

Und die Diagnose? Gus war gelangweilt. Die Behandlung: eine Dosis Prozac – offenbar das erste Mal, dass ein Zootier mit dem weitverbreiteten Antidepressivum behandelt wurde. Neben den Medikamenten brauchte Gus schlichtweg mehr Unterhaltung. Um den Bären zu beschäftigen, half Desmond dem Zoo dabei, einen »Spielbereich« für den Bären einzurichten. Er bekam Mülleimer aus Gummi mit Futter darin, auf denen er herumkauen konnte. Als Snack bekam er zu Eisblöcken gefrorene Fischhappen. Sein Hühnchen wurde in Rohleder gewickelt. Das obsessive Schwimmen wurde dadurch weniger, verschwand jedoch nie ganz.

Die Eisbärengehege in Zoos unterscheiden sich am deutlichsten von dem natürlichen Lebensraum der Tiere. Das Gehege von Gus, das er mit zwei Eisbärinnen teilte, war zwar brandneu, als er einzog, aber eben nur gute 460 Quadratmeter groß, was in etwa 0,00009 Prozent der Fläche entspricht, auf der er sich in freier Wildbahn bewegen würde. Selbst nach der teuren Behandlung, all den Spielen und Puzzles, der Aufmerksamkeit von Millionen von Menschen, blieb die Frage, ob Gus nun zufrieden war oder nicht, ungeklärt.

In Portland standen Noras Pflegerinnen vor einem ähnlichen Dilemma.

Als die Eisbärin weiter umhertigerte und tobte, verschrieb Mitch Finnegan, ein Tierarzt des *Oregon Zoo,* ihr zur Beruhigung Alprazolam, in den USA besser bekannt unter dem Markennamen Xanax. Morgens und abends bekam Nora je eine Tablette, versteckt in Pferdefleisch – eine Tagesdosis von insgesamt vier Milligramm. Das Medikament zeigte Wirkung, und ihre Stimmung verbesserte sich, doch sie blieb weiterhin ängstlich. Daher erhöhte der Arzt die Tagesdosis auf sechs Milligramm.

Zwei Wochen später tigerte Nora noch immer umher. Der Zoo zog einen Spezialisten für Tierverhalten hinzu, der zu einer anderen Herangehensweise riet. Zusätzlich zu Xanax erhielt Nora Fluoxetin, ein Arzneistoff des Antidepressivums Prozac. Diese Entscheidung zeigte, dass Noras mentale Genesung länger als ursprünglich gedacht dauern würde.

KAPITEL 12

Im Meer versinken

Vor der Küste Alaskas glitt der Schatten eines Hubschraubers über den Schnee. In 30 Metern Höhe hielt Karyn Rode nach Spuren in der zerklüfteten Landschaft Ausschau.

Im Frühling 2008 reiste Rode zu ihrer abgelegenen Forschungsbasis in der Tschuktschensee, oberhalb des nördlichen Polarkreises. Ende März setzte ein Charterflugzeug sie auf einem entlegenen Rollfeld neben einer der weltweit größten Zinkminen ab. Im Sommer befördern hier riesige Bagger Mineralien aus der Erde, aber im Winter gestattet das zuständige Unternehmen, Red Dog, Wissenschaftlern, den firmeneigenen Hafen, der nur wenige Stunden Fahrzeit westlich der Mine und etwa 24 Kilometer südlich des Eingeborenendorfes Kivalina liegt, als Startpunkt für Flüge über das Eismeer zu benutzen. Das zugefrorene Meer sah aus wie ein weiß getünchter Mond. Schon immer faszinierte Rode die Tatsache, dass hier irgendetwas überleben konnte.

Das offene Gelände war die Heimat von Noras Vorfahren. Ihr Vater Nanuq wurde hier 1988 zum Waisen, als Gene Agnaboogok rund 320 Kilometer entfernt in die Eisbärenhöhle einbrach. Eisbären können weitere Strecken als diese Entfernung innerhalb einer Woche zurücklegen.

»Ist das eine Spur?«, ertönte Karyn Rodes Stimme über die Kopfhörer, als sie vom Beifahrersitz aus dem Piloten die Flugrichtung vorgab. »Ich glaube, das ist eine Spur.«

Die Pfotenabdrücke verschwanden fast im aufgewirbelten Schnee.

Der Hubschrauber schlingerte und hüpfte auf und ab, während sie verschiedenen Spuren auf der Eisdecke folgten. Die meisten von ihnen führten nirgendwohin. Doch irgendwann entdeckte Karyn einen Eisbären, der über das glatte Eis schlenderte.

»Siehst du den da, gleich vor uns?«, fragte der Pilot über Funk.

»Ja, sehe ich.«

Karyn wusste, dass man nicht einfach auf jeden Bären einen Betäubungspfeil abschießen konnte. Handelte es sich um ein Weibchen mit einem Jungen, bestand die Chance, dass das Junge flüchten und sich verlaufen würde, was seinen sicheren Tod bedeutete. Karyn würde zudem niemals ein Tier betäuben, das sich in der Nähe von aufgebrochenen Eis oder nahe dem offenen Ozean aufhielt. Denn es könnte ertrinken, wenn es ins Wasser lief oder ins Eis einbrach, bevor die Betäubung vollständig gewirkt hätte. Sie hielt also Ausschau nach gesunden Eisbären, die allein im weiten, offenen, eisbedeckten Gelände unterwegs waren. Auf das Tier vor ihren Augen trafen all diese Kriterien zu. Der Hubschrauber flog gerade etwas niedriger, als der Eisbär begann, Richtung Norden zu laufen. Eine weitere Biologin, die ebenfalls mit an Bord war, stand auf, zielte mit dem Betäubungsgewehr auf die Schulter des Bären und schoss einen Pfeil ab. Nach wenigen Minuten landete der Hubschrauber sanft auf den Kufen nahe dem schlafenden Fellberg. Karyn Rode machte sich an die Arbeit.

* * *

In den Vereinigten Staaten von Amerika sind zwei der insgesamt 19 Eisbärpopulationen beheimatet: die der Tschuktschensee, Noras Familie und Vorfahren, die entlang der Westküste Alaskas und in weiten Teilen Sibiriens leben, und die Eisbären der Südlichen Beaufortsee, entlang Alaskas Küste im Norden. 2005 bat das *Center for Biological Diversity*, ein Umweltinteressenverband, die Regierung darum, diese Populationen unter den Schutz des *Endangered Species Act* zu stellen. Zur Zeit der Petition war nur wenig über die Größe des Bestandes in der Tschuktschensee bekannt. Eine grobe Schätzung der Populationsdichte belief sich auf

1200 bis 3200 Tiere, aber diese Zahlen waren beinahe 20 Jahre alt und galten als unzuverlässig. Für die Südliche Beaufortsee lagen jüngere und verlässlichere Zahlen vor – und diese zeigten ein Wachstum der Population an.

Das *Center for Biological Diversity* erwirkt normalerweise Petitionen für Tiere wie den Fleckenkauz, dessen Bestandszahlen aufgrund menschlichen Eindringens in seinen Lebensraum rückläufig sind. Somit war diese Petition in Bezug auf die Eisbärenpopulation äußerst ungewöhnlich. Doch die Tatsache, dass Eisbären in den Vereinigten Staaten keiner unmittelbaren Bedrohung ausgesetzt waren, wollten die Verfechter auch gar nicht verheimlichen. »Während die meisten Populationen momentan als durchaus gesund einzustufen sind und der Weltbestand nicht gefährdet ist«, hieß es in der Petition, »sieht sich die Art als Ganzes sehr wahrscheinlich einer schweren Bedrohung sowie einem möglichen Aussterben am Ende des Jahrhunderts gegenüber.« Andere Umweltverbände unterzeichneten die Petition, und letztendlich stimmte die Regierung zu, den Eisbären als Kandidaten für den entsprechenden Schutzstatus zu nominieren.

Im darauffolgenden Jahr ließ sich die Regierung Studien und Analysen von Wissenschaftlern, unter anderem auch von Karyn Rode und Ian Stirling, vorlegen, die besagten, dass Eisbären bis 2050 wahrscheinlich 42 Prozent ihres optimalen Lebensraums einbüßen würden. Auch die Öffentlichkeit war aufgerufen, sich zu beteiligen, und tat dies mit rund 670 000 Reaktionen. In Washington, D. C., Anchorage und Utqiagvik (bis 2016: Barrow) an Alaskas Nordküste fanden Anhörungen statt. Eisbären-Verfechter mussten mehrmals vor Gericht gehen, bis die Regierung im Mai 2008, drei Jahre nachdem die ursprüngliche Petition gestellt worden war, zu einer Entscheidung kam: Der Eisbär war eine bedrohte Art. Und auch wenn die US-Bundesregierung das nicht zugeben wollte, so ging die Bedrohung von uns Menschen aus.

Sobald ein Tier unter den Schutz des *Endangered Species Act* gestellt wird, schließen sich für gewöhnlich Experten zusammen, beurteilen die Gefahren und erstellen einen Rettungsplan für die betroffene Art. Für die Fleckenkäuze erklärte die amerikanische Regierung ein Gebiet mit einer Fläche von über 40 000 Quadratkilometern zum kritischen Lebensraum dieser Vogelart und schützte dort die alten Wälder vor der Abholzung.

Beim Eisbären sah es allerdings ganz anders aus, denn ihr gesamter Lebensraum war in Gefahr, und es handelte sich dabei nicht nur um eine einzelne Bedrohung. Zum einen war es das Wirtschaftssystem, das auf dem massiven Verbrennen fossiler Brennstoffe basierte. Zum anderen die Kohlenstoffdecke, die die Hitze daran hinderte, aus der Atmosphäre zu weichen, somit das arktische Eis schmelzen ließ und dafür sorgte, dass die gefrorenen Jagdgründe, die der Eisbär zum Überleben brauchte, schrumpften. Als er offiziell unter Schutz gestellt wurde, war das das erste Mal, dass dies ohne das unmittelbare Risiko des Aussterbens geschah, sondern nur aufgrund einer von Computermodellen vorhergesagten Bedrohung, die den Niedergang der Art zur Folge haben würde.

Die politischen Reaktionen fielen weitgehend entsprechend der Parteizugehörigkeiten aus: Konservative verfluchten den Beschluss, meinten, er sei übertrieben, schließlich beruhe er auf fehlerhaften Erkenntnissen, die dazu dienten, eine Art zu schützen, der es offensichtlich prächtig gehe. Progressive bemängelten, die neuen Bestimmungen gingen nicht weit genug und könnten daher die Bären nicht vor einer Situation schützen, die sich laut wissenschaftlichen Berichten schnell verschlechtern würde.

Oberflächlich betrachtet kam der Beschluss einem Sieg der Umweltverbände gleich, doch US-Innenminister Dirk Kempthorne stellte klar, dass die Auflistung einer bedrohten Tierart keinen Einfluss auf die amerikanische Politik in Sachen Kohlenstoffemissionen haben werde. Der *Endangered Species Act* sei nicht »das richtige Werkzeug, um die Klimapolitik der USA festzulegen«, sagte er auf einer Pressekonferenz. »Dies war eine schwierige Entscheidung. Aber angesichts des Forschungsstands und der durch das Gesetz vorgegebenen Grenzen, glaube ich, dass dies die einzige Entscheidung war, die ich treffen konnte.«

Eisbären waren bereits durch den *Marine Mammal Protection Act* und das *Agreement on the Conservation of Polar Bears* vor der kommerziellen Jagd unter einem gewissen Schutz; beide Papiere traten in den frühen 1970er-Jahren in Kraft. Zudem unterzeichneten russische sowie US-amerikanische Regierungsvertreter 2006 einen weiteren Vertrag, der den Schutz der Tschuktschensee-Population stärken sollte. Doch die Auflistung des Eisbären als bedrohte Tierart verlangte, dass die Regierung einen kritischen Lebensraum suchte, den es zu erhalten galt – was sie zwei Jahre später auch tat –, und zudem einen Rettungsplan entwarf. Außerdem bedeutete der Schutz des *Endangered Species Act* auch, dass Regierungsbehörden »sicherstellen müssen, dass keine der von ihnen autorisierten, unterstützten oder ausgeführten Handlungen das Weiterbestehen [der Eisbären] gefährdet (…) oder in der Zerstörung beziehungsweise in der nachteiligen Veränderung des zugewiesenen kritischen Lebensraums resultiert«.

Die Regierung unter George W. Bush war einem Entgegenwirken des Klimawandels eher abgeneigt, selbst als der wissenschaftliche Konsens stärker wurde; und die Tatsache, dass der Eisbär nun auf der Liste der bedrohten Arten stand, änderte diese Haltung keineswegs. Die Regierung verabschiedete sogar eine Sonderregel unter Abschnitt 4(d) des *Endangered Species Act*. Diese gewährte dem *Fish and Wildlife Service* den nötigen Handlungsfreiraum, nach eigenem Ermessen Gas- und Ölförderungen in dem Lebensraum des Eisbären zuzulassen, denn die Brennstoffförderungen selbst stellten keine direkte Bedrohung für die Tiere dar. Als Barack Obama das Präsidentenamt übernahm, änderte sich nicht viel. Zwar gab es immer mehr progressive Politiker, die sich für Umweltangelegenheiten einsetzten, doch die Obama-Regierung schaffte es einfach nicht, »eine Verbindung herzustellen« zwischen dem Treibhausgaseffekt und der Bedrohung für die Eisbären, wie der *Endangered Species Act* es verlangt. Und so blieb die Sonderregel in Kraft, und der Abbau fossiler Brennstoffe in der Arktis ging weiter.

* * *

Das Eis unter Karyn Rodes Stiefeln knackte, als sie aus dem Hubschrauber sprang. Sie befand sich etwa 130 Kilometer vor der Westküste Alaskas, auf der Eisdecke der Tschuktschensee. Zunächst nahm sie Proben des Bären: Blut, Haare, Stuhl und eine Fett-Biopsie. Der Eisbär stöhnte und zuckte. Sie maß mit einem Band entlang der Wirbelsäule des Tieres und auch den Bauchumfang. Gemeinsam mit einer Kollegin stellte sie ein Schwerlaststativ mit einem Netz und einem Kettenzug auf. Sie rollten das Tier auf das Netz und zogen es hoch, um es zu wiegen: 246 Kilogramm. Anschließend tätowierten sie dem Bären die Innenlippe, damit er identifiziert werden konnte, sollte er erneut gefangen werden: Dieser bekam die Nummer 21736. Da es sich um ein Weibchen handelte, legte Karyn ihm ein Halsband mit Sender an. (Die Hälse der Männchen sind zu groß für die Halsbänder.)

»Ein gesund wirkender Bär«, schrieb sie in ihr Notizbuch.

Sie steckte die Röhrchen mit den entnommenen Proben in eine mit Handwärmern ausgelegte Kiste, damit sie nicht gefroren. Später würde sie die Proben untersuchen, teils basierend auf den Erkenntnissen, die Tasul im *Oregon Zoo* ihr geliefert hatte. Die Analyseergebnisse würden ihr als Hinweise darauf dienen, was die Eisbärin gegessen hatte.

Etwa eine Stunde nach der Betäubung von Eisbär 21736 begann sich das Weibchen langsam aufzurichten und hob den Kopf gerade noch rechtzeitig, um zu sehen, wie der Hubschrauber davonflog.

Karyns alljährliche Ausflüge zur Tschuktschensee begannen im selben Jahr, als der Eisbär unter den Schutz des *Endangered Species Act* gestellt wurde. Im darauffolgenden Jahrzehnt sammelte sie ausreichend anekdotische Evidenz, um festzustellen, dass es den Tieren der dort zu findenden Population anscheinend gut erging. 2019 fand Eric Regehr, der den demografischen Zustand des Bestandes für den *Fish and Wildlife Service* untersuchte, dasselbe heraus. Die von ihm vorgenommene Schätzung der Tschuktschensee-Population war die erste verlässliche; er sprach von ungefähr 3000 gesunden, kräftigen Tieren.

Das Meereis der Tschuktschensee im Sommer war drastisch zurückgegangen – die dreizehn niedrigsten Messungen des Sommer-Meereises dieses Satellitengebiets stammten aus den letzten dreizehn Jahren (2007 bis 2019) – doch den Bären schien es trotzdem gut zu gehen. Das passte nicht wirklich zu dem Bild, das man verbreiten wollte, um den Schutzstatus der Tiere beizubehalten.

Vieles kann mit der geografischen Beschaffenheit des Meeresbodens erklärt werden. Große Teile der Tschuktschensee sind flach und liegen oberhalb eines Kontinentalsockels, der sich vom Festland auf beiden Seiten der Beringstraße ausdehnt. Diese untiefen Gewässer enthalten ein starkes, produktives Ökosystem, das vor Leben nur so wimmelt: von mikroskopisch kleinem Plankton bis hin zu Walen, Seehunden und Eisbären. Diese reiche Beute vor der Küste ist einer der Gründe, warum die in Wales lebenden Menschen im Laufe der Geschichte so erfolgreiche Jäger waren. Und auch einer der Gründe, warum den Eisbären in der Tschuktschensee die Nahrungssuche wahrscheinlich leichter fällt als anderen Populationen, auch wenn das Eis dort schwindet. In der Tschuktschensee können die Bären dem Eis gen Norden folgen und weiterhin auf niedrigen Gewässern jagen, in denen ihre Hauptbeute, die Ringelrobbe, lebt. Dies gilt jedoch nicht für die andere amerikanische Eisbärpopulation, die der Südlichen Beaufortsee, die praktisch neben der Tschuktschensee an Alaskas Nordküste lebt. Die Beaufortsee am südlichen Ende des Nordpolarmeeres ist kalt und tief. Wenn im Frühling das Meereis zu schmelzen beginnt, müssen sich die Bären entscheiden: Entweder folgen sie dem Eis über tiefe Gewässer, wo Robben rar sind, oder sie bleiben an Land und fasten den Sommer über. Zwischen

2000 und 2010 stellten Forscher einen alarmierenden Rückgang dieses Bestandes um 40 Prozent fest. Am Ende dieser zehnjährigen Studie hatte sich die Population der dort lebenden Eisbären zwar etwas erholt, doch sie fanden nie den wirklichen Grund für diesen extremen Rückgang heraus. In jedem Fall blieb den Bären der Beaufortsee deutlich weniger Spielraum als ihren Artgenossen von der Tschuktschensee.

Und genau da lag das Problem. Jede einzelne der 19 Eisbärpopulationen beruhte auf ihrem eigenen, ortsspezifischen Ökosystem und musste sich jeweils eigenen Herausforderungen stellen. Einige der Populationen nahmen sehr wahrscheinlich ab, aber mindestens eine nahm anscheinend zu, und zwei weitere Bestände galten als stabil. Zwölf Populationen lebten zu abgelegen, um überhaupt eine grobe Einschätzung zu wagen.

Für all jene, die die wissenschaftlichen Arbeiten zum Klimawandel von der Hand weisen oder die Einstufung des Eisbären als bedrohte Art infrage stellen, werden die Bereiche, für die es an Daten fehlt, zum einfachen Angriffspunkt. Und ebendiese unbekannten Bereiche werden sich womöglich ausweiten, wenn das Eis weiter schrumpft.

Die weiten, flachen Gegenden, die Karyn Rode brauchte, um die Tiere betäuben zu können, waren im Jahr 2017 schwerer denn je zu finden. Viele Teile der Tschuktschensee waren Schlammeis oder offenes Gewässer. In guten Jahren taggte Karyn über dreißig Bären. 2017 waren es genau drei.

Zehn Tage vor dem Ende ihrer Reise verschwand das Eis. Zum ersten Mal mussten Karyn und ihr Team verfrüht zusammenpacken und aufbrechen. Im Folgejahr, 2018, wurde die gesamte Forschungsreise abgesagt, da es nicht ausreichend verlässliches Eis gab. 2019 war es um das Eis noch schlechter bestellt. Der Bär mit der Nummer 21736, den Karyn auf der Tschuktschensee getaggt hatte, könnte dort höchstwahrscheinlich der letzte gewesen sein.

KAPITEL 13

Wieder allein

Tasul bewegte sich seit Monaten immer langsamer. Im Juli 2016 bemerkten ihre Pfleger, dass sie ihr rechtes Hinterbein stärker belastete und das empfindliche linke hinterherzog, um es zu schonen. Dem Bein ging es nach dem Training auf dem Laufband schlechter. Sie wussten, dass Tasul an Arthritis und einer Gelenkentzündung in der rechten Hüfte litt. Das Knorpelgewebe des Gelenks war abgenutzt, nachdem es drei Jahrzehnte lang gute 200 Kilogramm Fett, Fell und Muskeln hatte tragen müssen. Dieses Problem war nicht wirklich neu, schien sich nun jedoch zuzuspitzen, also reduzierte das Team Tasuls Zeit auf dem Laufband. Gelegentlich fanden die Pfleger getrocknetes Blut in der Nähe ihres Schwanzes und notierten, sie leide an einer wiederkehrenden Vaginitis. In einer Aufzeichnung stand, Tasuls Genitalien seien von Würmern befallen. Die Pfleger verordneten ihr Salzbäder und ein Mittel gegen Parasiten namens Ivermectin. Anfang Oktober fanden sie grünlichen Schleim, der sich um Tasuls Nasenlöcher herum sammelte. Zudem verhielt sich die Eisbärin seltsam. »In dieser Jahreszeit ist sie für gewöhnlich immer ein bisschen lethargisch, aber sie kommt dem Pflegeteam trotzdem anders vor«, schrieb Mitch Finnegan in Tasuls Akte.

Finnegan sah sich eine Schleimprobe aus Tasuls Nase unter dem Mikroskop an und stellte fest, dass sie beinahe komplett aus weißen Blutkörperchen bestand. Er veranlasste ein großes Blutbild. Dank des Trainings mit Nicole Nicassio-Hiskey ließ sich Tasul ohne Betäubung einige Tage später Blut abnehmen. Die Ergebnisse der Blutuntersuchung waren in vielerlei Hinsicht beunruhigend: Tasuls Hämoglobinkonzentration lag über dem empfohlenen Wert, Gleiches galt für Triglyceride, Cholesterol und Kreatinin. Zudem war die Konzentration von Harnstoff-Stickstoff, ein Abfallprodukt des Proteinstoffwechsels, im Blut der Eisbärin erhöht. Die Nieren der alten Bärin, die für die Reinigung und Filterung des Bluts zuständig waren, arbeiteten nicht mehr richtig. Zudem hatte sie wahrscheinlich einen Abszess im Mundraum, eine Atemwegsinfektion und ein Geschwür in der Nase. Ihre Betreuenden spülten ihr Verdauungssystem durch, brachten Tasul dazu, so viel Wasser wie möglich zu trinken, und verabreichten ihr gleichzeitig einen Elektrolysecocktail, um ihre Level an Nährstoffen wieder aufzufüllen.

Tasul schien sich wieder zu berappeln, zumindest für einige Wochen. Zwar machten sich bestimmte Alterserscheinungen noch bemerkbar, doch sie wirkte vitaler. Einen Monat später allerdings fanden ihre Pfleger Blut in Tasuls Mukus. Sie veranlassten eine ausgiebige Untersuchung und isolierten die Eisbärin von Nora.

Nur wenige Tage vor Noras Geburtstag, Anfang November, wurde Tasul für eine Ultraschalluntersuchung betäubt. Die Bilder zeigten abnormes Wachstum im Bauchraum. Ihre Blutwerte hatten sich zwar leicht verbessert, aber eine Biopsie bestätigte ein Frühstadium von Nierenversagen. Sie waren nicht hundertprozentig sicher, doch die Tierärzte vermuteten ebenfalls, dass Tasul einen ovarialen Tumor hatte, der, wenn man ihn nicht behandelte, streuen und andere lebenswichtige Organe befallen würde.

Die Annäherungsversuche mit Nora, die bis dato keine wirklich optimistischen Ergebnisse hervorgebracht hatten, wurden abgesagt. Tasul musste operiert werden.

Am Morgen des 17. November schoss Finnegan einen Pfeil mit Betäubungsmittel in Tasuls kräftigen Hinterlauf, und die Bärin war innerhalb weniger Minuten bewusstlos. Gemeinsam rollten die Pfleger sie auf ein Lastennetz und hievten sie für die kurze Fahrt vom Eisbärengehege zur Klinik in einen Van des Zoos. Dort legte man Tasul auf den Operationstisch und bedeckte sie mit sterilen Tüchern. Finnegan ging etwas zur Seite, als der Chirurg einen 25 Zentimeter langen Schnitt entlang ihres Bauches machte.

Es war schlimmer, als sie befürchtet hatten. Die Innenseiten von Tasuls Bauchhöhle waren voller Krebsgeschwüre, vom Becken bis zu den Nieren, die Lymphknoten entzündet.

Wahrscheinlich hatte die Eisbärin extreme Schmerzen gehabt. Selbst wenn die Ärzte die vom Krebs befallenen Körperteile entfernen konnten, wäre die Genesung nach einer derart großen Operation äußerst langwierig und anstrengend, und angesichts Tasuls Alter waren die Risiken einfach zu hoch.

Finnegan war der Meinung, sie könnten nichts mehr für sie tun. Weniger als eine Stunde später nahm er den Hörer in die Hand. Er rief den stellvertretenden Zoodirektor und die Kuratorin an. Er rief alle Tierpfleger an, auch Nicole Nicassio-Hiskey, die gerade mit einer schweren Grippe im Bett lag. Nach einigen kurzen Gesprächen war klar, was geschehen würde. Finnegan verabreichte Tasul Pentobarbital, um sie noch stärker zu sedieren, und Kaliumchlorid, wodurch ihr Herz zu schlagen aufhörte. Tasul starb innerhalb weniger Minuten, nur wenige Wochen vor ihrem 32. Geburtstag.

Danach kam Nicole Nicassio-Hiskey zum Zoo. Tasul lag auf dem OP-Tisch, während ihre Pfleger um sie herumstanden, weinten und Geschichten austauschten – eine improvisierte Totenwache. Mehr als zehn Jahre zuvor hatte Nicole Ehrfurcht verspürt, als sie Tasuls Tatze halten durfte, und sie war seitdem jedes Mal von Demut ergriffen gewesen, wenn Tasul den Kontakt von Menschen zugelassen hatte. Nun konnten sie und ihre Kollegen Tasul so oft berühren, wie sie wollten.

Natürlich fiel diese Entscheidung allen Beteiligten extrem schwer, doch war sie eindeutig und nicht vollkommen unerwartet. Tasul hatte die durchschnittliche Lebenserwartung eines Eisbären, ob in freier Wildbahn oder in Gefangenschaft, weit überschritten und wahrscheinlich mehr als ihre Artgenossen zur

Eisbärenforschung beigetragen. Die Medikamente, die ihr Leben beendeten, linderten zugleich jegliche Schmerzen, unter denen sie schweigend gelitten hatte, während die Tumoren in ihrem Körper wuchsen und die Arthritis ihre Bewegungen hemmte. Die Tatsache, dass die Bärin nun keine Schmerzen mehr spürte, war ein Segen, das wusste Nicole. Dennoch hinterließ Tasuls Tod eine Leere im Herzen der Tierpflegerin, die so schnell nicht gefüllt werden würde.

Und auch Nora war nun wieder allein.

* * *

Als Donald Trump 2016 die Wahlen gewann, neun Tage vor Tasuls Tod, wurde er zum ersten Präsidenten, der den Klimawandel offen leugnete und ihn als logisches Resultat einer erfolgreichen, jahrzehntelangen, auf Fehlinformationen basierenden Kampagne abtat. Im Vorhinein des Wahlkampfs hatte er den Klimawandel mehrfach als »Falschmeldung«, »Lüge« und als Täuschungsmanöver bezeichnet, das »von und für Chinesen geschaffen wurde, um die US-Industrie wettbewerbsunfähig zu machen«. Für gewöhnlich führte er als Beweise für seine weit hergeholte Verschwörungstheorie die Tatsache an, dass es irgendwo immer kalt war. Wie könnte der Planet immer wärmer werden, wenn es in Texas schneite, fragte er sich.

Im Januar 2016 verkündeten die Bundesbehörden, denen er vorsitzen wollte, das vorangegangene Jahr sei das heißeste seit Beginn der Wetteraufzeichnung gewesen, doch laut Kandidat Trump gab es verschiedene Meinungen unter den Wissenschaftlern auf beiden Seiten der Klimadebatte. Und das stimmte, sofern man der Ansicht ist, eine Übereinstimmung von 97 Prozent der Expertenmeinungen bedeute, die Wissenschaft sei sich uneinig. Trump setzte sich jedenfalls durch die Bank dafür ein, die Umweltbestimmungen zurückzufahren, und die US-Umweltbehörde EPA war sein Hauptziel. »Wer wird die Umwelt schützen?«, fragte ihn ein Reporter der *Fox News* einmal. »Wir werden keine Probleme mit der Umwelt bekommen. Wir können [der EPA] ein bisschen überlassen, aber Unternehmen sollen nicht darunter leiden«, erwiderte Trump. Er setzte sich für Öl- und Erdgasförderung ein. Er wollte das *Arctic National Wildlife Refuge* für Bohrungen öffnen. Kohle, sagte er seinen Unterstützern, würde unter seiner Regierung eine Renaissance erleben.

Trumps Art mag einzigartig gewesen sein, doch der Kern seiner Aussagen deckte sich mit den politischen Zielen, die republikanische Präsidenten schon vor ihm verfolgt hatten. So hatte Ronald Reagan kurz nach seiner Wahl einen Energieminister berufen, der nicht an den Klimawandel glaubte und versuchte, die Mittel für Charles Keelings Kohlenstoffdioxid-Messungen am Mauna Loa Observatory zu kürzen.

George W. Bush schien als Kandidat durchaus vielversprechend, schließlich sprach er auf der Wahlkampftour verschiedene Umweltprobleme an, schaffte es letztendlich jedoch nicht, sinnvolle Richtwerte für Kohlenstoffdioxid-Emissionen einzuführen. Er lehnte das Kyoto-Protokoll ab, jenes Abkommen zum Klimaschutz, das seine Vorgänger unterzeichnet hatten, um die Treibhausgasemissionen zu reduzieren, weil es seiner Meinung nach der US-Wirtschaft schade. Den wirtschaftlichen Schaden, der selbst durch die konservativste Herangehensweise an den Klimawandel entstehen würde, erwähnte er mit keinem Wort.

Umweltschützer machten mit ihrer Kritik aber auch vor demokratischen Präsidenten nicht halt: Selbst an der Seite von Vizepräsident Al Gore, einem erklärten Umweltschützer, wurde Bill Clinton angefeindet, sich nicht ausreichend für bedrohte Tierarten, Nationalparks und Treibstoffeffizienz einzusetzen. Barack Obama unterzeichnete das Pariser Klimaabkommen von 2015, ein Schritt, der für manche einen monumentalen Erfolg darstellte, für andere hingegen lediglich einen Mittelweg, durch den die Welt nur am Rande des Abgrunds verharrte. Sogar progressiv eingestellte Präsidenten, die sich mit der Tatsache konfrontiert sahen, dass wir auf einen Point of no Return zusteuerten, entschieden sich für einen Weg, der die verheerendsten Konsequenzen der globalen Erwärmung nicht umging.

Trumps Standpunkt in Sachen Umwelt und Klimawandel war keineswegs neu. Er wiederholte all jene Punkte, die konservative Think Tanks und Industriekonzerne wie die *Global Climate Coalition* bereits jahrzehntelang hervorgehoben hatten. Was ihn allerdings von früheren republikanischen Politikern unterschied, nicht nur in Bezug auf Umweltthemen, sondern auf fast alles, war, dass er die Dinge, die Letztere im Stillen belassen hatten, laut aussprach. Hatten seine Vorgänger zumindest vorgegeben, sich um den Klimawandel zu sorgen, bevor sie minimale Schritte oder auch gar nichts unternahmen, sagte Trump freiheraus, er halte das Ganze für eine einzige Lüge.

* * *

Der Winter brachte Schnee nach Oregon, und Nora wurde den Menschen in Portland vorgestellt. Die Besucher des Zoos sahen Nora in einer Umgebung, die ihrem natürlichen Lebensraum erstaunlich nahekam. Die Eisbärin tollte umher, während dicke Flocken zu Boden fielen. Sie drückte sich dicht an die Fensterscheibe, wenn das Zoopersonal mit ihr »Peekaboo« spielte. In einem der kältesten und schneereichsten Winter, die der pazifische Nordwesten je erlebt hatte, beschlug die Scheibe durch Noras warmen Atem. Nachdem die Massen verschwunden waren, interagierte die Eisbärin mit den Sicherheitsleuten, folgte ihnen entlang der Außenseiten des Geheges und planschte im Schwimmbecken, um auf sich aufmerksam zu machen. Sie drückte sogar ihre Nase gegen die Scheibe, um den Kaffee des Zoopersonals zu riechen. Wenn sie die Scheiben mit riesigen, fellartigen Handschuhen putzten, ahmte Nora die Bewegungen auf der anderen Seite des Glases nach. Wie Gus in New York und Knut in Berlin, lebte auch Nora für die Aufmerksamkeit und die Nähe der Menschen. Ohne Publikum wurde sie störrisch. Bevor die Besuchermassen in den Zoo strömten, stampfte sie durch das Gehege und schnaubte frustriert. Nicole Nicassio-Hiskey hatte den Eindruck, Nora würde sich beschweren, dass niemand kam, um sie zu sehen.

Denn sobald Menschen auftauchten, hörte das Knurren auf, und Nora sprang bäuchlings in den Pool, in Richtung Fensterscheibe. Da war sie wieder: die ungestüme, junge Eisbärin, die bei den Einwohnern von Ohio so viel Staunen hervorgerufen hatte – und die Menschen aus Oregon reagierten nicht weniger begeistert. An den Wochenenden kamen Hunderte zum Eisbärengehege, Trauben neugieriger Kinder drängten sich vor der Scheibe, ihre grellen Schreie hallten von den falschen Felswänden wider. Während ihrer Zeit im *Columbus Zoo* hatte Nora durch ihre Streiche und Spielereien die Herzen von Millionen von Menschen über das Internet gewonnen, und dasselbe geschah nun in Portland, wo der Zoo regelmäßig Videos über Facebook und YouTube veröffentlichte. Nur die Kommentare waren anders: Noras Fans aus Ohio erinnerten alle Viewer daran, dass sie immer ihr »Buckeye bear« sein und bleiben würde. Noras Liebe zu den Menschen war zwar wunderbar für die sozialen Netzwerke und die Besuchermassen, aber sie war keineswegs normal.

Als das Jahr 2016 zu Ende ging und im neuen Jahr der Winter allmählich dem Frühling wich, tigerte Nora weniger und weniger umher, entweder wegen der Medikamente oder weil sie jetzt begriff, dass Tasul nicht mehr wiederkommen würde. Doch sie hatte immer noch Wutausbrüche. Sie bellte und schleuderte ihre Futternäpfe über den Boden. Wenn sie frustriert oder angespannt war, dann wandte sie ihren Pflegern den Rücken zu und ging ihnen aus dem Weg. Diesen fiel es natürlich schwer, ihre Anfälle mit anzusehen, aber Tiere wie Menschen müssen schließlich lernen, mit solchen Widrigkeiten zurechtzukommen. Die Betreuer sprachen permanent darüber, wie sie ihr helfen könnten. Kurz nach Tasuls Tod begannen Jen DeGroot und die anderen Pfleger mit einer Reihe von Entspannungsübungen, die sie »Zen-Sessions« nannten.

An einem regnerischen Tag im Dezember bereitete sich Jen gerade auf eine solche Session vor. In der Zooküche, einem Raum direkt hinter dem Eisbärengehege, füllte sie eine Kuchenform mit Stint. Zwar war Nora erst ein Jahr alt, aber sie durchschaute Menschen und deren Stimmung sofort. Jen atmete daher einige Male tief durch, um sich zu sammeln.

Dann ging sie die paar Schritte zu einem Gang mit Gittertüren und rief nach Nora, die schwerfällig angetrottet kam. Jen kniete sich auf ein Stück Pappe, um ihre Knie vor dem kalten Beton zu schützen, und reichte Nora den Fisch durch den Zwischenraum zweier Streben.

Niemand sagte ein Wort, doch Nora legte sich sofort auf den Boden, den Kopf auf die Vorderpfoten. Jen fütterte sie alle fünf Sekunden mit einem neuen Stint. Für einen gewöhnlichen Beobachter strahlte das keine besondere Entspannung aus, aber Jen machte sich wertvolle mentale Notizen. Zwischen zwei Fischen knurrte Nora nämlich und schüttelte den Kopf. Ihre Lautäußerungen waren wichtig. Wenn sie, ohne in Stress zu geraten, auf den nächsten Fisch warten konnte, dann bedeutete das, sie lernte Geduld. Nora befand sich noch immer in einem kritischen Entwicklungsstadium. Die Dinge, die sie in den ersten zwei Lebensjahren lernen würde, würden später darüber entscheiden, wie sie mit anderen Bären interagierte, was wiederum wichtig für das Entstehen von Freundschaften und später auch für die Paarung und Fortpflanzung war. Zudem würde es ihre Lebensqualität beeinflussen, die ihren Pflegern so am Herzen lag.

Jeden Tag übte das Team diese Form der Entspannung mit Nora. Die Symptome ihrer mentalen Probleme – das Herumtigern und die Anfälle – verbesserten sich zwar im Winter und zu Beginn des Frühlings, doch Nora fehlte noch immer etwas, das ihre Pfleger ihr nicht geben konnten: die Gesellschaft eines anderen Bären.

Bevor Nora in den *Oregon Zoo* kam, hatte dieser geplant, das Eisbärengehege abzureißen und ein neues zu bauen. Zweimal war der Abriss wegen Nora schon verschoben worden. Jetzt, da Tasul gestorben war, musste der Zoo seine Optionen abwägen. Angesichts der bevorstehenden Bauarbeiten würde es keinen Sinn ergeben, einen neuen Bären in den Zoo zu holen. Sie beschlossen daher, Nora in einen anderen Zoo zu geben.

KAPITEL 14

Das letzte Fellboot

Der Vater von Gene Agnaboogok, Roland, hatte vor der Küste Alaskas in einem Boot aus Walrosshaut gejagt, die straff über einen Holzrahmen gespannt war. Heute steht der Rahmen ebendieses Bootes – das letzte *umiat*, das in dem Dorf genutzt wurde – auf einer Wiese unweit von Genes Haus und versinkt allmählich im Dauerfrostboden, da es jahrelang nicht benutzt wurde.

Heutzutage verwenden die Jäger Aluminiumboote mit Außenmotoren. Die Harpunen, mit denen Genes Vorfahren auf die Jagd gingen, wurden von Gewehren abgelöst. Schlitten sieht man auch heute noch, aber statt von einem Hundegespann werden sie von Zweitaktmotoren angetrieben. Das Brummen der Motoren hallt von den Bergen wider und wird vom Wind über das Dorf getragen, wenn Schneemobile und Geländewagen die Bewohner von Wales durch die Stadt und auf das Eis bringen, wo sie auf die Jagd gehen.

Die Jagd ist nach wie vor eine wichtige Versorgungsquelle für die Dorfbewohner. Die Nahrungsmittel, die man in den zwei Geschäften im Dorf kaufen kann, sind mitunter nämlich unerschwinglich. Ein 4,5 Kilogramm schwerer Sack Zucker kostet etwa 20 US-Dollar. Eine Rolle Aluminiumfolie fast vierzehn. Das Benzin für die Schneemobile, Boote und Geländewagen geht für sieben US-Dollar pro Gallone (knapp vier Liter) über den Ladentisch. Gilbert Oxereok stellt komplizierte Rechnungen an, wenn er beim Jagen auf seine Beute zielt. Die Mathematik, die er braucht, um zu entscheiden, ob er sein Geld lieber für teure Lebensmittel aus dem Laden oder Munition für die Jagd ausgibt, besteht hingegen aus einer deutlich einfacheren Gleichung. »Aus ein paar Cent für eine Kugel werden so mehrere Hundert Dollar in Form von Fleisch«, sagt er. »Simple Mathematik.«

Wenn Gene knapp bei Kasse ist, findet er hin und wieder Fleisch draußen hinter dem Geschäft, das abgelaufen, aber noch gefroren ist. Dies kocht er dann zusammen mit einer fertigen Gewürzmischung auf der Heizplatte in seinem Haus. Sein Gewehr hat er verkauft, aber der Nachbar, der es gekauft hat, bringt Gene manchmal frisch geschossene Gänse. Ein Freund, der nicht wusste, wie man das Tier häutete, brachte ihm einmal einen frisch erlegten Polarhasen.

Allerdings bemängelte Gene, dass der Hase mit einem Hochleistungsgewehr erschossen worden war, wodurch das Blut an der Einschusswunde gerann, was wiederum den Geschmack ruinierte. »Vielleicht kann ich die Leber anbraten«, sagte er, als er die Haut abzog und die Beine entfernte, bevor er alles vorbereitete, um das restliche Fleisch zu kochen. »Die schmecken nicht, wie sie sollten, wenn das Tier erschossen wurde. In der Suppe schmeckt man es nicht mehr.« Er wird älter und hofft, bald nicht mehr arbeiten zu müssen. Dann, so sagt er, wird er sich wahrscheinlich um Essensmarken bemühen, die ihm über die Runden helfen sollten. Er hat bereits Nahrungsmittelhilfe vom Staat erhalten, doch er erneuert seinen Antrag nur selten, wenn die Leistungen auslaufen. »Zu viel Papierkram«, meint er.

Auf dem Papier macht Wales einen traurigen Eindruck. Laut neuester Schätzungen sind etwa zwölf Prozent der erwerbsfähigen Bevölkerung arbeitslos – eine Rate, die doppelt so hoch ist wie die von Alaska und dreimal so hoch wie die Arbeitslosenrate der USA vor 2020 – und das durchschnittliche Jahresfamilieneinkommen beträgt gerade einmal 31 000 US-Dollar. Das Pro-Kopf-Einkommen im Jahr liegt somit knapp unter 13 000 US-Dollar. Laut den Bundesrichtlinien leben somit über 40 Prozent der Menschen in Wales in Armut. Doch können Statistiken nicht alle Aspekte der Lebensqualität wiedergeben, und Arbeitslosenraten berücksichtigen nun einmal keine Jäger, die einen beachtlichen

Teil ihres Lebensunterhaltes an Land und auf dem Meer erwirtschaften.

Das Durchkämmen der Gewässer, des Eises und des Landes nahe dem Kap auf der Suche nach Wild ist zwar auch Mittel zum Zweck, aber eben nicht nur. In Wales, wie in so vielen anderen Dörfern in den ländlichen Gegenden Alaskas, ist die Jagd ein Teil der Identität der Gemeinschaft. So lernten Gene Agnaboogoks und auch Gilbert Oxereoks Großeltern – genau wie deren Großeltern –, in einem Klima zu überleben, das die meisten Menschen als ungastlich bezeichnen würden. Spricht ein Jäger über die Wale, die er erlegt hat – mit der Harpune traf er sieben, aber drei entkamen ihm –, dann schwingt ein Hauch von Stolz mit, wenn er sagt: »Ich habe meine Gemeinschaft vier Mal ernährt.«

Jäger in Wales praktizieren heutzutage nicht mehr alle Bräuche und beachten auch nicht alle Tabus, wie es ihre Vorfahren getan haben. Genes Eltern erklärten ihm, wenn vor langer Zeit ein Jäger zum ersten Mal einen Eisbären oder einen Vielfraß erlegt hatte, zog sich dieser mindestens einen Tag lang zurück und vermied jeden Kontakt zu Freunden und Familie. »Ich verstand nicht wirklich, warum«, sagt Gene. »Damals existierten alle möglichen Überzeugungen.« Gilbert behält noch einige der alten Traditionen bei, aber er redet nicht gern darüber.

Wie Gene hat auch Gilbert gelernt, ein Tier nie unnötig leiden zu lassen und nur so viel zu jagen, wie er braucht. Er jagt keine Robben, die noch ihre Jungen säugen. Wenn er mit seiner Crew eine Herde Walrosse sichtet und sie das Glück haben, ein Tier zu treffen, dann scheucht er die restlichen weg. In Wales bemühen sich die Jäger darum, jeden Teil des erlegten Tieres zu verwenden. Die Knochen, Stoßzähne und Schädel werden entweder aufbewahrt, dienen als Material zum Schnitzen oder werden zum Beispiel zu Schmuck oder Werkzeug verarbeitet. Fleisch, Fett und innere Organe werden komplett verspeist. Das ist Teil des Respekts gegenüber der Natur, der ihnen von klein auf eingeschärft wurde, erklärt Gilbert.

»Respektiere das Tier, das du jagst. Denn es ernährt dich und deine Familie. Respektiere das Tier so, wie du einen Menschen respektierst. Tust du das nicht, kommt es zurück und beißt dich.«

* * *

Die Jäger in Wales bemerkten die Veränderungen des Klimas schon vor Jahren.

Als die Männer noch Jugendliche waren, kamen Walrosse und Robben noch später im Jahr am Dorf vorbei. Das Eis, das früher bis weit in den Frühling hinein das Gewicht von Schneemobil und Jäger tragen konnte, gibt nun nach und versinkt Wochen eher. Gene musste normalerweise ein mindestens 1,20 Meter tiefes Loch ins Eis schlagen, um auf Wasser zu stoßen; jetzt reichen in den meisten Jahren 60 Zentimeter. Gilbert sieht dort nackten Erdboden, wo früher dichter Schnee lag. Er sieht Insekten, die er nie zuvor gesehen hat, und Arten, die normalerweise in südlicheren Gebieten und wärmeren Klimazonen beheimatet sind. Er hat einen Anstieg der Zahl von Robbenjungen beobachtet, für ihn »zukünftige Nahrung«, die am Strand zurückgelassen wurden. Im *National Geographic* las er, dass Schiffsverkehr, Ölbohrungen und -förderungen in der Arktis zunehmen würden, da die Gewässer, inzwischen mancherorts monatelang eisfrei und so immer leichter zu befahren seien. Er befürchtet, der Schiffsverkehr und die industrielle Nutzung werden das Meer verschmutzen. Schon jetzt sieht er besorgniserregende Anzeichen dafür. Gilbert zieht Robben aus dem Wasser, die von Öl bedeckt und voller Wunden sind – Opfer bestimmter Parasiten, die sich dank der wärmeren Temperaturen in diesen Gegenden verbreiten. Solche Robben kann er nicht essen. »Wir schlitzen ihnen bloß den Bauch auf und lassen sie im Meer versinken.«

Während sich das Klima in der Arktis erwärmt, geht die Ausdehnung des Meereises zurück. Das Eis, das sich jetzt bildet, ist dünner, bricht somit schneller vom Land ab, was zu mehr Treibeis führt. Gene erinnert sich an einen Jagdausflug, auf dem seine

Crew und er ein Walross erlegten. Sie schleppten es auf einen flachen, niedrigen Eisberg, der ideale Ort auf dem offenen Meer, um eine derartige Beute, die über eine Tonne wiegt, zu schlachten. Ein so großes Tier zu zerlegen, ist ein zeitintensives Unterfangen, und während sie das Walross bearbeitet hatten, war der Eisberg gute 30 Kilometer weitergetrieben. Gene hatte Angst und war weit von seinem Zuhause entfernt. Zwar schafften er und seine Crew es sicher zurück, aber das Ganze kostete zusätzliche Zeit und, viel wichtiger, zusätzlichen Treibstoff, der nicht billig ist.

Dieses Phänomen betrifft nicht nur Jäger, die Walrosse zerlegen, sondern bedeutet auch eine zusätzliche Belastung für die Eisbären. Bei der Auswertung der von Halsbändern gelieferten Daten verglichen Forscher der USGS (United States Geological Survey) die Bewegungen der Bären in den Jahren von 1987 bis 1998, als das Meereis stabiler war, mit denen der Jahre von 1999 bis 2013, als die Menge an Treibeis zugenommen hatte. Sie fanden heraus, dass die Bären im späteren Zeitraum mehr Energie aufwandten, um dem Treiben entgegenzuwirken. Eisbären ziehen ihre Energie hauptsächlich aus Robben und mussten ein bis drei Robben mehr pro Jahr verspeisen, um das Defizit auszugleichen – ein Anstieg um zwei bis vier Prozent, während das Meereis, das sie für ihre Jagd benötigten, jedoch abnahm. Nahrung, ob für Mensch oder Tier, war somit immer schwieriger zu beschaffen.

2014 veröffentlichte der *Inuit Circumpolar Council,* eine NGO, die 180 000 indigene Einwohner aus Alaska, Kanada, Grönland und der Tschukokta repräsentiert, eine Evaluierung der Ernährungssicherheit in der gesamten Region entlang der Beringstraße. Dafür sprachen sie mit lokalen Experten, die über weitreichende traditionelle Kenntnisse verfügten, und hielten in über einem halben Dutzend Dörfern Workshops, darunter auch in Wales. Viele der Teilnehmer waren frustriert, da sie kein Mitspracherecht hatten, wenn es um die Auswahl ihrer traditionellen Beutetiere ging. Die Entscheidungen wurden Tausende Kilometer entfernt von der Beringstraße getroffen, dabei waren es jene Gewässer, die das Leben der dort lebenden Menschen bestimmten, und niemand fragte sie nach ihrer Meinung. Nahrung hat in vielen Kulturen weltweit einen Wert, der über die bloßen Kalorien hinausgeht, doch in Gemeinschaften, die auf die Jagd angewiesen sind, nimmt sie einen ganz besonderen Stellenwert ein. Bildung spielt eine wichtige Rolle, wenn es darum geht, wie indigene Bevölkerungen ihre Nahrung beschaffen; einige Teilnehmer der Workshops bemängelten, dass der sogenannten westlichen Schulbildung eine höhere Priorität zugesprochen würde als dem Erlernen traditioneller Jagdmethoden. Je mehr Zeit die Kinder in den Klassenräumen säßen, desto weniger Zeit bliebe ihnen, um die Traditionen und Methoden ihrer Vorfahren zu erlernen. Natürlich seien Staatsbürgerkunde, Geschichte und Mathematik wichtig, aber ebenso wichtig sei es eben auch, zu wissen, wie man ein Walross zerlegt oder Fleisch haltbar macht, damit es nicht verdirbt.

Eines der zentralen Gesprächsthemen in den Workshops des Councils waren die Veränderungen, die viele in ihrer Umwelt bemerkt hatten, sowie die direkten Auswirkungen dieser Veränderungen auf die Ernährungssicherheit.

In Gambell, einem 700-Seelen-Dorf auf der Sankt-Lorenz-Insel im Beringmeer, gab es im Winter und Frühling 2013 über längere Zeit ungewöhnliche Winde aus Südwest mit zahlreichen Regenstürmen. Dieses Wetter schob riesige Presseisrücken zur Küste, die Walrossjägern den Weg zu den Jagdgründen jenseits der Küste versperrten. Zwischen Gambell und Savoonga, einer Gemeinschaft gut 60 Kilometer weiter östlich, werden an der Küste der Sankt-Lorenz-Insel in einem normalen Jahr 1200 Walrosse erlegt. 2013 waren es nur ein Drittel davon. Man sprach von einer wirtschaftlichen Katastrophe, und eine gemeinnützige Organisation spendete 900 Kilogramm Heilbutt und Lachs – was pro Familie etwa drei Ziplock-Tüten voll Fisch entspricht, die jeweils gute zehn Liter fassen. Zwei Jahre später waren die Jagdbedingungen wieder schlecht. 4500 Kilogramm gefrorener Fisch wurden in Savoonga, Gambell, Diomede und Wales verteilt, um den schlechten Walrossfang im Frühjahr auszugleichen, doch die Essensspenden machten lediglich einen Bruchteil dessen aus, was ein gewöhnlicher Jagderfolg eingebracht hätte.

Fast jeder Teilnehmer der Workshops sagte, der Winter würde kürzer und vielerorts schmelze das Eis früher. Robben und Walrosse, die auf das Eis angewiesen waren, um sich aus dem Wasser zu ziehen und ihre Jungen großzuziehen, folgten dem schrumpfenden Eis Richtung Norden, was für die Jäger bedeutete, dass auch sie weitere Strecken zurücklegen mussten, um Beute zu finden. Strände, normalerweise durch Festeis geschützt, wurden von Wellen überspült, die zu Erosion führten und Jagdcamps wegspülten. Das Wetter war weniger vorhersehbar geworden, sodass den Inuit kleinere Zeitfenster zur Verfügung standen, in denen sie Jagd auf ihre Beutetiere machen konnten. Während früher meist zwei Wochen lang stabile Wetterbedingungen herrschten, können sich die Jäger heutzutage glücklich schätzen, wenn ihnen zwölf Stunden am Stück ohne einen aufziehenden Sturm zur Jagd bleiben.

Die Stammesältesten in Wales sagen, dass die Kinder noch immer lernen, woran sie einen tollwütigen Fuchs erkennen, wie sie die Spur eines Elches verfolgen, wie sie ein Tier töten, ohne dass es leiden muss, und wie sie jedes Teil der erlegten Beute nutzen können.

Gilbert Oxereok lernte das zunächst, indem er den Geschichten lauschte, die seine Onkel ihm erzählten, später dann an Bord eines Jagdbootes. Jetzt unterrichtet er seine Neffen. So macht man es in Wales seit Jahrhunderten: Die älteren Jäger geben ihr Wissen an die jüngere Generation weiter. Doch während das Fellboot von Gene Agnaboogoks Vater in der Tundra versinkt, bemerken die älteren Jäger, dass die jungen Leute des Dorfes weniger Interesse an den althergebrachten Traditionen und Lebensweisen haben, zumindest teilweise aufgrund des sich wandelnden Klimas.

Durch die kürzeren Winter und das unbeständige Wetter werden die Lerngelegenheiten immer seltener.

Doch noch andere Faktoren spielen eine Rolle. Gilbert macht sich Sorgen, dass die traditionellen Kenntnisse in der jungen Generation verloren gehen, während Satellitenfernsehen und soziale Netzwerke sich immer stärker im Alltagsleben des Dorfes etablieren. Diese Dynamik ist weitverbreitet zwischen der älteren und der jüngeren Generation, zwischen Stadtzentren und ländlichen Dörfern, aber in Wales hat sie weitreichendere Folgen. Gilbert befürchtet, dass Eigenständigkeit, eine zentrale Eigenschaft derer, die am Kap wohnen, seit hier die ersten Siedlungen entstanden, immer mehr verschwindet, je mehr Menschen sich auf die Hilfe der Regierung verlassen und Nahrungsmittel im Geschäft kaufen.

»Früher oder später ist das Geld der Regierung aufgebraucht. Dann werden die Preise für Nahrungsmittel ansteigen, vor allem mit all den Bränden und Dürrezeiten unten in den Staaten«, erklärt Gilbert den jungen Menschen in Wales. »Ihr werdet heranwachsen und Hunger leiden.«

KAPITEL 15

Die nächste Hürde

An einem Morgen im April 2017 sah Nicole Nicassio-Hiskey zu, wie Nora eine Rampe zu ihrer Höhle hinaufging. Die junge Bärin schien vergnügt wie immer, aber irgendwas mit ihrem Gang stimmte nicht.

Wie seltsam, dachte Nicole sich. *Das ist neu.*

Nora schonte ihr linkes Vorderbein. Es sah so aus, als ob ihr Ellbogen sich ein kleines Stück herauswölbte. Nicole rief den Zootierarzt, Mitch Finnegan, an. Als dieser später am selben Tag zum Eisbärengehege kam, hatte sich Noras Zustand verschlechtert. Sie konnte das Bein nicht mehr belasten, und wenn sie lief, ragte ihr Ellbogen stark hervor. Mitch hoffte, sie wäre vielleicht nur etwas steif vom Spielen – Nora hatte sich nämlich angewöhnt, in das Becken zu springen und mit den Vorderpfoten gegen die Glasscheibe zu schlagen –, aber im Grunde ahnte er schon, dass mehr dahintersteckte.

Der Tierarzt kannte Noras Krankengeschichte und wusste von der Knochenerweichung, deshalb bat er die Ärzte in Columbus um Noras alte Röntgenaufnahmen. Mitte Mai sedierte er Nora und machte mehrere neue Röntgenbilder. Während Nora betäubt war, nahmen sie einige Routineuntersuchungen an ihr vor. Noras Nägel, ihr Fell und ihre Zähne sahen gut aus. Ihr Herz schlug regelmäßig. Ohren und Nase waren frei und gesund. Ihre Krallen waren gleichmäßig abgenutzt und symmetrisch. Doch als Mitch Noras linkes Vorderbein für die Röntgenaufnahme zurechtrückte, merkte er, dass dieses steif war. Es wies eine »leichte anguläre Missbildung« auf, schrieb er in die Akte, »wodurch der Ellbogen nicht flach bleibt«.

Sobald Mitch Noras Vorderbein in die richtige Position gebracht hatte, machte er Aufnahmen aller Gliedmaßen, außerdem von Schädel, Wirbelsäule und Bauch. Er erkannte darauf, dass einer ihrer Unterarmknochen verkümmert war, wodurch sich die einzelnen Knochen verschoben hatten und der Ellbogen nach außen gedrückt wurde. Er schickte die Bilder zu anderen Tierärzten und orthopädischen Chirurgen in ganz Amerika. Erika Crook, eine Tierärztin im *Utah Hogle Zoo* in Salt Lake City, nahm kein Blatt vor den Mund, als sie Noras Zustand einschätzte:

»Alle Gelenke sind hinüber«, schrieb sie in die Liste von Noras Gebrechen. Außerdem »ausgeprägte Dysplasie« in einem Ellbogen. Eine Speiche – einer der zwei größten Unterarmknochen, der Knochen, den sie sich in Columbus gebrochen hatte – war zwar gerade, doch das eine Ende war krumm. Die kleineren Vorderfußwurzelknochen in einem von Noras Vorderfußgelenken sahen so aus, als hätten sie sich bereits verformt, als Nora noch jünger war. »Sie ist oder wird ein arthritischer Pflegefall sein, vor allem, weil sie ein so großes Tier ist.« Die Stellen, an denen Noras Knochen aufeinandertrafen, seien »so was von ruiniert«, schrieb die Tierärztin.

Gelenke müssen präzise ineinanderpassen, gerade bei einem so schweren Säugetier wie Nora, die inzwischen gute 150 Kilogramm wog. Wenn die Knochen nicht perfekt positioniert sind, wie ein Kolben in einem Zylinder, dann nutzen sich die Gelenke ab. Das Knochenwachstum wird in erster Linie von Wachstumsfugen gesteuert, Zentren sich schnell teilender Zellen, die an beiden Enden der langen, das Körpergewicht tragenden Knochen wie Elle und Speiche liegen. Wenn diese Wachstumsfugen in der Frühentwicklung nicht alle benötigten Nährstoffe erhalten, können wichtige Knochen in Fehlstellungen geraten.

Genau das geschah bei Nora. Während der wenigen Wochen damals in Columbus, als Nora nicht ausreichend Vitamine und Kalzium bekam, hatte sich Noras linker Ellbogen verformt. Die Pfleger in Ohio dachten, sie hätten das Problem korrigiert, aber es stellte sich heraus, dass die Langzeitschäden versteckt geblieben waren.

Die Tierärztin aus Utah schlug einige Behandlungsmöglichkeiten vor, doch jede einzelne barg hohe Risiken. Bei einem Hund mit ähnlichen Problemen würde ein tierärztlicher Chirurg eine Osteotomie an der Elle durchführen und einen Teil des Knochens entfernen, um den Unterschied in den Längen der Knochen wieder auszugleichen. Dieser Eingriff zeigte allerdings nur bei jungen Hunden Wirkung.

Nora war zwar noch keine zwei Jahre alt, doch für eine Osteotomie war sie schon zu alt. Einige Tierärzte arbeiteten mit plättchenreichen Plasmainjektionen, um die durch Arthritis hervorgerufenen Schmerzen zu lindern. Blutplättchen, auch Thrombozyten genannt, sind die Teile im Blut, die für Gerinnung und Heilung zuständig sind, sodass eine Injektion in der Nähe beschädigter Zellen den Heilungsprozess beschleunigen könnte. In Noras Fall würde diese Behandlung möglicherweise eine temporäre Erleichterung schaffen, jedoch nicht die tiefer liegenden Probleme lösen. Somit schied auch diese Option aus.

In der Zwischenzeit wurden Noras Panik- und Wutanfälle immer stärker. Es fiel ihren Betreuern schwer zu sagen, ob die Antidepressiva zu niedrig dosiert waren oder sie einfach aufgrund der Schmerzen so agierte, dennoch erhöhte Mitch Finnegan Noras Dosis Fluoxetin. Außerdem fügte er zwei tägliche Dosen entzündungshemmende Schmerzmittel hinzu. Die Experten empfahlen außerdem, dass Nora so viel Zeit wie möglich im Wasser verbringen sollte, um ihre Gelenke zu entlasten. Nora liebte Wasser sowieso, insofern war das nicht allzu schwer, wenn auch nicht vollkommen zufriedenstellend. Noras Pfleger beobachteten die Eisbärin genau und taten alles, um ihren Schmerz zu lindern. Viel mehr konnten sie nicht tun.

Zum gleichen Zeitpunkt, als Noras Gelenkprobleme entdeckt wurden, trauerte die Belegschaft des *Hogle Zoo* in Utah um Rizzo, eine gesellige Eisbärin. Fast zehn Jahre lang hatte in dem Zoo kein Eisbär gewohnt, bis 2012 das neue Gehege, Rocky Shores, eröffnet wurde. Ein Gehege, das dem Polar Frontier in Columbus ähnelte, wenn auch etwas kleiner.

Das Rocky Shores konnte mit einem riesigen Schwimmbecken samt Tunneln unter Wasser aufwarten, diversen Sichtfenstern über und unter Wasser, sodass die Zoobesucher Rizzo beim Schwimmen, Tauchen und Verputzen ihrer Lieblingsspeise, ganzer Wassermelonen, beobachten konnten, die sie gern bis vor die Scheibe trug, um sie vor den Augen der neugierigen Zuschauer zu verschlingen. Rizzos Fangemeinde in Salt Lake City wuchs, doch ihre Pfleger bemerkten, dass die neunzehnjährige Bärin immer mehr abbaute. Sie wurde lethargisch und hatte Probleme, Nahrung bei sich zu behalten. Ein Bluttest und ein Ultraschall zeigten, dass ihre Nieren versagten. Sie wurde in den Wartebereich, ein abgetrennter Raum zur Beobachtung der Tiere, verlegt, geschützt vor den Blicken des Publikums, und dort mit Flüssigkeiten versorgt, aber man konnte nichts mehr tun. Anfang April wurde sie eingeschläfert.

Dadurch gab es in Utah ein modernes Eisbärengehege und ein Team erfahrener Pfleger und Ärzte ohne Eisbären. Der *Hogle Zoo* hatte sich zudem in der Artenerhaltung hervorgetan. Eisbären zählten in *Hogle* zu den sogenannten »Big Six«, den sechs großen Arten, auf dessen Erhaltung sich der Zoo konzentrierte. Er hatte sich mit *Polar Bears International* für Aufklärungskampagnen zusammengetan und die Organisation bei der Untersuchung von Geburtshöhlen an der Nordküste Alaskas unterstützt. Da der *Oregon Zoo* plante, das alte Gehege abzureißen, wurde beschlossen, dass Nora im Herbst nach Utah gehen würde. Und das nicht allein.

Die *Assoziation of Zoos and Aquariums* hatte sich um Gesellschaft für Nora bemüht – und sie gefunden: eine Eisbärin aus Toledo, die nur einen Monat nach Nora geboren worden war. Die Mutter dieser Bärin war Noras Großmutter. Somit war sie zwar jünger als Nora, aber ihre Tante. Nach fast zwei Jahren menschlicher Gesellschaft und einem kurzen Kontakt zu Tasul sollte Nora also endlich mit einem gleichaltrigen Bären zusammenleben, von dem sie lernen konnte. Zwar waren die beiden Jungtiere unterschiedlich aufgewachsen, aber das war gut. Noras neue Gefährtin war von ihrer Mutter aufgezogen worden und wusste mehr über das Bärsein als Nora. Nora und die andere Bärin waren beide fast zwei Jahre alt, das Alter, in dem junge Eisbären in der Wildnis ihre Mutter verlassen und sich allein auf den Weg machen. Die Tatsache, dass Noras neue Gefährtin Hope hieß, mutete unter den gegebenen Umständen geradezu kitschig an.

Als die Sommerhitze in Portland die Frühlingsregenschauer ablöste, schien es Nora besser zu gehen, sowohl körperlich als auch mental. Sie wies noch die »Bulldoggenhaltung« auf, wie ihre Pfleger es nannten: Beide Ellbogen der Vorderbeine traten hervor, um die verschobenen Knochen auszugleichen. Mitch Finnegan, Tierarzt des *Oregon Zoo,* erhöhte die Dosis Fluoxetin, nachdem Nora aggressiver wirkte, zusätzlich zu den regulär angeordneten Erhöhungen aufgrund ihres Wachstums.

Im August reiste Joanne Randinitis, eine der leitenden Pflegerinnen in Utah, nach Portland, um Nora kennenzulernen. Während einer Hitzewelle mit Temperaturen an die 40 Grad interviewte das PR-Team des *Hogle Zoo* Joanne in einem Livestream-Video auf Facebook. Als Nora im Hintergrund Fische fing, die ihre Pfleger ihr zuwarfen, erklärte Joanne, dass sie Nora kennenlernen wollte, damit das Team in Utah die Eisbärin dort bestmöglich betreuen könnte. Während sie redete, füllte sich das Kommentarfeld mit Beiträgen von Noras Fanmassen aus Ohio: »Nora ist eine Buckeye!!! Wir werden ihr überallhin folgen!«

Hinter den Kulissen hatte Nora bereits begonnen, sich auf die Reise vorzubereiten. Einige Wochen zuvor hatten Pfleger eine neue Transportkiste an das Labyrinth aus Tunneln und Höhlen angedockt, geschützt vor den Blicken der Zoobesucher. Jeden Morgen lockten Nicole und ihre Kollegen Nora dorthin, gaben ihr ihre Lieblingsspeisen, damit sie sich in der Kiste, in der sie

Portland verlassen würde, wohlfühlte. Zum ersten Mal seit langer Zeit schien Noras Zukunft rosig auszusehen.

* * *

In jenem Sommer litt Portland unter einer Reihe drückender Hitzewellen. Im Juni herrschten drei Tage lang knapp über dreißig Grad und am Ende des Monats fast 40 Grad. Juli und August waren ebenso heiß: Temperaturen zwischen 25 und 30 Grad, dazu kaum Regen. Ganze 57 Tage lang fiel in Portland kein Tropfen, die drittlängste Trockenzeit seit Beginn der Wetteraufzeichnung. Anfang August erreichte die Hitze ihren Höhepunkt, und die Thermometer zeigten 40,5 Grad an. Letztlich ging der Monat als der wärmste August in Portland aller Zeiten in die Geschichtsbücher ein. Und auch als sich das Wochenende des Labor Day näherte, ließ die Hitze nicht nach.

Noras Pfleger sorgten dafür, dass sie so viel schwimmen konnte, wie sie wollte, gaben ihr gefrorene Fische, boten ihr große, mit Eiswürfeln gefüllte Wannen an, in denen sie sich herumwälzte und spielte, sehr zur Freude ihrer Fans. Die Menschen aus Portland suchten Abkühlung in öffentlichen Brunnen oder fuhren an die Küste. Manche begaben sich zum FFK-Strand auf Sauvie Island, nördlich der Stadt am Columbia River. Andere fuhren zum Columbia River Gorge, eine gut 1200 Kilometer tiefe Felsenschlucht mit Wanderwegen durch schattige Wälder mit Farnen, pittoresken Wasserfällen und natürlichen Bassins, in denen man schwimmen konnte.

Dorthin wollte auch Liz FitzGerald Anfang September, als sie zum Startpunkt des Eagle Creek Trail fuhr. Ihr Ziel war Punch Bowl Falls, ein zehn Meter tiefer Wasserfall, der in einem beinahe kreisrunden Becken endet, umgeben von mit Moos bewachsenen Basaltfelsen, das im feuchten Dunst des Falls gedieh. Die Temperaturen kletterten Richtung 40 Grad, und schwitzende Wanderer bevölkerten den gut drei Kilometer langen Trail.

Liz war erst zweieinhalb Kilometer gewandert, als sie auf ein halbes Dutzend Teenager traf, die am Rande einer Schlucht standen. Der nationale Wetterdienst hatte eine Warnung wegen erhöhter Brandgefahr für das Gebiet herausgegeben, und mehrere Kilometer von dort, wo die Gruppe stand, war der Weg wegen eines Waldbrandes bereits gesperrt. Schockiert sah Liz zu, wie einer der Jugendlichen, ein fünfzehnjähriger Junge, einen Feuerwerkskörper von der Felsenkante warf. Neben ihm stand ein Mädchen und filmte das Ganze mit ihrem Telefon. Liz meinte, sie hörte die Jugendlichen kichern, als der Böller, der aussah wie eine Rauchbombe, in den knochentrockenen Bäumen weiter unten verschwand.

Sie wanderte weiter, doch als sie ein paar Minuten später zurückblickte, sah sie, dass dort Rauch aufstieg. Sie drehte sich um und erblickte die Teenager hinter sich.

»Ist euch klar, dass ihr gerade einen Waldbrand ausgelöst habt?«, fragte sie.

»Und was sollen wir deswegen jetzt machen?«, erwiderte einer der Jugendlichen gleichgültig.

Liz eilte den Weg zurück und erklärte zwei Wanderern, die sie traf, sie sollten umkehren. Als sie den Ausgangspunkt des Wanderweges erreichte, winkte sie einen Forrest Service Officer zu sich und erzählte, was geschehen war. Der Officer meldete das Feuer sofort, und wenige Minuten später berichtete der erste Hubschrauber, der über den Brand flog, dass sich dieser schon auf gut 20 Hektar ausgebreitet hatte und nun den Bergkamm oberhalb des Wanderweges hochkletterte. Schon bald flogen Löschflugzeuge über das Gebiet und kippten Wasser sowie Flammenhemmer auf das Feuer, während die Wanderer panisch den Weg zum Parkplatz hinuntereilten. Aufgrund der steilen Hänge und des knochentrockenen Waldes gab es wenig, was man tun konnte, um das Feuer zu löschen. Ein Feuerwehrmann folgte dem Trail, um zu sehen, ob dieser noch passierbar war, doch das Feuer wütete zu beiden Seiten; heiße Felsbrocken rollten die Hänge hinab und landeten mit einem Zischen in dem weiter unten gelegenen Bach. Der Waldbrand hatte den Weg ober- und unterhalb des Punch Bowl Falls versperrt, sodass nun über 150 Wanderer dort festsaßen.

Als die Nacht hereinbrach, wurde klar, dass man eine so große Gruppe nicht per Hubschrauber bergen konnte. Eine Mitarbeiterin des Forest Service, die weiter oben bei einem kleineren Feuer geholfen hatte, ging den Trail zu der Gruppe hinunter und brachte den müden, hungrigen und angespannten Wanderern Wasser und andere Vorräte. Sie beruhigte die Gruppe, erklärte ihnen, sie stünde in Kontakt mit Menschen, die das Feuer streng beobachteten, und sie würden sich nicht in akuter Gefahr befinden. Die Wanderer kauerten sich auf den Boden, teilten die Vorräte, die sie noch hatten, und warteten auf das Morgengrauen.

Das Feuer tobte weiter. Um halb drei Uhr morgens hatte es die Interstate 84 erreicht, eine wichtige Transportstraße von Ost nach West und die einzige auf der Oregon-Seite der Schlucht. Eine halbe Stunde später brannten die Hügel oberhalb von Cascade Locks, eine Stadt mit 12 000 Einwohnern am Ufer des Columbia River – die Evakuierung wurde veranlasst. Als es hell wurde, machten sich die eingeschlossenen Wanderer auf den langen Weg aus dem Wald heraus zu einem See, wo sie von Schulbussen aufgelesen und zurück zu ihren Autos gebracht wurden. Auf dem Parkplatz am Ausgangspunkt des Trails warteten zahlreiche besorgte Angehörige auf die geretteten Wanderer.

Am zweiten Tag breitete sich der Brand, der inzwischen »Eagle Creek Fire« genannt wurde, aufgrund der Wetterbedingungen nur begrenzt aus. Die Warnung des Wetterdienstes galt noch immer, wegen der hohen Temperaturen und Trockenheit, und das Feuer bedeckte inzwischen die dreifache Fläche, nämlich 1200 Hektar Land. Am Labor Day, dem dritten Tag, wehte ein starker Ostwind, der durch den Trichter der Schlucht gepresst wurde wie Luft aus einem Blasebalg. Die Feuerwehrmänner berichteten von einem explosionsartigen Wachstum des Feuers. Böen mit einer Geschwindigkeit von bis zu 70 Stundenkilometern trugen die

Glut, die kleine Brandherde entzündete, anderthalb Kilometer über die eigentliche Flammenfront hinaus. Am Boden konnte aufgrund des unebenen Terrains wenig gegen den Brand ausgerichtet werden. Die Feuerwehr kämpfte weiter aus der Luft, mit Wasser und Flammenhemmern, die sie auf neue Brandherde kippten, doch die Natur arbeitete gegen sie. Um ein Uhr morgens herrschten noch 32 Grad und nur 24 Prozent Luftfeuchtigkeit. Um drei Uhr morgens wurde ein zehn Hektar großes Feuer auf Archer Mountain entdeckt, auf der anderen Seite der Schlucht, im Bundesstaat Washington. Das Eagle Creek Fire hatte den Columbia River überquert.

Die gleichen Winde, die die Flammen weitergetragen hatten, drückten inzwischen Rauch Richtung Portland, verfärbten den Himmel braun und tauchten die Stadt in eine apokalyptische Stimmung. Am Morgen entdeckten die Einwohner Portlands eine dünne weiße Decke auf ihren Autos, die aussah wie Schnee; natürlich handelte es sich aber um Ascheflocken, die über Portland niederrieselten und sich auf Wiesen, Bürgersteige und auch auf den Betonboden in Noras Gehege im Portland Zoo legten. Die Luftqualität sank, und Aktivitäten draußen sollten fortan gemieden werden. Die Schutzmasken in den Fachgeschäften waren schnell ausverkauft. Insbesondere für Risikogruppen – Obdachlose, die nirgendwo nach drinnen flüchten konnten, Ältere und Menschen mit Atemwegserkrankungen – war der Rauch besonders gefährlich.

Das Eagle Creek Fire war bei Weitem nicht das einzige im Bundesstaat, weite Teile Oregons litten beinahe den gesamten Sommer unter permanenter Rauchbelastung. Die Notaufnahmen und Notfalleinrichtungen verzeichneten einen Anstieg an Patienten, der 86 Prozent über dem von historischen Tendenzen vorhergesagten Wert lag. Allein am 5. September gab es mehr als 580 Patienten mit asthmaartigen Beschwerden, die medizinische Versorgungsstätten aufsuchten, 20 Prozent mehr als ursprünglich erwartet. Zwischen August und Oktober desselben Jahres mussten Schulen im gesamten Bundesstaat über 350 Fußball- und Footballspiele im Freien wegen der schlechten Luftqualität absagen. Das weltbekannte Oregon Shakespeare Festival im Süden des Bundesstaates sagte neun Vorstellungen ab, ein Verlust von beinahe 400 000 US-Dollar, und die Wirtschaft in Kleinstädten litt durch Straßensperrungen, Evakuierungen und Nachrichtenberichte über die ungesunden Luftverhältnisse, die die Touristen vergraulten.

Das Eagle Creek Fire brannte insgesamt 19 500 Hektar Land in Oregon ab, bis es komplett unter Kontrolle gebracht wurde, fast drei Monate, nachdem es ausgebrochen war. Vier Häuser brannten nieder, und vier Feuerwehrkräfte erlitten leichte Verletzungen. Der fünfzehnjährige Teenager, der das Feuer ausgelöst hatte, konnte dank Liz FitzGerald verhaftet und in zwölf Punkten für schuldig gesprochen werden, unter anderem fahrlässige Brandstiftung, Sachbeschädigung und fahrlässiges Verschulden. Er wurde zu fünf Jahren auf Bewährung und fast 2000 Stunden gemeinnütziger Arbeit verurteilt; außerdem wurde er angewiesen, 36 Millionen US-Dollar Entschädigung zu zahlen, wobei er die volle Summe wohl niemals würde zahlen können.

Eine Woche vor dem Feuer in der Schlucht brachte der Hurrikan Harvey 150 Zentimeter Regen, was 1500 Litern pro Quadratmeter entspricht, in den Südosten Texas', wo mindestens 68 Menschen infolge des Sturms ums Leben kamen. Einen Monat später fegte Hurrikan Maria, ein Wirbelsturm der Kategorie 4, über Puerto Rico hinweg und nahm der gesamten Insel den Strom. Obgleich die registrierte Anzahl an Todesopfern weiterhin angezweifelt wird und wahrscheinlich nie festgestellt werden kann, belaufen sich Schätzungen auf mehrere Tausend Opfer. Im Oktober wüteten einige Brände in großen, urbanen Gebieten nördlich von San Francisco. Dutzende Menschen starben, und Tausende Häuser wurden zerstört.

2017 war das Eagle Creek Fire bei Weitem nicht die größte oder verheerendste Katastrophe. Doch der Brand in der Schlucht traf die Menschen im pazifischen Nordwesten ins Mark, wie Jamie Hale, eine Reisejournalistin des *Oregonian*, berichtete:

Die Schlucht ist mehr als ein Erholungsgebiet, mehr als ein Nationalpark, mehr als ein schöner Ort, den man im Sommer besucht. Für viele von uns ist die Schlucht ein Tempel, ein Zufluchtsort, unser Zuhause. Ein Ort, an dem wir die Landschaft verehren, an dem uns die Natur in Erstaunen versetzt – ein Ort, wo der mächtigste Fluss im Westen sich durch die Cascade Mountains schlängelt und sich mit Wasser, das von den Hängen hinabstürzt, speist …
Wir alle wissen, wie es sich anfühlt, wenn man durch einen Berg in Demut versetzt wird, oder wenn man sich in einen Sonnenuntergang verliebt. Diese Momente berühren unser Innerstes, unser Herz und unsere Seele. Vor allem im pazifischen Nordwesten ist das eine Art Religion – unsere Form des Seins, in engem Kontakt mit der Erde.
Wir trauern um unsere Schlucht. Und um all die anderen Tempel, die unsere Rücksichtslosigkeit zerstört hat.

Waldbrände und Hurrikane werden normalerweise als Naturkatastrophen bezeichnet. Und sie sind ein natürliches Phänomen, das Resultat atmosphärischer Kräfte, die miteinander in der physischen Welt interagieren. Doch diese extremen Wetterverhältnisse, mit all ihrer Zerstörungsgewalt, hängen auch mit dem Einfluss menschlichen Handelns zusammen. Im Falle von Harvey verschlimmerten sich die Überschwemmungen aufgrund der zunehmenden Urbanisierung, durch die die ursprüngliche Prärie nun mit Beton bedeckt war, sodass Regenwasser kaum mehr in den Erdboden sickern konnte. In Puerto Rico führten ein schlechtes Management der Elektrizitätswerke sowie die Anhäufung längst nötiger Reparaturen und Aufrüstungen dazu, dass das Stromnetz der Insel sehr anfällig für Ausfälle war, lange bevor die ersten starken Winde auf die Küste trafen. Heutzutage wüten

Waldbrände zumindest teilweise heftiger, weil im vorangegangenen Jahrhundert eine aggressive Brandbekämpfung dazu führte,
dass es in den Wäldern zu viel leicht brennbares Holz gab. Lokale
Planungsentscheidungen machten die ohnehin bereits katastro-
phalen Ereignisse noch verheerender.

Doch im Jahr 2017 begannen Forscher endlich zu verstehen,
welche Rolle der Mensch und sein Handeln in Sachen extreme
Wetterbedingungen spielte. Jahrzehntelang hatten Menschen wie
James Hansen davor gewarnt, dass sich das Klima erwärmen und
extreme Wetterereignisse häufiger werden würden, sobald die
Treibhausgaskonzentration in der Atmosphäre steigen würde.
Immer wenn Menschen derartige Warnungen aussprachen, taten
sie dies auf einer allgemeinen Ebene, achteten darauf, den Unterschied zwischen Klima (der langfristige Entwicklungstrend der
Umwelt, in der wir leben) und Wetter (das sich täglich verän-
dernde Zusammenspiel von Wolken, Wind und Niederschlag) zu
erwähnen.

Doch mit dem Fortschritt der Technologie der Klimamodellie-
rung war es möglich, weitreichendere Klimatrends mit individuellen Wetterereignissen zu verknüpfen, die Stärke von Stürmen,
Dürren und Hitzewellen zu messen und nach Spuren des Klimawandels zu suchen. 2003 legte sich eine extreme Hitzewelle über
Europa mit Höchstwerten an die 40 Grad, die mehrere Tage an-
hielt. Vielerorts hatte es derartige Temperaturen zuvor nie gegeben, und die meisten Menschen waren darauf schlichtweg nicht
vorbereitet. Die daraus resultierende Zahl an Todesopfern war
katastrophal: Manche Forscher sprachen davon, dass 2003 70 000
mehr Menschen als in einem normalen Jahr ums Leben gekommen waren, ein Großteil davon Ältere. Eine Gruppe Wissenschaftler fand heraus, dass die Hitzewelle 2003, die so viele Menschen das Leben gekostet hatte, aufgrund der Treibhausgasemissionen doppelt so wahrscheinlich war wie in einer Welt ohne
Klimaerwärmung. 2016 arbeiteten sie an Modellen, um zu simu-
lieren, wie die Hitzewelle in einer Welt ohne durch den Menschen

verursachte Emissionen ausgesehen hätte. In London fand man heraus, dass der Klimawandel die Wahrscheinlichkeit dafür, dass die Hitzewelle derart tödlich ausfallen würde, um 20 Prozent erhöht hatte. In Paris, wo es weitaus wärmer als in Großbritannien war, erhöhte sich die Wahrscheinlichkeit sogar um ganze 70 Prozent. Von den 705 durch die Hitzewelle Verstorbenen in Paris waren also über 500 direkt auf den Klimawandel zurückzuführen. Forscher wandten ähnliche Methoden für den Hurrikan Harvey an und fanden heraus, dass die Niederschlagsmengen während des Sturms 38 Prozent höher waren als in einer Welt, die sich nicht permanent erwärmte.

Waldbrände werden nicht durch den Klimawandel ausgelöst. Genauso wenig wie Hurrikane, Dürren, Überschwemmungen oder Hitzewellen. Die meisten Waldbrände werden von Menschen verursacht: ein weggeworfener Zigarettenstummel, ein Lagerfeuer, ein Böller, den ein rücksichtsloser Teenager zündet – mehr braucht es nicht, um einen Flächenbrand auszulösen. Doch die Bedingungen, unter denen ein Lagerfeuer brennt, spielen eine entscheidende Rolle, wenn es um die Intensität des Feuers geht. Im Westen sind die durchschnittlichen Temperaturen in Waldgebieten seit 1970 um etwa 1,4 Grad Celsius angestiegen, nehmen Bäumen, abgestorbenen Pflanzen und dem Boden die Feuchtigkeit und machen so aus den Wäldern ideales Brennmaterial. Landet auch nur ein Funke in diesem trockenen Holz, dann brennen die durch den Klimawandel begünstigten Feuer weiter, heißer und länger. Durch Klimamodelle und historische Verzeichnisse von Trockenperioden haben Forscher der Columbia University und der University of Idaho herausgefunden, dass zwischen 1984 und 2005 die durch den Menschen verursachte Erwärmung zu vier Millionen Hektar zusätzlich verbranntem Land im Westen der USA geführt hat.

* * *

Eisbären können eine Robbe aus mehreren Kilometern Entfernung wahrnehmen, somit wird Nora die Ziegen aus dem Great-Northwest-Gehege gerochen haben, ebenso die frittierten Krapfen vom Imbisswagen, die Orang-Utans, die im Red Ape Reserve umherschwangen, und selbst die wilden Kojoten, die durch die West Hills von Portland streiften. Während sich Nora auf ihren letzten Auftritt im *Oregon Zoo* vorbereitete, roch sie bestimmt auch den Rauch des Eagle Creek Fire, das nur 80 Kilometer entfernt brannte.

Vorsichtig stapfte sie an jenem Tag durch den Außenbereich, ihr Hinken unsichtbar für alle, die nichts von Noras Beschwerden wussten. Sie drückte ihre Schnauze gegen die Gitterstäbe, die zu ihrem Schwimmkanal führten, wo ein Wissenschaftler ihren Sauerstoffverbrauch auf dem Laufband unter Wasser maß. An Land bewegte sie sich unbeholfen, die Hinterläufe sichelförmig und die Vorderläufe leicht gebeugt, aber im Wasser war Nora dafür umso eleganter. Sie kletterte aus dem Becken, schüttelte sich, und die Tropfen, die aus ihrem dicken Fell flogen, bildeten eine Art Heiligenschein. Sie blinzelte angesichts des Sonnenlichts, das sich im türkisfarbenen Wasser brach. Ihr Lieblingsspielzeug war eine Borstenbürste. Wenn sie sich eine solche geschnappt hatte, platzierte sich Nora mit dem Hinterteil im Schwimmbecken, schleuderte die Bürste mit Schwung über ihre Schulter und tauchte anschließend rückwärts ins Wasser, um die Bürste zu fangen – die Zuschauer kreischten vor Begeisterung.

Etwas weiter weg im Souvenirladen des Zoos war Noras Name bereits von den Eisbärenartikeln verschwunden, denn ihre Zeit in Portland näherte sich dem Ende. Nur ein paar Eisbären-Lätzchen, vereinzelte Kühlschrankmagneten und eine letzte glänzende Keramikfigur, versteckt in einer Ladenecke, waren noch übrig geblieben. Es war ein milder Sonntag nach jenem heißen Sommer, und die Winde, die Portland in Rauch und Asche getaucht hatten, hatten sich verzogen, sodass der Himmel blau strahlte. An diesem Morgen strömten Zuschauermassen zum Pacific Shores, in der Hoffnung, einen letzten Blick auf das berühmte Eisbärenmädchen aus Portland zu erhaschen. Nora war ihren Fans wohlgesinnt, sprang ins Wasser und tobte durch den Außenbereich, während ihre Pfleger ihr Pappkartons, die wie Abschiedsgeschenke eingepackt waren, zuwarfen – auf den Seiten stand »PDX TO SLC SEPT. 2017«.

»Nora wird in Utah ein neues Zuhause bekommen, zusammen mit einem anderen Bären«, erklärte ein ehrenamtlicher Mitarbeiter den Zuschauern. Noras emotionale Probleme oder ihre Gebrechen, die ihre Knochen deformiert hatten, erwähnte er mit keinem Wort, als die Eisbärin sich ausstreckte und auf einem Haufen künstlichem Schnee vor sich hindöste. »Womöglich ist ihr die Wichtigkeit dieses Tages nicht so bewusst wie uns.«

Weiter hinten in dem Schaubereich des Eisbärengeheges zeigten drehbare Schilder »10 Dinge, die Sie tun können, um die Eisbären zu retten« – Veränderungen, die wir in unserm Alltagsleben umsetzen können, um so unsere CO_2-Bilanz zu verbessern. Vielleicht würden diese Veränderungen einen gewissen Unterschied machen, wenn jeder Einzelne sich wirklich bemühte, weniger Auto zu fahren und immer das Licht auszuschalten, aber mit Hinblick auf Hurrikane wie Harvey und Maria und Bränden wie den vom Eagle Creek und dem Wandel des Ökosystems, der die Nahrungsquellen der Einwohner von Wales bedrohte, erschienen diese zehn Tipps beinahe bedeutungslos.

Ein kleiner Junge spielte an dem ersten Drehschild herum, als sein Vater sich auf eine Bank setzte und ein Video von Nora postete. Ein paar Meter weiter zeigte ein Globus, wie stark das Meereis der Arktis zurückging. »Bis dahin reichte es im Jahr 2005«, erklärte ein anderer Vater gerade seinem Sohn und zeigte auf eine Linie, die kreisförmig auf der oberen Hälfte nahe dem Nordpol verlief. »Und bis dahin reichte es 2016«, sagte er und deutete auf einen viel kleineren Kreis.

»Alles schrumpft«, erwiderte der Junge.

KAPITEL 16
Am Rande einer sich erwärmenden Welt

Das nordwestlich von Wales gelegene Dorf Shishmaref ist im Verschwinden begriffen.

Von Wales nach Shismaref sind es etwa 110 Kilometer die Küste hinauf, und Shishmaref ist größer: Dort leben rund 600 Menschen. Es gibt eine Landebahn für Flugzeuge und unbefestigte Straßen, die sich an Fertigbauhäusern und den zwei Dorfgeschäften, der Kirche, der Schule und einer Bingohalle vorbeischlängeln. Die Menschen in Shishmaref führen ein ähnliches Leben wie die in Wales. Es gibt zwar Arbeit, doch die meisten ernähren sich lieber vom Land und Meer, jagen auf dem Meereis, solange es da ist, fischen oder sammeln Pflanzen und Beeren, wenn die Eisdecke aufbricht.

Doch während Wales sicher auf dem Festland liegt, befindet sich Shishmaref lediglich auf der sandigen Barriereinsel Sarichef, eine von vielen, die der Küste der Seward-Halbinsel vorgelagert sind. Sarichef Island ist 4 Kilometer lang und 400 Meter breit. Eine recht große Salzwasserlagune umspült die Insel auf der einen Seite, das offene Meer auf der anderen. Der höchste Punkt der Insel, bestehend aus Sanddünen, erhebt sich gerade einmal knapp acht Meter in die Höhe. So war es seit Hunderten von Jahren, wahrscheinlich noch länger. Bis vor Kurzem.

Mindestens seit 1950 stellt Erosion ein Problem für die Insel dar; damals begannen die Bewohner, Säcke mit Sand zu füllen und an den Strand zu stellen, um die Auswirkungen der tosenden Brandung abzuschwächen. In guten Jahren verlor das Dorf einen bis anderthalb Meter Land, während das Meer sich weiter in die

Insel fraß. In schlechten Jahren, wie etwa 1973, deutlich mehr. Im September und November jenes Jahres fegten Stürme von der Küste Sibiriens über die Tschuktschensee, und der zweite dieser zwei Stürme erreichte Windgeschwindigkeiten von bis zu 130 Stundenkilometern und erzeugte viereinhalb Meter hohe Wellen in der Beringstraße. Beide Stürme führten zu Wasserhöchstständen, schweren Überschwemmungen und extremen Schäden an der Küste. Innerhalb weniger Wochen verlor Shishmaref mindestens neun Meter seiner Küstenlinie. Das Dorf stimmte für eine Umsiedelung; als Überbrückungsmaßnahme wurden 50 000 Sandsäcke gefüllt und an den Strand auf Meeresseite gelegt. Doch die Stelle, die für die Umsiedelung vorgeschlagen worden war, wies unter der Erde breiten Dauerfrost auf, eine signifikante Hürde für den Bau, und da in den Folgejahren Sturmstärke und Erosion abnahmen, verlor diese Initiative an Momentum.

In den folgenden Jahrzehnten versuchten die Einwohner von Shishmaref mit diversen Eindämmungsmaßnahmen, ihre Häuser vor dem übergriffigen Ozean zu schützen. In den frühen 1980er-Jahren installierten sie zum Beispiel Gabionen, große mit Steinen gefüllte Kabelkäfige, am Fuße einer abbröckelnden Klippe, um so die dort stehenden Häuser zu retten. Ein paar Jahre später bedeckten sie einen 600 Meter langen Strandabschnitt mit Betonklötzen. In den frühen 1990er-Jahren kamen weitere Gabionen hinzu. Keine dieser Strategien brachte mehr als eine kurzfristige Erleichterung, und in manchen Fällen verursachten sie sogar stärkere Erosionen in den ungeschützten Gebieten.

Dann kamen die Stürme zurück. Eine starke Wetterfront im Herbst 1997 trug weitere 9 Meter der Nordküste ab, und Shishmaref wurde zum Katastrophengebiet erklärt. Über ein Dutzend Häuser und eine Wache der National Guard mussten auf Kufen montiert über die Insel gezogen und auf stabilerem Boden wieder aufgestellt werden. Eine vom Bundesstaat Alaska erhobene Analyse im Folgejahr ergab, dass ganze 22 Häuser aufgrund der beschleunigten Erosion kurz vor der Zerstörung standen. Kräftige

Stürme peitschten auch in den Jahren 2000 bis 2002 über die Insel. Inzwischen bildete sich das Meereis später und brach früher als noch in den 1970er-Jahren wieder auf, was bedeutete, dass die Insel einige dieser Stürme aushalten musste, ohne einen Schutz gegen die hereinbrechenden Wellen. Gleichzeitig taute der Permafrostboden, auf dem das Dorf gebaut worden war, das Land wurde weicher und verstärkte so die Erosion durch das Meer. 2002 stimmte die Gemeinde erneut für eine Umsiedelung, doch wie schon 1973 erwiesen sich die potenziellen Orte für eine solche als unpassend, und die Finanzierung – die Kosten wurden auf fast 180 Millionen US-Dollar, rund 300 000 US-Dollar pro Dorfbewohner, geschätzt – kam nie zustande. Stattdessen steckten offizielle Stellen zwischen 2005 und 2009 27 Millionen in weitere Projekte zum Küstenschutz, die Sicherheit für die Bewohner von Sishmaref bis in die 2020er-Jahre hinaus liefern sollten. Zumindest kurzfristig würden sie also ausharren und den Elementen trotzen.

* * *

Wie der Eisbär wurden auch die Menschen aus Shishmaref zum Aushängeschild für den Klimawandel. Allein im Jahr 2005 besuchten über ein Dutzend TV- und Presseteams die abgelegene Gemeinde an der Küste Alaskas, darunter internationale Filmcrews aus Deutschland, Frankreich und Schweden. Korrespondenten der Zeitschriften *Time* und *National Geographic* wurden ebenfalls eingeflogen. Die zukünftige Pulitzer-Preisträgerin Elizabeth Kolbert schrieb im ersten Kapitel ihres 2006 erschienenen Buches *Field Notes from a Catastrophe* über das Dorf. Nachrichtenseiten veröffentlichten Bilder von schief stehenden Häusern, deren Fundamente wegbrachen und die deshalb in Kürze die Steilküste hinabstürzen würden: Die Auswirkungen des Klimawandels fanden *jetzt* statt und waren keineswegs eine vage Theorie, die nur zukünftige Generationen etwas angehen würde.

Shishmaref ist nicht der einzige Ort, der dieser unmittelbaren

Gefahr gegenübersteht. In Kivalina, das Dorf, das Karyn Rodes früherem Basislager am nächsten liegt, weiter die Küste hinauf, frisst sich das Meer immer weiter in eine Barriereinsel hinein, die das Zuhause von rund 400 Menschen ist. Wie ihre Leidensgenossen in Shishmaref stimmten die Dorfbewohner auch hier für eine Umsiedelung, doch sie sind noch auf der Suche nach einem passenden Ort. Nahe der Flussmündung des Ninglick River, an der Südwestküste Alaskas, befindet sich das Dorf Newtok gerade mitten im Umzug aufgrund von tauendem Permafrostboden und Erosion. Alles in allem sehen sich laut einer Analyse des *Government Accountability Office* über 200 indigene Dörfer in Alaska einem erhöhten Landverlust und Überschwemmungen gegenüber. Mindestens 31 dieser Dörfer befinden sich unter, wie die Regierung es nennt, »einer direkten Bedrohung«, und zwölf – darunter auch Shishmaref, Kivalina und Newtok – haben entweder für eine Umsiedlung gestimmt oder diese Option in Erwägung gezogen.

Der schwedische Wissenschaftler Svante Arrhenius, der im 19. Jahrhundert lebte, war einer der Ersten, der vor den erwärmenden Auswirkungen von Treibhausgasen warnte; er stellte schon 1896 die These auf, dass sich die Pole schneller als der Rest der Erde erwärmen würden. Zwar lag er nicht mit jedem Detail richtig, doch der Kern seiner Theorie bestätigte sich. Die Temperaturen in der Arktis stiegen doppelt so schnell an wie die im Rest der Welt.

Die Polare Verstärkung, wie das Phänomen in der Fachliteratur bezeichnet wird, geschieht aus vielerlei Gründen. Da die Pole die Punkte auf der Erde sind, die am weitesten von der Sonne entfernt liegen, erreicht das Sonnenlicht sie in einem flacheren Winkel, und somit sind sie von Natur aus die kältesten Regionen des Planeten. Die dort herrschenden niedrigen Temperaturen haben, solange das stabile Klima für bewohnbare Flächen sorgte, zu einer Schneedecke und Eis geführt. Diese weißen Oberflächen reflektieren im Normalfall Sonnenlicht und Wärme, halten somit gleichzeitig die Temperaturen niedrig. Sobald Treibhausgase allerdings mehr Wärme speichern, bilden sich die Schneedecke und das Meereis zurück und legen sowohl Gebiete der Tundra als auch den offenen Ozean frei. Wie ein dunkles T-Shirt an einem heißen Tag absorbieren diese Flächen nun mehr Hitze, die wiederum mehr Schnee und Eis schmelzen lässt, sodass noch mehr Flächen offene See und schneefreie Tundra entstehen, die erneut zu einer höheren Wärmeabsorption führen. Technisch ausgedrückt, verringert der Verlust des Reflexionsvermögens die Albedo der Erde: das Verhältnis der von einem Objekt reflektierten ausgehenden Strahlung zu der von ihm absorbierten, eingehenden Strahlung. Es ist ein Prozess, der bei einem kleinen Temperaturanstieg durch menschliche Aktivitäten seine eigene Rückkopplungsschleife erzeugt.

Der Rückgang der Albedo gilt als der Hauptauslöser der Polaren Verstärkung, doch es gibt noch andere Faktoren, die nicht allesamt in der Arktis ihren Ursprung haben. In den tropischen Regionen unserer Erde kommt es beispielsweise häufig zu Unwettern mit heftigen Stürmen. Wie die stärkeren Wirbelstürme werden auch diese durch Konvektion angetrieben, der Prozess, bei dem warme Luft aufsteigt und instabil wird. Sobald die warme Luft in der höheren Atmosphäre aufgesaugt wird, wird sie von beständigen Winden zu den Polen getragen. Da in den Tropen regelmäßig solche Stürme auftreten, ist dieser Wärmetransport von dem Äquator zu den Polen zuverlässig konstant. Er schützt die tropischen Regionen vor der Überhitzung, trägt allerdings auch zur Polaren Verstärkung bei.

Die sich wandelnden Temperaturen in der Arktis haben wahrscheinlich kaskadenartige Auswirkungen auf das Ökosystem. Am Ende der arktischen Nahrungskette steht eines der kleinsten Meereslebewesen: das Zooplankton. Dabei handelt es sich um winzige Krebstiere (Crustacea), die für eine Vielzahl von Arten eine wichtige Nahrungsquelle darstellen: von Futterfischen, wie dem Polardorsch, über Seevögel bis hin zu riesigen Meeressäugern, wie dem Grönlandwal. Die Lebewesen, die sich wiederum von diesen Lebewesen ernähren, ob nun Menschen oder Eisbären, sind letzten Endes auf das Zooplankton angewiesen.

Zooplankton tritt in vielen Gestalten auf. Während manche Arten, wie der Ruderfußkrebs *Calanus glacialis*, geradezu winzig sind – die größten Exemplare sind keinen Zentimeter lang –, sind sie dafür umso reicher an Fetten und anderen essenziellen Nährstoffen. Allerdings ernährt sich *Calanus glacialis* in erster Linie von Algen, die sich auf der Unterseite des Meereises bilden und während der Schmelze im Frühjahr ins Wasser gelangen. Tritt die Schmelze zu früh ein, kann es sein, dass die Ruderfußkrebse ihre beste Chance für das Anfuttern von Reserven verpassen. Forscher haben herausgefunden, dass in kalten Jahren mit länger andauerndem Eis die arktischen Gewässer eine diversere Population an Zooplankton aufweisen, während sich in warmen Jahren mit weniger Eis die Population deutlich eingeschränkter zeigt und weniger *Calanus glacialis* zu finden sind.

Wenn die Treibhausgasemissionen sich weiter so entwickeln, wie sie es bis dato tun, dann könnte die Arktis schon in der Mitte des Jahrhunderts ganz anders aussehen. Manche Tiere werden in der Lage sein, sich anzupassen – wärmere Jahre könnten andere Arten von Zooplankton hervorbringen, die etwaige Nahrungslücken ihrer im kalten Wasser lebenden Verwandten füllen, doch womöglich laichen diese an anderen Orten oder zu anderen Zeiten im Jahr, sodass sie die Migrationsbewegungen der Tiere, die sich von ihnen ernähren, beeinflussen. Andere Arten, insbesondere all jene, die auf das Meereis angewiesen sind, blicken in eine düstere Zukunft. Eisbären unterscheiden sich zwar innerhalb ihrer Art, je nachdem zu welcher Population der insgesamt 19 sie gehören, doch benötigen sie alle eine tragende Fläche Meereis, von der aus sie Robben jagen können – die einzige Beute, die sie mit ausreichend Kalorien versorgt. Mit weniger Eis müssen die Bären weitere Wege zur Nahrungsbeschaffung zurücklegen, mehr Energie aufwenden, und die Zeitspanne, die sie an Land verbrunden, während sie darauf warten, dass sich ausreichend Eis bildet, wird immer länger werden. Und da eine Eisbärin nur ein Junge zur Welt bringen kann, wenn sie ausreichend Fettspeicher für den langen Winter, den sie in der Geburtshöhle verbringen wird, angelegt hat, bedeuten weniger Tage auf dem Eis weniger Robben und auch weniger Nachwuchs.

Die neuesten Forschungsergebnisse von 2020 zeigen, dass selbst bei einer moderaten Abschwächung der Emissionen einige Subpopulationen ab 2040 nicht mehr fortpflanzungsfähig sein und lokal aussterben werden. Ende des Jahrhunderts werden, sofern die Emissionen nicht deutlich verringert werden, Eisbären in ihrer Gesamtheit von der Erdoberfläche verschwunden sein, mit Ausnahme der Bestände auf den nördlichsten Inseln in der Arktis Kanadas.

Doch die Eisschmelze im Norden hat auch weitreichende Auswirkungen auf das Leben südlich des Polarkreises.

* * *

Das Weltklima lässt sich grob in zwölf Zonen aufteilen. Einige der wärmsten Klimazonen, die Tropen, liegen in Äquatornähe. Weiter nördlich, in den mittleren Breiten, trifft man auf die mäßige Zone, die weniger extreme Klimabedingungen aufweist. Noch weiter oben liegt die Arktis, die zu großen Teilen für die klimatische Stabilität in den mittleren Breiten verantwortlich ist.

Auf der Nordhalbkugel treibt der Temperaturunterschied zwischen den mittleren Breiten und den Polen den polaren Jetstream an – ein in großen Höhen auftretender Strom starker Winde, der von West nach Ost die Erde umkreist, etwa auf der Höhe der Grenze zwischen den Vereinigten Staaten und Kanada. Ein kräftiger Jetstream bläst schnell und gradlinig, ein schwacher jedoch kann schlingern und so kalte Luft in niedrigere Breiten, warme Luft Richtung Norden entweichen lassen. Zudem kann es passieren, dass ein geschwächter Jetstream an einer Stelle förmlich stecken bleibt und dort für extreme Wetterereignisse sorgt, die länger als gewöhnlich andauern. Während der Norden sich erwärmte und der Temperaturunterschied zwischen der Arktis und den gemäßigten Gebieten immer kleiner wurde, haben Forscher Beweise dafür gefunden, dass der Jetstream zunehmend an Kraft verliert.

Einige Studien zeigen zudem eine Verbindung zwischen dem nachlassenden Jetstream und Ereignissen wie der Hitzewelle in Europa 2003, bei der Tausende ums Leben kamen, oder der extremen Inlandeisschmelze in Grönland 2015.

Beginnen die Gletscher, die höher liegende Täler füllen, und die Eisschilde, die Grönland bedecken, zu schmelzen, dann erhöht jeder Tropfen Wasser, der im Ozean landet, die Meeresspiegel weltweit.

Selbst in optimistischen Szenarien stellt der ansteigende Meeresspiegel noch immer eine schwere Bedrohung für all die Menschen dar, die an den Küsten unserer Welt und auf tief liegenden Inselnationen leben. Die Bewohner der Malediven oder von Tuvalu – Inselketten, die kaum aus dem Meer ragen – werden wahrscheinlich mit ansehen müssen, wie ihr Ackerland überschwemmt und ihre Strände fortgespült werden. Ohne kostspielige Anpassungsmaßnahmen wird der weltweit durch Überschwemmungen entstandene Schaden bis zum Jahr 2100 um zwei oder drei Größenordnungen ansteigen. Weite Gebiete Ostasiens – darunter riesige Bevölkerungszentren wie Shanghai, Bangkok und Ho Chi Minh City – werden wahrscheinlich bereits Mitte des Jahrhunderts regelmäßig unter Überschwemmungen leiden.

Eine 2019 veröffentlichte Studie schätzt, dass derzeit 300 Millionen Menschen in Gebieten leben, die innerhalb der nächsten dreißig Jahre permanent überflutet sein werden. 2100 werden Regionen, in denen derzeit 200 Millionen Menschen leben, dauerhaft unter der Hochwassergrenze liegen. Uferdämme und Überschwemmungsschutz sind vielleicht in großen, urbanen Gebieten möglich, solange die Regierung bereitwillig die Kosten dafür trägt. Doch in kleineren, ländlichen Gemeinden werden derartige Investitionen zur Herausforderung, und womöglich bleibt diesen Dörfern nichts anderes übrig, als umzusiedeln.

* * *

Esau Sinnok wurde 1997 in Shishmaref geboren, im gleichen Jahr, als die heftigen Stürme zurückkehrten und die Küstenlinie in großen Bissen verschlangen. Er lebte zwar bei seinen Großeltern, wurde aber vom gesamten Dorf großgezogen – von Onkeln, Tanten, Cousins, Cousinen und den Dorfältesten, die ihm Geschichten davon erzählten, wie die Insel ausgesehen hatte, als sie jung waren. Wie Gene Agnaboogok und Gilbert Oxereok in Wales fuhr auch Esau schon im Kleinkindalter in Jagdbooten mit, und er erinnert sich noch daran, wie sein Onkel Norman Kokeok ihn mitnahm, wenn er Vögel jagte und Eier sammelte; damals war Esau gerade vier oder fünf Jahre alt. Mit sieben Jahren fing er seine erste Robbe und lernte immer mehr über die jährlichen Jagdzyklen in der Arktis.

Im Frühjahr und Herbst jagte man Enten und Gänse an Land sowie Robben und Walrosse in der Tschuktschensee. Sie ernteten Beeren, sobald sie reif waren, und jagten das gesamte Jahr über Karibus. Esau verstand, wie wichtig die Jagd war, nicht nur, weil sie seine engere Familie ernährte, sondern auch all jene, die keinen Zugang zu einem Boot oder Schneemobil hatten, oder die zu alt waren, um sich selbst hinaus auf das Eis zu wagen. Vieles lernte er von seinem Onkel Norman, der für einige Jahre nach Fairbanks gezogen war, aber nach Shishmaref zurückkehrte, als seine Eltern zu alt für die Jagd wurden und er für sie sorgen wollte.

Wenn die Älteren Esau erzählten, wie Shishmaref ausgesehen hatte, als sie jung waren, dann klang es so, als beschrieben sie eine andere Welt. Esaus Großvater erzählte von der Zeit, als er ein Kind gewesen war und das Eis noch 30 bis 50 Kilometer weit in den Ozean gereicht hatte. Esau selbst erinnert sich nicht daran, dass es einmal mehr als zwei oder drei Kilometer Meereis gegeben hätte.

2006 schickte ein heftiger Sturm hohe Wellen über das Dach des Hauses von Esaus Großeltern, ein blaues Haus auf einer Klippe über der Tschuktschensee. Für ihn fühlte es sich so an, als würde das Haus zusammenbrechen. Das Nachbarhaus rutschte tatsächlich von der sandigen Klippe und blieb in einem unnatürlichen Winkel stehen, halb auf festem Untergrund, halb auf dem Strand. Das Haus seiner Großeltern war eines von vielen, die auf die andere Inselseite transportiert werden mussten.

Im darauffolgenden Jahr kehrte Esaus Onkel Norman Anfang Juni von einem Jagdausflug zurück. Zwar war es Sommer, doch für gewöhnlich war das Eis in der Küstenlagune zwischen der Insel Shishmaref und dem Festland zu dieser Jahreszeit fest und stabil. Als er auf seinem Schneemobil nach Hause fuhr, stellte sich heraus, dass das Fahrzeug zu schwer war. Er brach ein. Das Ganze passierte frühmorgens, um 5:15 Uhr, doch die Dorfbewohner eilten ihm zu Hilfe und versuchten, ihn wiederzubeleben. Ein Rettungsteam aus Nome wurde eingeschaltet, aber es war zu spät. Norman wurde kurz vor neun Uhr für tot erklärt. Heute steht ein weißes Kreuz mit der Aufschrift GELIEBTER SOHN, BRUDER, ONKEL, VATER auf seinem Grab in Shishmaref.

Esau war damals gerade einmal zehn Jahre alt, doch der Tod seines Onkels und die Umsiedelung des Hauses seiner Großeltern waren einschneidende Ereignisse für ihn. Seine Vorfahren hatten nicht mit den Problemen fertigwerden müssen, denen sich sein Dorf nun gegenübersah. Historisch gesehen waren die meisten Dörfer an der Küste Alaskas seminomadisch, die Jäger wanderten von Winterlagern zu Sommerlagern, wobei sie den Migrationsbewegungen des Wildes folgten, das sie jagten, und den Erntezeiten von Pflanzen und Beeren, die sie sammelten. Als die Regierung anfing, Schulen zu bauen und vorzuschreiben, dass die Kinder der indigenen Bevölkerung die Schule besuchen müssten, wurden die Menschen in Orten wie Shishmaref und Kivalina abhängig von permanenter Infrastruktur. Lastkähne, die das nötige Baumaterial brachten, benötigten Anlegestellen –

daher wählte man für die neuen Gebäude leicht zugängliche Orte aus. Sobald die Schulen standen, folgten weitere Einrichtungen: Kliniken und Krankenhäuser, Elektrizitätswerke und Gemeindehäuser, Abwässerbehandlungsteiche und Flughäfen. Die neuen Infrastrukturen brachten natürlich Vorteile, doch nahmen sie den Dorfbewohnern gleichzeitig ihre Fähigkeit, sich an neue Bedingungen anzupassen, wie etwa an Erosion.

Die Shishmaref School, das größte Gebäude in der Stadt, 1977 errichtet und in Grün und Grau gestrichen, fasst heute rund 200 Schüler – von der Vorschule bis zur Senior Highschool. Dort erfuhr Esau Sinnok zum ersten Mal etwas über den Klimawandel, darüber, wie die Emissionen aus weit entfernten Schornsteinen und Auspuffrohren zu dem späten Zufrieren und frühen Schmelzen des Meereises um Shishmaref herum beitragen. Darüber, wie die brutalen Stürme die Strände seiner Heimat bei weniger Eis stärker angriffen. Wie die Sicherheit des festen Meereises, auf die sich seine Vorfahren jahrhundertelang verlassen konnten, nicht länger gegeben war, da sich die Arktis doppelt so schnell erwärmte wie der Rest des Planeten.

Esau entschied, dass er handeln musste. Als er zwölf Jahre alt war, gewann er den zweiten Platz bei einem Wissenschaftswettbewerb des Bundesstaates Alaska für ein Projekt, das sich mit dem Klimawandel befasste. 2015 wurde er durch eine Partnerschaft mit dem Innen- und Außenministerium und einer lokalen Non-Profit-Organisation zum Arctic Ambassador ernannt. Im Dezember desselben Jahres, kurz nach Esaus achtzehntem Geburtstag, reiste er zur UN-Klimakonferenz nach Paris. Dort traf er Itinterunga Rae Bainteiti aus Kiribati, einer Inselnation, die wie die Malediven und Tuvalu durch den ansteigenden Meeresspiegel gefährdet ist. Die Atolle von Kiribati erstrecken sich über den Äquator im zentralen Pazifik, und die durchschnittliche Höchsttemperatur liegt bei 32 Grad. Obwohl sie an so unterschiedlichen Orten aufgewachsen sind, verbindet Esau Sinnok und Itinterunga Rae Bainteiti ein und dieselbe Bedrohung: »Wenn niemand den Klimawandel ernst nimmt, gehen wir womöglich bald unter.«

Bei der Konferenz in Paris entwarfen die Führungsspitzen dieser Welt eine Vereinbarung, die später unter dem Namen Pariser Klimaabkommen bekannt wurde. Als Nachfolger des Kyoto-Protokolls setzte dieses Abkommen ein neues Ziel, das die internationale Gemeinschaft dringend erreichen sollte: die Erwärmung auf weniger als zwei Grad Celsius bis 2100 zu begrenzen. Eine gewisse Erwärmung ist unausweichlich, doch wenn wir es schaffen, die Treibhausgasemissionen bis zu dieser Grenze zu reduzieren, dann werden wir einige der schlimmsten Auswirkungen des Klimawandels verhindern können. Allerdings war das Pariser Klimaabkommen, wie vorangegangene internationale Vereinbarungen, nicht bindend und überließ es den einzelnen Ländern selbst, zu bestimmen, wie und in welchem Umfang sie die Emissionen begrenzen würden. Präsident Obama lobte das Abkommen als wichtigen Schritt nach vorn, wies aber auch auf die Defizite hin. »Selbst wenn wir jedes in dem Abkommen anvisierte Ziel erfüllen, ist das Problem noch nicht vollständig gelöst«, sagte er in einer späteren Rede.

Trotz der Einigung auf das Pariser Klimaabkommen blieb Esau Sinnok beunruhigt. Es schien ihm nicht genug. Sein Onkel Norman und die restliche Gemeinde in Shishmaref beherrschten seine Gedanken, als er im Oktober 2017 gemeinsam mit 15 anderen jungen Menschen aus Alaska den Staat verklagte. Die Klage basierte im Grunde auf der Behauptung, Alaska hätte seine Grundrechte verletzt, indem der Bundesstaat Richtlinien eingeführt hatte, die die kontinuierliche Förderung fossiler Brennstoffe genehmigten, in manchen Fällen sogar Anreize dazu gaben. In der Klageschrift wurde zudem die *Public Trust Doctrine* genannt, eine Rechtsauffassung, ursprünglich aus dem Byzantinischen Reich, die besagt, bestimmte natürliche Ressourcen seien ein Allgemeingut und sollten für alle verfügbar sein. Als Angeklagter in dem Rechtsstreit wurden neben anderen Regierungsinstanzen der Gouverneur, der Beauftragte des *Alaska Department of Environmental Conservation* sowie die Energiebehörde Alaskas genannt.

Esau Sinnok und seine Mitkläger waren nicht die Ersten, die aufgrund der durch den Klimawandel für sie entstandenen Bedrohungen eine Klage einreichten. 2008 hatten die Dorfbewohner von Kivalina – deren Heimatinsel unweit von Shishmaref im Verschwinden begriffen ist – den amerikanischen Mineralölkonzern Exxon angeklagt, zusammen mit einer Reihe anderer Öl-, Gas- und Kohleunternehmen. In der Klage behaupteten sie, der Klimawandel würde ihre Lebensweisen beeinträchtigen, und verlangten finanziellen Schadensersatz von den Unternehmen. Die Klage wurde abgewiesen; im Wesentlichen entschied das Gericht, die Kläger müssten sich mit ihren Problemen an die von ihnen gewählten Vertreter wenden, um eine legislative Lösung zu finden. Der Fall Kivalina ging in Berufung, die Klage wurde wieder abgewiesen. 2013 lehnte der Supreme Court eine erneute Anhörung der Dorfbewohner aus Kivalina ab und setzte der Klage damit ein eindeutiges Ende.

Doch die Gerichtsstreitigkeiten in Sachen Klimawandel waren noch lange nicht vorbei. 2015 tat sich Kelsey Juliana, ein Teenager aus Noras zweiter Heimat Oregon, mit 20 anderen jungen Menschen zwischen acht und neunzehn Jahren zusammen und reichte eine Klage gegen die Bundesregierung Oregons ein. Unter den Mitklagenden befand sich auch Sophie Kivlehan, die Enkelin von James Hansen, dem Klimaforscher, der den Kongress bereits 1988 vor den schweren Folgen des Klimawandels gewarnt hatte. Auch Hansen schloss sich der Klage im Namen »zukünftiger Generationen« vor Gericht an. Der Fall ging auf bundesstaatlicher Ebene durch mehrere Ablehnungen und Berufungen, bis er 2019 vor drei Richtern des *Ninth Circuit Court of Appeals* (das Berufungsgericht für die westlichen US-Staaten) landete. Mit zwei Stimmen gegen eine räumte das Gericht zwar ein, die Bundesregierung hätte »lange Zeit den Gebrauch fossiler Brennstoffe unterstützt, obwohl sie wusste, dass dieser einen verheerenden Klimawandel hervorrufen kann«, wies die Klage allerdings dennoch ab, da – wie auch im Fall der Kivalina-Klage – Abhilfemaßnahmen die Möglichkeiten des Gerichts überstiegen.

Die einzige andersdenkende Richterin Josephine Stanton verurteilte diese Entscheidung. »Mit diesem Verfahren gibt die Regierung zu, dass die Vereinigten Staaten von Amerika einen Kipppunkt erreicht haben, der nach einer konzertierten Reaktion verlangt – und trotzdem rennt sie weiter ins Unglück. So als würde sich ein Asteroid der Erde nähern und die Regierung entscheiden, unsere einzigen Abwehrmaßnahmen abzuschalten«, schrieb Stanton. »In ihrer Besessenheit, diese Klage abzuschmettern, beharrt die Regierung in aller Offenheit darauf, dass sie die absolute und unanfechtbare Macht besitzt, die Nation zu zerstören.«

Die Anwälte von Juliana und den anderen jungen Menschen schworen, mit dem Fall vor das volle Berufungsgericht des *Ninth Circuit* zu gehen.

Es gibt natürlich noch weitere Gerichtsverfahren – jedes einzelne mit einem etwas anderen juristischen Ansatz. Doch die fundamentale Fragestellung, die fast allen dieser Verfahren zugrunde liegt, ist: Schließt unser Recht auf Leben und Freiheit und das Streben nach Glück das Recht auf eine Umwelt, die diese Dinge möglich macht, mit ein? Hat eine Regierung die Pflicht, ihre Bürger vor dem Klimawandel zu schützen, indem sie Regulierungen für die Industrie durchsetzt, die den Klimawandel verursacht? Welche Verpflichtungen hat eine Gesellschaft, wenn es darum geht, ihre schwächsten, hilfsbedürftigsten Mitglieder vor Schaden zu bewahren?

2016 blieb den Menschen in Shishmaref nichts anderes mehr übrig, als erneut abzustimmen, ob sie umsiedeln sollten oder nicht. Zum dritten Mal seit den 1970er-Jahren stimmten die Dorfbewohner dafür. Die Entscheidung fiel ziemlich knapp aus, da viele der alten Bewohner bleiben wollten. Esau Sinnok respektierte ihre Entscheidung: Shishmaref war für viele das einzige Zuhause, das sie kannten. Doch als junger Mensch dachte Esau an die Zukunft, als er seine Stimme für die Umsiedelung des Dorfes an eine der zwei möglichen Stellen einige Kilometer entfernt auf dem Festland abgab. »Mir geht es um die folgenden Generationen, die nächsten sieben Generationen – ich möchte, dass sie in einer Gemeinde namens Shishmaref leben«, sagte er in einem Interview zur Abstimmung. »Ich möchte, dass sie so aufwachsen wie ich, in traditioneller Weise und auf den Eigenbedarf ausgerichtet.«

Als er 18 war, verließ Esau das Dorf, um aufs College zu gehen; heute lebt er in Anchorage. Mit einem Abschluss in Alaska Native Studies plant er nun, nach Juneau, Alaskas Hauptstadt, zu ziehen, um dort in die Politik zu gehen. Er möchte eine Wahlkampagne leiten oder sich als rechtlicher Berater für die Belange einsetzen, die ihm ein Ziel und eine Bestimmung geben: die Rechte der indigenen Bevölkerung, Gerechtigkeit für vermisste und ermordete indigene Frauen, Feminismus und natürlich den Klimawandel.

»Da, wo ich herkomme, habe ich meine Familie, Freunde, Cousinen und Cousins, die so aufwachsen, wie ich es tat; sie rennen über die Insel, die sie ihr Zuhause nennen, während sie mit ansehen müssen, wie dieses Zuhause im Meer verschwindet«, sagt er. »Wir müssen jetzt etwas tun.«

Esau Sinnok möchte eines Tages gern den Menschen helfen, die Shishmaref noch ihr Zuhause nennen, als Abgeordneter des Bundesstaates oder Senator. Und eines Tages vielleicht sogar als Gouverneur von Alaska.

KAPITEL 17

Zu Hause,
zumindest erst mal

*U*tah's *Hogle Zoo* liegt in einem Stadtviertel namens East Bench, am Fuße der Wasatch Mountains, die im Osten von Salt Lake City emporragen. Nora traf an einem kühlen Tag Mitte September 2017 in ihrem neuen Zuhause ein. In den vorangegangenen Wochen hatten die Angestellten des *Hogle Zoo* das knapp 625 000 Liter fassende Schwimmbecken geleert, die Wände hochdruckgereinigt und die Tunnel und die Kunstfelsen blank geschrubbt. Sie installierten außerdem eine Art Sichtschutz und eine weitere Höhle, damit beide Bären, Nora und Hope, einen eigenen Rückzugsort hatten. Der Zoo schaffte Trainingsmodule an, kleine Käfige, die an den Toren der Höhlen hinter den Kulissen angebracht werden konnten, um den Eisbärinnen beizubringen, die Pfote zu geben, so wie Tasul es in Portland getan hatte, als sie sich freiwillig Blut abnehmen ließ. Das Zoopersonal hatte sich in zahlreichen Meetings ausgiebig auf die Ankunft der zwei vorbereitet, die Speisepläne genau studiert und sich mit den Kollegen in Portland und Toledo ausgetauscht.

In der Zeit zwischen Noras letztem Tag im Eisbärengehege in Portland und ihrer Ankunft in Utah machte der *Oregon Zoo* ihre Knochenerkrankung publik. In einem neunminütigen Video erklärte Amy Cutting, die Kuratorin aus Portland, welche Probleme Nora als Eisbärenjunges hatte und dass sie bestimmte Nährstoffe aus der Säuglingsnahrung nicht hatte umwandeln können. »Sie hat Glück, dass sie noch am Leben ist«, sagte Amy, als sie Noras Fans von den Schwierigkeiten der Handaufzucht eines Eisbärenbabys berichtete. Es war das erste Mal, dass jemand in der Öffentlichkeit darüber sprach, wie schlimm Noras Gesundheitszustand in ihren ersten Lebensmonaten tatsächlich gewesen war, und zeigte damit gleichzeitig, welch harte Arbeit Noras Moms geleistet hatten, als sie die Stoffwechselstörung diagnostizierten und schnell behandelten. Amy erzählte von den Anfällen, die Nora kurz nach ihrer Ankunft im pazifischen Nordwesten hatte, und davon, wie die Pfleger mithilfe der Zen-Sessions und Antidepressiva ihre Nerven beruhigt hatten. Sie sprach ebenfalls über Noras Schwierigkeiten, sich an Tasul zu gewöhnen, und beschrieb die letzten Tage im Leben der alten Bärin. Amy betonte, wie gut Nora sich als Botschafterin für ihre Art machte und wie wichtig es für sie sei, von einem anderen Bären zu lernen. Noras Probleme würden nicht verschwinden, sagte Amy, aber sie beendete das Video mit einer optimistischen Bemerkung: »Diese ersten entscheidenden Wochen werden Noras Gelenke und Knochen ihr Leben lang beeinflussen. Aber sie hat diesen Widrigkeiten bereits getrotzt. Nora ist eine Kämpferin.«

Nicht alle, die sich das Video anschauten, schlossen sich diesem Optimismus an. »Diese Story ist reine Propaganda«, schrieb jemand in einem Kommentar auf Facebook. »Es ist doch nichts Gutes daran, wenn ein Tier dazu gezwungen ist, in einem Betonkäfig zu leben, während es eigentlich dazu bestimmt ist, Hunderte Kilometer gemeinsam mit seinen Jungen zurückzulegen … Hier geht es bloß darum, die Öffentlichkeit dazu zu bringen, Tickets zu kaufen und sich eingesperrte Tiere als ›Unterhaltung‹ anzuschauen. Tragisch mit anzusehen.«

Andere waren weniger kritisch. »Sehr berührende Geschichte, wie schön, dass sie es geschafft hat!«, lautete ein anderer Kommentar. »Ich hoffe, sie hat ein langes, glückliches Leben, selbst im Zoo!«

Die Langzeitprognose für Noras Zustand blieb eine offene Frage. Tierärzte würden erst wissen, wie weit ihre Knochen Schaden genommen hatten, wenn sie in ein paar Jahren ausgewachsen sein würde. Die Möglichkeit, dass Noras Gewicht dann eine zu große Belastung für ihre Gelenke sein könnte, bestand nun einmal, so unwahrscheinlich sie auch war; womöglich würde sie dann derartige Schmerzen erleiden, dass ihre Pfleger die Entscheidung treffen müssten, ob Noras Leben noch lebenswert wäre. Würde sie eindeutig leiden und gäbe es keine Mittel, ihre Schmerzen zu mildern, müsste sie eingeschläfert werden. Dieses Szenario war jedoch recht abwegig. Nora war für ihr Alter klein – Amy Cutting nannte sie manchmal »Peanut« –, was bedeutete, dass ihr Körpergewicht die Gelenke nicht allzu stark belasten würde, wie es etwa bei einem schwereren Eisbären der Fall wäre. Sie würde sehr wahrscheinlich für den Rest ihres Lebens mit einem Hinkefuß und einigen leichten Beschwerden leben müssen, aber ihre Pfleger waren optimistisch, was Noras körperliches Wohlbefinden anging. In Bezug auf ihre mentale Verfassung waren sie zuversichtlich, dass sie mit ihrer neuen Gefährtin gut zurechtkommen und in Zukunft keine Beruhigungsmittel mehr benötigen würde.

Die Zoopflegerin Kaleigh Jablonski hatte fast drei Jahre lang mit dem Eisbärenweibchen Rizzo im *Hogle Zoo* in Utah gearbeitet. Doch seit Rizzo im April 2012 gestorben war, stand das im gleichen Jahr fertiggestellte neue Gehege namens Rocky Shores leer, und Kaleigh hatte eigentlich damit gerechnet, dass es eine Weile so bleiben würde. Als sie hörte, dass zwei junge Eisbären in den Zoo kamen, war sie überglücklich. Sie liebte Tiere, seit sie im Alter von sechs Jahren eine Show mit Meeressäugern gesehen hatte. Sie hatte bereits mit Giraffen, Kaffernbüffeln und Seehunden gearbeitet, bevor sie im Zoo in Salt Lake City angefangen hatte, wo sie die meiste Zeit bei den Bären tätig war – bei Rizzo, bevor sie starb, und bei drei Grizzlybären, die in einem angrenzenden Gehege lebten.

Kaleigh wusste, dass sowohl Nora als auch Hope Fans hatten, die den Einzug beobachten würden, um zu sehen, dass alles gut lief. Sie hatte die Kommentare auf Facebook und YouTube gelesen. Sie wusste, welche Panik die Zusammentreffen mit Tasul in

Nora ausgelöst hatten, und auch von der Unruhe, die eingesetzt hatte, als ihre Moms sie in Oregon verlassen hatten. Als die junge Bärin im *Hogle Zoo* ankam, spürte Kaleigh den Druck, den all das auslöste. Doch dann sah sie Nora, die aus der Transportkiste kletterte und in den kleinen Bereich lief, in dem sie ihre erste Woche in Utah in Isolation verbringen würde. Flutlichter beleuchteten den Kiesboden, als Nora geradewegs auf das Schwimmbecken zusteuerte.

»Hey, kleines Mädchen! Da bist du ja!«, quiekte Kaleigh fröhlich. Sie konnte nicht anders. Selbst die wildesten Tiere im Zoo bekamen von ihr die Babysprache zu hören.

Zwei Pfleger aus Oregon hatten Nora nach Salt Lake City begleitet. Nun standen sie an der Seite.

Am ersten Tag in ihrem neuen Zuhause sah sich Nora die Umgebung genau an, lief an ihren Pflegern aus Oregon vorbei und ging direkt auf Kaleigh zu. Während Nora sich ihr näherte, hockte sich die neue Pflegerin auf der anderen Seite des Metallzauns hin, bis die beiden sich schließlich nur wenige Zentimeter entfernt gegenüberstanden und eine gefühlte Ewigkeit so verharrten.

Kaleigh standen Tränen in den Augen.

In den folgenden Wochen taten Kaleigh und Joanne Randinitis, die Pflegerin des *Hogle Zoo,* die Nora einige Monate zuvor in Oregon besucht hatte, alles, was in ihrer Macht stand, um die beiden Bärinnen miteinander vertraut zu machen. Nora und Hope befanden sich zwar noch in verschiedenen Bereichen und in Isolation, doch die Pflegerinnen tauschten ihre Spielzeuge aus, sodass sie sich an den Geruch der jeweils anderen gewöhnten. Anfang Oktober war es schließlich an der Zeit, dass sich die zwei persönlich trafen. Nicole Nicassio-Hiskey, die Pflegerin aus Oregon, die Nora besser als alle anderen kannte, flog nach Utah, um die Zusammenführung zu beobachten.

Um 8:15 Uhr, bevor der Zoo öffnete, führten die Pflegerinnen Nora in das Schaugehege. Die Bereiche im hinteren Teil boten fast genauso viel Platz, doch das Außengehege hier war groß und, viel wichtiger, offen. Es gab weniger Stellen, an denen eine der Bärinnen in die Enge getrieben werden konnte. Nora und Hope waren zuvor gefüttert worden, damit keine Rivalitäten wegen des Futters aufkamen. Hope war 80 Kilogramm schwerer als Nora, aber sie waren gleich alt, und deshalb war das Team optimistisch, dass sich die Ereignisse während der Zusammenführung mit Tasul hier nicht wiederholen würden. Zur Sicherheit hatten sie dennoch entlang des Geheges Stellung bezogen und alles gut im Blick. Einige Mitarbeiter befanden sich auf dem Dach, von wo aus sie mit Tröten und Tüten voller Leckereien, die sie hinunterwerfen konnten, notfalls eingreifen konnten, sollte das Kennenlernen nicht wie erhofft verlaufen. Andere standen unten vor den Scheiben, wo sich normalerweise die Zoobesucher aufhielten.

Die Türen wurden geöffnet und Hope ins Gehege gelassen. Joanne, Kaleigh und Nicole beobachteten und warteten.

Es dauerte nicht lange, bis die zwei Eisbärinnen bemerkten, dass sie nicht allein waren. Kurz nachdem Hope das Gehege betreten hatte, begann die Verfolgungsjagd. Doch dieses Mal war nicht Nora diejenige, die zurückwich. Vor fast genau einem Jahr hatte sie Tasul getroffen, und seitdem war ihr Selbstbewusstsein größer geworden. Joanne hatte vermutet, Hope würde die Mutigere von beiden sein, aber wider Erwarten war Nora diejenige, die auf ihre deutlich größere Artgenossin zuging. Hope drehte sich um, rannte weg und sprang schließlich in das Schwimmbecken. Sie kletterte hinaus, und die zwei Bären tauschten die Rollen: Dieses Mal trottete Hope hinter Nora her. Was Nicole Mut machte, war, dass Nora anstatt auf ihre Pflegerinnen auf Hope zusteuerte. Angesichts der Bindungsprobleme, mit denen Nora in Portland zu kämpfen hatte, hatte Nicole eigentlich nicht damit gerechnet.

Nach einigen weiteren Verfolgungsjagden und kleinen Spielereien – sowohl Nora als auch Hope hatten sich während der ersten paar Stunden einmal an die andere angeschlichen – zogen sich die Eisbärinnen in ihre jeweilige Ecke des Geheges zurück.

Die Pflegerinnen erkannten, dass Nora mit den Signalen, die Hope ihr gab, nichts anfangen konnte, und deshalb etwas misstrauisch war. »Man sieht, unter welchem Stress Nora steht«, erklärte Joanne, während die jüngere Bärin in der Sonne lag, mit dem Rücken an der Wand, und wiederholt ihren Kopf hob, schnupperte und um sich blickte, um Hope im Auge zu behalten.

Von dem Augenblick an, als sich die zwei Bärinnen zum ersten Mal sahen, waren die Pflegerinnen beeindruckt, wie Hope auf Nora reagierte. Sie war ihr, was das Gewicht anbelangte, klar überlegen, doch sobald die beiden interagierten, ordnete sich Hope unter. Niemals zeigte sie sich aggressiv gegenüber der kleineren Artgenossin oder überschritt den persönlichen Raum von Nora, den Letztere eindeutig benötigte. Einmal schnappte sie sogar mit dem Maul nach einem Spielzeug, lief zu Nora hinüber und legte es ihr vor die Füße – es mutete fast wie ein Friedensangebot an. Nora schien verwirrt, konnte die Körpersprache eines anderen Bären noch immer nicht verstehen. In der ersten Woche wirkte es so, als würden die beiden sich tolerieren, aber Abstand zueinander halten. Nora verbrachte viel Zeit liegend in einer Ecke, und manchmal schien es, als würde sie sich hinter einer Säule in dem Gehege verstecken.

Der Zoo postete Videos aus dem Rocky Shores. Noras Fans aus Portland und Columbus bekamen Bilder ihrer normalerweise so wilden Lieblingsbärin zu sehen, die nun still in einer Ecke saß. »Unsere arme Nora ist nicht glücklich«, schrieb ein Viewer. »Das macht mich wirklich traurig. Nora ist nicht sie selbst, weder verspielt noch glücklich«, kommentierte ein anderer. »Sie muss wieder zurück nach Ohio kommen.«

Kurz nachdem das Video veröffentlicht wurde, fügte der Zoo eine Bemerkung hinzu.

Liebe Fans von Nora, bitte beachtet: Nora geht es hervorragend! Sie ist verspielt und passt sich an. Ja, es gibt Momente, da behält sie Hope gern im Auge, aber dieses Verhalten ist völlig normal, und die beiden kommen sich jeden Tag ein Stückchen näher. Nora ist wie wir – auch wir wollen nicht immer und überall spielen. Es geht ihr gut – kein Grund zur Sorge.

In einem weiteren Video-Update sprach Joanne von ihrer kürzlich unternommenen Reise nach Churchill, Manitoba, an der Westküste der Hudson Bay. Dieses Städtchen mit 900 Einwohnern ist bekannt für seinen Eisbärtourismus, und zahlreiche Unternehmen bieten Tundra-Touren an, wenn die Bären sich im Herbst nahe Churchill versammeln und darauf warten, dass sich das Meereis bildet. Joanne war mit Pflegern von anderen Zoos dorthin gereist, um die Erfahrungen, die Tiere wie Nora und Hope machen, besser mit den Leben von wilden Bären in Nordkanada vergleichen zu können. Joanne berichtete live, und sobald sie den Klimawandel erwähnte, tauchte in den Kommentaren eine bekannte Phrase auf:

»Klimawandel … #fakenews.«

* * *

Die Desinformationskampagne gegen die Klimawissenschaft war von Anfang an aufgeladen – und genau darum ging es auch. Selbst die Namen bestimmter Phänomene, die unter den Oberbegriff des Klimawandels fallen – sogar der Begriff Klimawandel selbst –, wurden verdreht und als Waffen benutzt, um Verwirrung und Verschwörung zu stiften.

Zum Beispiel hält sich seit Langem der von Trump und anderen verbreitete Mythos, dass Wissenschaftler und Umweltaktivisten irgendwann, als sie nicht beweisen konnten, dass die Erde sich erwärmte, den Begriff »globale Erwärmung« fallen ließen und sich für die schwammigere Umschreibung »Klimawandel« entschieden.

In Wirklichkeit gebrauchen Klimaforscher beide Termini seit mehr als einem halben Jahrhundert, da sie zwei verschiedene Dinge beschreiben. Globale Erwärmung bezeichnet den durch die Emission von Treibhausgasen ausgelösten stetigen Temperaturanstieg. Klimawandel ist genau das, wonach es klingt, und beschreibt somit die Veränderungen der Klimabedingungen, wozu stärkere Regenfälle in Verbindung mit Hurrikanen in Houston gehören, genauso wie Hitzewellen im pazifischen Nordwesten und die Temperaturveränderungen, die das Meereis um Shishmaref und Wales schmelzen lassen – allesamt ausgelöst durch die eben erwähnten Treibhausgasemissionen.

Ob man sie nun als Klimaleugner oder Klimaskeptiker oder auch als Klimagegner bezeichnet – ein in wissenschaftlichen Kreisen inzwischen sehr verbreiteter Begriff –, all diejenigen, die ein Handeln in Sachen Klimawandel verzögern oder davon ablenken wollen, verfolgen ähnliche Strategien und Ziele. Sie möchten Zweifel säen und so Maßnahmen gegen den Klimawandel verhindern, um letztlich eine Debatte, die auf wissenschaftlicher Basis geführt werden sollte (nämlich darüber, wie schwerwiegend das Problem ist), in eine politische Debatte darüber zu verwandeln, ob das Problem überhaupt besteht. Wenn man sich anschaut, wie weit wir mit der Reduzierung der Emissionen bis dato gekommen sind, dann scheint diese auf Falschinformationen beruhende Kampagne sehr effektiv gewesen zu sein.

Eine der führenden Wissenschaftlerinnen, die sich mit diesen Angriffsformen auf Forschung und Wissenschaft beschäftigt, ist Naomi Oreskes, eine weltweit anerkannte Geologin, Umwelthistorikerin und Professorin der Harvard University. In dem 2010 gemeinsam mit Erik Conway veröffentlichten Buch *Die Machiavellis der Wissenschaft – Das Netzwerk des Leugnens* vergleicht Oreskes die Strategien von Klimaleugnern mit der Kampagne von Tabakherstellern, die die Öffentlichkeit davon überzeugen wollen, dass ihr Produkt trotz überwältigender wissenschaftlicher Daten, die das genaue Gegenteil beweisen, sicher und gesundheitlich unbedenklich sei.

In erster Linie erreicht man das Verzögern von Maßnahmen, indem man einen Konsens anzweifelt. Insofern wollte Oreskes zunächst klarstellen, worin der Konsens in Bezug auf den Klimawandel eigentlich bestand. In den frühen 2000er-Jahren hatte bereits jede US-amerikanische Instanz – die *National Academy of Sciences,* die *American Metereological Society,* die *American Geophysical Union* und die *American Association for the Advancement of Science* – zugestimmt, dass die Beweislage für die Verursachung des Klimawandels durch den Menschen eindeutig war. Doch Oreskes wusste, dass selbst angesehene Forschungseinrichtungen manchmal interne Uneinigkeiten in Bezug auf die Forschung herunterspielen konnten. Deshalb lieferte sie 2004 die ersten klaren Zahlen für den Konsens innerhalb der wissenschaftlichen Gemeinschaft. In den über 900 der in Peer Reviews überprüften Veröffentlichungen zum Klimawandel, die sie sich ansah, fand Oreskes keine einzige, die die Ursache des Klimawandels jemand anderem als dem Menschen zugeschrieben hätte. Der Konsens, zumindest in den Aufsätzen, die sie untersucht hatte, basierte auf hundert Prozent.

Trotz der so deutlichen Ergebnisse ließ Oreskes einer gesunden Form der Skepsis etwas Raum. »Natürlich kann der wissenschaftliche Konsens falsch sein«, schrieb sie. »Wenn uns die Geschichte der Wissenschaft etwas gelehrt hat, dann ist es Bescheidenheit, und niemandem kann ein Vorwurf gemacht werden, wenn er nicht auf etwas ihm Unbekanntes reagiert. Doch unsere Enkelkinder werden uns bestimmt Vorwürfe machen, wenn sie herausfinden, dass wir vom anthropogenen Klimawandel wussten, aber nichts dagegen unternommen haben.«

Angesichts der vorherrschenden Skepsis verlangt die Wissenschaft nach transparenten Ergebnissen. Eine 2009 durchgeführte Umfrage unter Wissenschaftlern ergab Folgendes: 97 Prozent sind sich darin einig, dass der Klimawandel eine Folge der Brennstoffemissionen ist. 2010 erschien eine Studie mit einer größeren Stichprobe, die zu demselben Ergebnis kam. In den folgenden Jahren ergaben vier weitere Publikationen einen Konsens in Höhe von 91 bis 97 Prozent. Es besteht Uneinigkeit darüber, inwiefern sich bestimmte Ereignisse auf den Klimawandel zurückführen lassen, wie man schnellstmöglich die Emissionen reduzieren kann und welche Strategien umgesetzt werden sollten. Was jedoch feststeht: Mindestens neun von zehn Klimawissenschaftlern sind der Meinung, dass sich der Planet erwärmt und dass das aufgrund menschlichen Handelns geschieht.

Die Brennstoffindustrie und die ihr nahestehenden Klimaleugner, wie etwa die *Global Climate Coalition,* benutzten jahrelang die angebliche Uneinigkeit in der Wissenschaftsgemeinschaft als Thema für ihre Öffentlichkeitsarbeit. »Hervorheben, wie unsicher wissenschaftliche Schlussfolgerungen sind« und »eine ausgewogene wissenschaftliche Herangehensweise fordern« sind Anweisungen in einem internen Memo des Mineralölkonzerns Exxon aus dem Jahr 1988. Laut einem Memo des *American Petroleum Institute* von 1998 würde ein Sieg nur erreicht, wenn die Berichterstattung in den Medien eine Ausgewogenheit in Sachen Klimawissenschaft wiedergebe und die Wichtigkeit von Standpunkten anerkenne, die die derzeitige »landläufige Meinung« auf die Probe stellen. Eine Analyse der Nachrichtensendungen der wichtigsten TV-Kanäle und CNN zwischen 1994 und 2005 zeigte, dass 70 Prozent der Berichte Standpunkte wiedergaben, die dem wissenschaftlichen Konsens widersprachen, allein zu dem Zweck, eine »ausgewogene« Berichterstattung zu liefern. Influencer und Politiker nahmen das natürlich wahr. Zwischen 2007 und 2010 diente die Vorstellung, es gäbe keinen Konsens, als das Gegenargument schlechthin und wurde von den Autoren konservativer Op-Eds weiterverbreitet. In einem Interview aus dem Jahr 2017 erklärte der unter Trump agierende Botschafter von Kanada, es gäbe »Wissenschaftler auf beiden Seiten, die richtigliegen«, was nicht nur im Kontext falsch ist, sondern an sich schon ein logischer Widerspruch.

Unter Klimagegnern ist der Widerspruch ein beliebtes Werkzeug. Kaltes Wetter ist der Beweis dafür, dass sich das Klima nicht erwärme, sagen sie, doch extremes Wetter am anderen Ende des

Thermometers – Hitzewellen und Trockenperioden – würden rein gar nichts beweisen. Sie berufen sich auf die Tatsache, dass das Klima sich seit eh und je ändert, was auch stimmt, ignorieren dabei jedoch die Geschwindigkeit, mit der es sich derzeit ändert und dass die Temperaturen in den folgenden hundert Jahren voraussichtlich zwanzigmal schneller ansteigen werden als in den vorangegangen Erwärmungsphasen. Sie picken sich die passenden Daten heraus, wählen bestimmte Statistiken aus, die eine konträre Meinung stützen, während die Gesamtmenge an Daten zu einer ganz anderen Schlussfolgerung führt. Das alles verbuchen sie als eine einzige Verschwörung, als Falschmeldung aus China oder als ein sozialistisches Komplott der akademischen Elite, eine Intrige böser Professoren, die den globalen Reichtum neu verteilen wollen. Sie gebrauchen Halbwahrheiten und Andeutungen, um ihre konträren Ansichten über diverse Blogs an ein Publikum zu bringen – Blogs mit Namen wie *Junk Science*, *Climate Depot* oder *Watts Up with That,* ein Blog, der vorgibt, »der meistbesuchte Blog der Welt zum Thema globale Erwärmung und Klimawandel« zu sein.

Im Internet findet sich ein Blog für jede noch so kleine Nische. Der Konsens der wissenschaftlichen Welt darüber, dass der Mensch mit seinem Handeln den Klimawandel ausgelöst hat, ist überwältigend, und der Eisbär dient häufig als Aushängeschild für ebendiesen Wandel. So wird er schnell zum Angriffspunkt all jener, die Zweifel säen wollen. Der Blog, der sich dem Leugnen der Wissenschaft rund um den Eisbären widmet, wird von einer Zoologin namens Susan Crockford betrieben und heißt, frei von Ironie, *Polar Bear Science*.

Crockford wuchs in Kanada auf, wo sie sich von klein auf für die Arktis interessierte. Ihren ersten Alaskan Malamute, der größte unter den Nordischen Schlittenhunden, bekam sie im Alter von elf Jahren. Das Interesse für die im Schnee lebenden Tiere hielt sich bis ins junge Erwachsenenalter, als sie schließlich Eisbären im Zoo von Vancouver sah. »Als ich zuschaute, wie die Bären umhertrotteten oder im Schwimmbecken spielten, überwältigte mich die Tatsache, dass sich Robben und Eisbären an ein Leben auf dem Meereis anpassen – und ich fragte mich, wie der Eisbär überhaupt entstanden war«, schrieb sie über ihre Jugend. Crockford studierte an der University of British Columbia – dieselbe Hochschule, die auch der legendäre Eisbärforscher Ian Stirling besucht hatte – und machte dort 1976 ihren Bachelor of Science in Zoologie. In den späten 1980er-Jahren war sie Mitbegründerin einer auf die Identifikation und Analyse von tierischen Überresten spezialisierten Firma. 2004 schloss sie ihr Doktorstudium an der University of Victoria ab und trat kurz darauf eine Stelle als Lehrbeauftragte an der Fakultät für Anthropologie an. Ihre frühe Arbeit beschäftigte sich in erster Linie mit Evolutionsbiologie; Crockford vertiefte sich in die Geschichte der Eisbären: Wie sie sich von den prähistorischen Grizzlys abspalteten und so zu einer eigenen, neuen Spezies wurden. 2012 begann sie dann mit dem Projekt, für das sie inzwischen bekannt ist: mit dem Blog *Polar Bear Science*.

»Ich habe genug von der Verschleierung der Tatsachen und den modellbasierten Zukunftsprognosen, was Eisbären betrifft«, schrieb sie in ihrem ersten Post. »Erspart uns doch bitte diesen emotional aufgeladenen Medienhype, die Bilderflut und Schwarzmalerei der Zukunft – wir wollen einfach nur Informationen über Eisbären!«

In vielen von Crockfords Beiträgen steckt ein Fünkchen Wahrheit. Sie erklärt, die Anzahl der Eisbären nehme zu, was für einige Populationen auch stimmt, aber von zwölf der insgesamt neunzehn Gruppen liegen noch immer »unzureichende Daten« vor. Niemand weiß genau, wie viele Bären diese Bestände umfassen oder ob sie wachsen oder schrumpfen. Allerdings sind sich die Organisationen, die diese Populationen untersuchen, weitgehend einig, dass sich die Gesamtmenge der Bären auf 22 000 bis 31 000

Tiere schätzen lässt. Crockford selbst gab ihre »beste Schätzung« an und sprach von wahrscheinlich fast 40 000 und möglicherweise sogar 58 000 Bären.

Manchmal spielen die Medien Menschen wie Crockford in die Hände; so war es zumindest mit dem Foto eines bestimmten Eisbären, das sich online rasend schnell verbreitete. Aufgenommen hatten es die Naturfotografen und Umweltschützer Cristina Mittermeier und Paul Nicklen 2017. Die Haut hing an dem ausgezehrten Leib des Bären herunter, und es war eindeutig, dass das Tier in Kürze sterben würde, während es vergebens nach Nahrung suchte, auf dem alten Sitz eines Schneemobils kaute und in weggeworfene, rostige Fässer am Ufer von Somerset Island in der kanadischen Arktis schaute. »Ich machte Fotos und Paul ein Video«, schrieb Mittermeier später. »Als der Bär zu den leeren Benzinfässern ging, um dort nach Nahrung zu suchen, hörte ich meine Kollegen schniefen.« Nicklen postete das Video auf Instagram. »So sieht Verhungern aus«, schrieb er in den Untertitel. »Muskelschwund. Keine Energie. Ein langsamer, qualvoller Tod.«

Die Bilder des verhungernden Eisbären verbreiteten sich rasend schnell, und Nachrichtenseiten auf der ganzen Welt brachten die Story. Die *Washington Post* nannte die herzzerreißenden Aufnahmen »eine Warnung vor und der Inbegriff einer in weiten Teilen verheerenden Umweltkatastrophe«. *National Geographic* fügte dem Video düstere Musik zu und ging so noch einen Schritt weiter: »So sieht Klimawandel aus« stand unten auf dem Bildschirm, während sich der Bär langsam durch die Tundra schleppte.

Natürlich konnte niemand wissen, ob sich der Bär aufgrund des Klimawandels in einem so schlimmen Zustand befand. Zwar würde das Tier sicherlich innerhalb kürzester Zeit an Nahrungsmangel sterben, doch das ist bei wilden Bären nichts Ungewöhnliches. Wenn ein Bär verletzt oder zu alt zum Jagen ist, dann wird er entweder von einem anderen Bären getötet, oder er verendet allmählich. Für Crockford und all jene, die an den Auswirkungen des schwindenden Meereises auf Eisbären Zweifel hegten, bot sich

213

somit eine einmalige Gelegenheit. »Ein verhungernder Bär ist kein Beweis für den Klimawandel, ganz egal wie grauenhaft die Bilder sind«, lautete die Überschrift auf Crockfords Blog. Sie warf den Fotografen vor, sie würden sich »tragedy porn« hingeben, und verschrie den Beweismangel dafür, dass der Bär wirklich aufgrund des Klimawandels verhungerte. Sie betonte, dass wenn der Schwund des Meereises der Grund für den schrecklichen Zustand des besagten Bären wäre, man sehr viel mehr Bären in der Gegend finden müsste, denen es ähnlich ergehe, aber es seien keinerlei vergleichbare Fälle dokumentiert. »Ein verhungernder Bär ist kein wissenschaftlicher Beweis dafür, dass die durch den Menschen verursachte globale Erwärmung Eisbären bereits negativ beeinträchtigt hat«, schrieb sie, »sondern lediglich ein Beweis dafür, dass bestimmte Aktivisten jeden Trick nutzen, um ihre Agenda voranzutreiben und mehr Spenden einzuheimsen.«

Crockford hatte recht: Ein Einzelfoto, ganz gleich wie herzzerreißend, bewies noch nicht, dass Eisbären in der gesamten Arktis verhungerten. Mittermeier selbst erklärte, die Story sei Nicklen und ihr entglitten und habe sich ihrer Kontrolle entzogen. Während Nicklen auf die Tatsache anspielte, dass der Klimawandel irgendwann zur Zerstörung der polaren Ökosysteme führen würde, lautete die Bildunterschrift auf Instagram lediglich: »So sieht Verhungern aus«; er zog somit keine direkte Verbindung von dem individuellen Schicksal des Bären zum Klimawandel. Ihre Absicht, so Mittermeier später, bestand darin, zu zeigen, welches Schicksal weitere Eisbären erwarten könnte, wenn das Meereis weiter schrumpfen würde. »Vielleicht war es ein Fehler, nicht die ganze Geschichte zu erzählen – dass wir auf der Suche nach einem Bild waren, das die Zukunft voraussagt, und dass wir nicht wussten, was mit diesem bestimmten Eisbären geschehen war«, schrieb sie für den *National Geographic*. Die Zeitschrift änderte den Schriftzug im Video irgendwann, und die Redaktion räumte ein, sie habe die Rolle des Klimawandels im Leben dieses einen bestimmten Bären übertrieben.

Crockfords Blog ist nicht Teil eines Vakuums. Indem Klimagegner in ihren Blogs Zitate und Hyperlinks gebrauchen, schaffen sie sich ihren eigenen Echoraum, in dem Crockford als eine
der »weltweit führendsten Expertinnen für Eisbären« gefeiert
wird, obgleich sie keine einzige Feldstudie durchgeführt hat und
ihre Ansichten so gut wie jedem Mainstream-Experten für Eisbären zuwiderlaufen. Eine Untersuchung von Klimaleugner-Blogs,
durchgeführt von ebenjenen Wissenschaftlern, die Crockford regelmäßig angreift, hat ergeben, dass etwa 80 Prozent der Blogs
Polar Bear Science als Hauptquelle anführen, wenn sie die Erkenntnisse, Eisbären befänden sich in Schwierigkeiten, infrage
stellen. Die Veröffentlichung äußert Zweifel an Crockfords Expertise und legt eindeutig nahe, dass sie unter Wissenschafts-
leugnern übliche Taktiken gebraucht, wie den Gebrauch »rheto-
rischer Mittel, um Angst und andere Emotionen heraufzube-
schwören, wie etwa, dass die Öffentlichkeit von betrügerischen
Wissenschaftlern bedroht würde«. Crockford reagierte auf diese
Anschuldigungen in einer Reihe von Beiträgen auf *Polar Bear
Science,* in denen sie die Studie eine »akademische Schändung«
nannte und einen Widerruf von der Fachzeitschrift verlangte, in
der die Studie veröffentlicht worden war. Die Zeitschrift korri-
gierte zwei Fehler, einer betraf die Grundlage von Crockfords
Forschung, der andere ihre Finanzierungsquellen, doch stand
weiterhin zu der Studie. 2019 wurde Crockfords Vertrag an der
University of Victoria nicht verlängert – eine Entscheidung, die,
laut Crockford selbst, das Ziel hatte, ihre Kritik gegenüber der
Mainstream-Wissenschaft zu stoppen. Die Universität hingegen
erklärte, die Entscheidung hätte nichts mit Crockfords Ansichten
zu tun. Auf eine Interviewanfrage reagierte Crockford nicht.

Eisbären sind charismatische Tiere mit einer Vielzahl schein-
barer Widersprüche. Sie sind liebevoll und wild. Stark als Individuen, aber zerbrechlich als Spezies. Man fürchtet sich vor ihnen,
aber auch um sie. Sie stammen aus einem Teil unserer Welt, den
die meisten von uns niemals mit eigenen Augen sehen werden.

Da überrascht es nicht, dass sie zum Gesicht des Klimawandels erhoben wurden. Wenige Menschen wären bereit, ihren Lebensstil für *Calanus glacialis* zu ändern, den nährstoffreichen Ruderfußkrebs aus der Arktis, der am untersten Ende der Nahrungskette steht.

Doch gerade wegen all dieser Merkmale sind Eisbären auch ein leichtes Ziel für Klimaleugner. Aufgrund ihres entlegenen Lebensraums ist der Status vieler Populationen unbekannt. Zwar scheint es, dass einige dieser Bestände mit der Zeit gewachsen sind, doch wahrscheinlich ist dieser Anstieg das Resultat von Jagdverboten, nicht von sich verändernden Eisbedingungen. Dennoch werden Klimaleugner auch weiterhin solche Wissenslücken für sich nutzen und versuchen, sie mit Zweifeln zu füllen. Während Zoos Eisbären als in Gefangenschaft lebende Vertreter ihrer wilden Artgenossen bewerben, als einfaches Mittel, um Zoobesuchern den Klimawandel vor Augen zu führen, lässt der Status der Tiere keine simple Darstellung zu. Auch wenn weitgehend Einigkeit darüber besteht, dass das langfristige Überleben des Eisbären vom Verlust des Meereises bedroht ist, stellt sich ihr Status doch sehr viel nuancierter und komplexer dar. Als Botschafter in Sachen Klimawandel ist der Eisbär daher ungeeignet.

* * *

Eine Woche nach ihrer ersten Begegnung hatten Nora und Hope noch immer Probleme, aufeinander zuzugehen. Nora behielt die ältere Bärin vorsichtig im Blick und wagte sich nie zu nah an sie heran. Bei den Umzügen von Ohio nach Oregon und von dort nach Utah war es immer darum gegangen, eine Gefährtin für Nora zu finden, von der sie lernen konnte. Und jetzt, da sie eine solche Gefährtin hatte, interagierten die zwei Eisbären kaum miteinander. Hope wies alle Züge einer heranwachsenden Eisbärin auf, und doch hielt Nora sie wahrscheinlich noch immer für einen Menschen. Joanne war sich nicht sicher, ob sie diese Hürde jemals überwinden würden. Als in Salt Lake City der Winter einbrach, fing sie an, darüber nachzudenken, ob Hope und Nora vielleicht doch nicht so gut zusammenpassten, dass zwei Bären mit ganz unterschiedlichen Kinderstuben sich womöglich tolerieren, aber niemals wirklich als Gesellschaft akzeptieren würden.

Doch dann zeigten sich minimale Veränderungen in Noras Verhalten.

Sie hielt sich zwar von Hope fern, doch manchmal, wenn sie gerade trank, ließ sie zu, dass die größere Bärin näher kam, wobei Nora so tat, als würde sie das nicht merken. Zunächst wechselten sie sich mit dem Schwimmen im Wasserbecken ab, doch nach einigen Wochen fühlten sich beide wohl, wenn sie zur gleichen Zeit im Wasser waren. Hope schlich hinten im Gehege auf einer Anhöhe entlang und überblickte den Außenbereich von dem höchsten Punkt, während Nora ihr weiter unten folgte und sie nicht aus den Augen ließ. Sobald Hope sich jedoch zu der kleineren Bärin drehte, lief Nora weg und suchte Schutz in einer Ecke.

Um Noras zweiten Geburtstag im November herum wurde den Pflegerinnen Joanne und Kaleigh klar, dass die junge Bärin trotz aller Scheu dazulernte. Hope lief beispielsweise in einer bestimmten Weise einen Baumstamm hoch, und sobald sie wieder auf der anderen Seite des Geheges war, wiederholte Nora dieses Manöver, Schritt für Schritt. Wenn Hope einen Ball wieder und wieder drehte, um an das im Inneren versteckte Futter heranzukommen, stand Nora direkt hinter ihr und tat es ihr nach. Ein anderes Mal rieb Hope sich an einem der Stämme und lief anschließend entspannt weiter. Nora beobachtete das Ganze aufmerksam von der Anhöhe aus, nur um kurz darauf ihre Schnauze an genau denselben Baumstamm zu drücken. Manchmal lief es auch andersherum. Die beiden Bären tauschten die Rollen als Verfolgende und Flüchtende, und Joanne hatte den Eindruck, Hope nehme wahr, wie Nora mit den Menschen auf der anderen Seite der Glasscheibe interagierte. Denn schon bald wagte sich auch die größere Bärin an das Fenster und beäugte die seltsamen Wesen, die wiederum sie betrachteten.

Zwar bewahrte Nora sich ihren persönlichen Raum in Form einer unsichtbaren Blase, doch diese wurde immer kleiner. Mitte Dezember, fast zehn Wochen nach ihrer ersten Begegnung mit Hope, zerplatzte die Blase.

Joanne und eine ihrer Kolleginnen befanden sich im Zuschauerbereich und beobachteten die Bären gemeinsam mit den restlichen Zoobesuchern. Die übrigen Pfleger befanden sich im hinteren Bereich und gingen ihren tagtäglichen Aufgaben nach. Auf einmal standen die Bären direkt nebeneinander. Hope neckte Nora mit einem spielerischen Schlag, und Nora holte aus, zielte auf Hopes Nacken, verfehlte ihn jedoch. Nach ein paar Augenblicken, in denen sie einander mit offenen Mäulern gegenüberstanden, stützten sie sich auf die Hinterbeine und packten die jeweils andere mit den Vorderbeinen, bewegten den Kopf vor und zurück und zeigten ihre Zähne. Hope hätte ihre kleinere Artgenossin leicht überwältigen können, doch stattdessen setzte sie sich hin und ließ zu, dass Nora sich über sie rollte. Das gelbgraue Fell der beiden Eisbärinnen vermischte sich mit der schmutzigen Schneeschicht im Gehege. Nora sprang auf Hope, und die beiden kabbelten sich und bissen einander ins Gesicht.

Joanne war außer sich vor Freude. Für normale Zuschauer wirkte es vielleicht so, als würden Nora und Hope kämpfen, aber ihr Treiben hatte nichts Aggressives an sich. Die unterordnende Rolle, die Hope bereits zuvor angedeutet hatte, lebte sie nun voll aus. Für Joanne sah das Ganze so aus, als hätten die zwei Eisbärinnen schlichtweg Spaß miteinander. Sobald sie verstand, was da gerade vor sich ging, schnappte sie sich ihr Funkgerät und verbreitete die Neuigkeiten. Nora und Hope hatten endlich den Durchbruch geschafft, auf den alle gewartet hatten. Sie spielten miteinander.

Über Funk war ein Chor begeisterter Zoopfleger zu hören, die allesamt »Juhuu!« riefen.

KAPITEL 18

Gebrochen

Nach dieser ersten Kontaktaufnahme zwischen Nora und Hope schien es, als hätte sich ein Schalter umgelegt. Joanne stellte sich gern vor, dass die beiden sich spätabends zusammengesetzt hatten, um sämtliche Differenzen, welche auch immer das gewesen sein mochten, aus dem Weg zu räumen.

Ganz egal, was diesen Wandel ausgelöst hatte, das Ergebnis war eine sich immer weiter entfaltende Kameradschaft. Nora und Hope kabbelten sich an Land und im Wasser, wobei sie sich gegenseitig mit ihren mächtigen Tatzen unter Wasser tauchten. Sie jagten einander, Hope kletterte auf einen Felsvorsprung nahe dem Becken, Nora direkt hinterher. Sobald Hope in den Pool sprang, folgte Nora ihr. Sie spielten im flachen Wasser, standen dort auf ihren Hinterbeinen, sodass ihre Körper aus dem Wasser ragten. Manchmal kämpften sie auch im tieferen Wasser miteinander. Von der anderen Seite der Glasscheibe sah es dann fast so aus, als wären sie ein riesiges weißes Fellknäuel, das sich im Wasser drehte und wendete.

Im tiefen Bereich des Beckens gab es zwei Fenster, eines unter Wasser, das andere über Wasser. Letzteres gab den Blick frei auf das benachbarte Seelöwengehege. Die dort lebenden Robben Diego und Maverick faszinierten Nora zutiefst. Bis auf ein paar lebende Fische hatte Nora in ihrem gesamten Leben nie etwas gejagt. Seelöwen wären auch nicht ihre natürliche Beute gewesen. Die meisten Seelöwen leben viel weiter südlich als die wilden Eisbären und sind höchstens noch im südlichen Alaska anzutreffen. Doch angesichts ihrer Ähnlichkeit zu Seehunden liegt es nahe, dass Noras Instinkte – die von ihrer in der Wildnis lebenden

Großmutter an sie weitergegeben wurden – etwas mit ihrem Interesse an den Nachbarn im Zoo zu tun hatten. Diego und Maverick schwammen jeden Tag endlos viele Runden im Becken, wobei die glatten Körper an dem Fenster vorbeiglitten, durch das Nora sie wie gebannt beobachtete. Einmal schwamm Hope auf Nora zu, die sich gerade am Fensterbrett ausruhte. Hope schlich sich unter Wasser an und biss verspielt in Noras Hinterteil. Überrascht drehte Nora sich um und tauchte ins Wasser, um nach Hope zu schnappen. Solche Spielereien gab es regelmäßig zwischen den beiden Bären.

Shannon Morarity, eine von Noras Moms aus Columbus, die an Noras erstem Tag vor Publikum vor den Fernsehkameras in Tränen ausgebrochen war, kam zu Besuch in den *Hogle Zoo*, kurz nachdem ein extremer Wintersturm 30 Zentimeter Neuschnee nach Salt Lake City gebracht hatte. Vorsichtig näherte sie sich der Glasscheibe, denn sie war sich nicht sicher, ob die Eisbärin, die sie als winziges, blindes Baby großgezogen hatte, sie nach fast zwei Jahren noch erkennen würde. Shannon wartete, bis die Zoopfleger anfingen, Fische ins Gehege zu werfen. Als Nora aufstand, um sich ihr Futter zu holen, rannte Shannon zur Scheibe. Nora schaute zum Fenster, dann hinunter zum Wasser direkt vor ihr. Wieder blickte sie zu ihrer ehemaligen Betreuerin hoch, und in dem Augenblick spürte Shannon, dass etwas Klick machte. Sie sahen sich in die Augen, Nora trat ans Fenster und schnüffelte, als Shannon ihre Hände an die Scheibe legte. Näher konnte sie nicht an das Wesen heran, das sie als Neugeborenes mit der Flasche gefüttert hatte; damals hatte Nora noch in ihre Hände gepasst.

Da Nora und Hope gute Fortschritte in ihrem Zusammenleben machten, konzentrierte sich das Team des *Hogle Zoo* nun verstärkt auf Noras Gesundheit. Fast alle stereotypen Verhaltensmuster, die die Kollegen in Portland irritiert hatten – das Herumtigern, die Wutanfälle, das Meiden der Pfleger –, waren verschwunden. Erika Crook, die Zootierärztin in Utah, setzte das Xanax ab, worauf Nora positiv reagierte. Sie begann ebenfalls damit, das Prozac abzusetzen, und auch das ging problemlos. Im Frühling 2018 nahm Nora zum ersten Mal seit dem Spätherbst 2016 keine stimmungsverändernden Medikamente mehr.

Ihre Knochen hingegen gaben noch immer Grund zur Sorge. Nora lief weiter in der bekannten »Bulldoggenhaltung«. Im Februar verglich Erika Röntgenaufnahmen von Noras Ellbogen, die im vorangegangenen Sommer in Portland gemacht worden waren, mit Bildern von Hopes Knochen. Der Unterschied war frappierend. An Noras linkem Oberarmknochen stand ein großes, rundes Stück Knochen hervor. Die Aufnahmen von Hope zeigten keinerlei Anomalie. Die Tierärzte des *Hogle Zoo* nahmen mithilfe einer Infrarotkamera Wärmebilder von Nora. Eine solche Kamera zeigt durch Entzündungen hervorgerufene, überdurchschnittlich warme Bereiche im Körper an, und bot ihnen somit die Möglichkeit, Noras Gelenke non-invasiv zu untersuchen. Auf der rechten Seite zeigten die Aufnahmen kühle Farben, Grün- und Blautöne – hier war das Gewebe unter ihrer Haut also gesund. Die linke Seite leuchtete hingegen gelb – ein Anzeichen für Schwellungen in dem betreffenden Bereich –, außerdem wies sie rote Flecken im vorderen Ellbogengelenk und in der Schulter auf, die auf eine früh einsetzende Arthritis hindeuteten. Erika hielt daher weiter an Noras entzündungshemmenden Medikamenten und Schmerzmitteln fest, eine Handvoll Tabletten, die sie tagtäglich verabreicht bekam, meistens gemischt mit Cheerios und Erdnussbutter.

Während sich die Beziehung zwischen Nora und Hope vertiefte, schien Nora keinerlei körperliche Schmerzen zu haben: Die zwei planschten ausgelassen im Schwimmbecken herum oder kämpften um die Spielzeuge, die die Einwohner von Salt Lake City dem Zoo vor Noras Ankunft gespendet hatten. Erika hoffte einfach, die junge Bärin würde sich weiter so gut entwickeln und mit den teils verformten Knochen leben können. Doch Eisbären können Menschen nicht mitteilen, wenn sie Schmerzen haben, und das volle Ausmaß von Noras Knochenerkrankung würde erst sichtbar werden, wenn sie ausgewachsen war. Erika wusste: Es bestand noch immer die Möglichkeit, dass Noras Knochen weiter abbauen und ihre Schmerzen so heftig werden könnten, dass der Zoo die schwierige Entscheidung, ob Noras Leben noch lebenswert war, treffen musste.

Als der Herbst den Sommer ablöste, wirkte diese Möglichkeit immer abwegiger. In dem der Natur nachempfundenen weitläufigen Gehege schien Nora förmlich aufzublühen.

* * *

2017 setzte der Winter im Beringmeer recht spät ein. Höhere Temperaturen der Luft und Meeresoberfläche hielten sich vom Herbst bis ins neue Jahr, und starke Winde aus südlicher Richtung brachten mehr Stürme als gewöhnlich, die wiederum warme Luft in die Arktis transportierten. Somit bildete sich nur eine dünne und zerbrechliche Eisdecke. Treibeis gelangte in die Region und wieder hinaus, und die Bewegungen von Eisbergen, die in der Beringstraße hin- und hertrieben, stellten eine Gefahr für den Bootsverkehr dar. Festeis, das Meereis, das unabdingbar für das Jagen, Fischen und den Gebrauch von Schneemobilen ist, bildete sich nur sehr langsam. In Shishmaref sah man bis Ende Januar offenes Gewässer rund um die Insel. In der Vergangenheit war die Gemeinde immer bis spätestens Ende Oktober von Eis umgeben gewesen.

Ende Februar bemerkten die Einwohner der Kleinen Diomedes-Insel, dass die steigende Flut das bisschen Eis, das an den Ufern der Insel hing, in kleine Stücke brach. Einige Tage später kündigten starke Winde einen Sturm an, der der stärkste von insgesamt zehn Stürmen sein würde, die innerhalb der folgenden zwei Wochen über die Insel ziehen sollten. Auf den Diomedes-Inseln gibt es keine Wetterstation, aber die 40 Kilometer östlich entfernte Station in Wales meldete am 20. Februar Sturmböen mit einer Geschwindigkeit von 140 Stundenkilometern. Ein Meteorologe, der in Fairbanks für den nationalen Wetterdienst arbeitete, erklärte gegenüber der *Anchorage Daily News,* er habe eine Flutwarnung für die Kleine Diomedes-Insel herausgegeben, bevor der Sturm überhaupt da war, etwas, das er in den 30 Jahren in diesem Beruf im Monat Februar noch nie getan hätte. Hohe Wellen brachen sich weit über der Flutgrenze, und das Meer schleuderte dicke Eisbrocken und Geröll ans Land. Eines der drei Jagdboote des Dorfes wurde zerstört. Eis und Meerwasser gelangten in die Wasseraufbereitungsanlage. Stromleitungen wurden durch den Wind und Salznebel lahmgelegt. Die sich brechenden Wellen beschädigten auch den Hubschrauberlandeplatz – damals der einzige Weg zu und von der Insel. Dank dem Einsatz der Inselbewohner konnte man den Landeplatz noch benutzen, doch der Vorfall führte ihnen deutlich die Verletzbarkeit der für die kleine Insel so wichtigen Infrastruktur vor Augen. Normalerweise hätten die Bewohner zu der Zeit des Jahres bereits eine Piste für kleine Flugzeuge auf dem Meereis eingerichtet; aber 2018 gab es an der Stelle nur offenes Wasser.

Weiter südlich im Dorf Gambell auf der Sankt-Lorenz-Insel war die Lage nicht anders. Auch im März waren die Gewässer bis nach Russland eisfrei. Nach den Wirtschaftskatastrophen von 2013 und 2015 berichteten die Walrossjäger aus Gambell erneut von einer Knappheit an Jagdbeute. Im April waren nur knapp 100 000 Quadratkilometer Ozean mit Eis bedeckt – im Gegensatz zu über einer Million im Jahr 2013, was dem Durchschnittswert von dreißig Jahren deutlich näherkam. So wenig Eis hatte es im Beringmeer nicht gegeben, seit weiße Seefahrer auf Walfangschiffen in den 1850er-Jahren mit der offiziellen Dokumentation begonnen hatten.

Diese Probleme beschränkten sich nicht nur auf Alaska. Obgleich die Temperaturen in einigen Teilen der Arktis annähernd dem Durchschnitt entsprachen oder etwas darunter lagen, verzeichneten viele Regionen rekordbrechend hohe Werte. Im Februar meldete die Wetterstation am Kap Morris Jesup an Grönlands Nordküste, die nächste am Nordpol, 61 Stunden über dem

Gefrierpunkt, darunter eine Zeitspanne von fast 24 Stunden. An einem Tag lag die Temperatur an der Spitze der Welt 25 Grad über dem Normalwert für diese Jahreszeit. Manche Klimatologen glauben, das passiere, weil der Jetstream schwächer geworden war und so warme Luft Richtung Norden strömen und den Polarwirbel beeinflussen konnte. Der Polarwirbel ist ein Tiefdrucksystem, das im Normalfall für kühle Temperaturen in der Arktis sorgt, bis in die tieferen Lagen. Während am Nordpol 25 Grad über dem Normalwert herrschten, litt Westeuropa unter arktischen Wetterbedingungen. Minuswerte wurden von Spanien bis Polen gemessen. Zum ersten Mal in sechs Jahren schneite es in Rom wieder.

Rekordwerte bei den Höchsttemperaturen hielten bis in den Sommer an, sowohl im hohen Norden als auch anderswo. Im Juli wurden in mehreren skandinavischen Ländern, die für gewöhnlich milde Sommer erlebten, Höchstwerte von 32 Grad gemessen. In Schweden wurde der bislang höchste Gipfel des Landes zum zweithöchsten Gipfel erklärt, nachdem beinahe 60 Zentimeter von dem Gletscher, der die Spitze bedeckte, abgeschmolzen waren. Die Hitze beschränkte sich allerdings nicht nur auf den Norden. Los Angeles erreichte im Juli 44 Grad; im selben Monat wurde in Ouargla, Algerien, die höchste Temperatur auf dem afrikanischen Kontinent seit Beginn der Messungen verzeichnet: 51 Grad.

Waldbrände, die in den meisten Fällen durch Menschenhand entstanden und durch hohe Temperaturen und Regenmangel weiter angefacht wurden, wüteten in Griechenland, während Windböen mit 80 Stundenkilometern die Flammen weitertrugen. Tausende Menschen mussten evakuiert werden, und manche waren aufgrund blockierter Fluchtstraßen gezwungen, sich mit einem Sprung in die Ägäis vor dem Feuer zu retten. Über hundert Menschen starben. Auch in Großbritannien und Schweden kam es in jenem Sommer zu großflächigen Waldbränden.

Im November, eigentlich eine regenreiche Zeit in Nordkalifornien, braute sich in dem ländlichen Butte County – rund 240 Kilometer nördlich von San Francisco – ein Sturm mit perfekten Brandvoraussetzungen zusammen. Nach jahrelanger Trockenheit und einem ungewöhnlich trockenen Sommer bildeten sich erste starke Winde aus Nordwest, die schon bald mit 80 Stundenkilometern durch die Ausläufer der Sierra Nevada fegten. Um halb sieben Uhr morgens gab eine Stromleitung einen Funken in einen trockenen Busch in der Nähe der Camp Creek Road im Feather River Canyon ab. Innerhalb von zwölf Stunden hatte das Camp Fire über 22 000 Hektar Land abgebrannt. Fast 19 000 Gebäude und Einrichtungen brannten ab, die meisten darunter Wohnhäuser, sodass rund 30 000 Menschen obdachlos wurden. 86 Personen starben, die meisten davon Einwohner über 60 aus der Stadt Paradise. Das Camp Fire war der verheerendste Waldbrand in der Geschichte Kaliforniens.

Jedes Jahr werden neue Hitzerekorde erreicht. Dürrezeiten kommen und gehen. Waldbrände entstehen, und Winde wehen – kommt beides zusammen, zerstören sie Hunderttausende Hektar Land. So funktionierte die Natur seit eh und je. Doch der Brand des Camp Fire, der wütete, während der Rest der Welt unter rekordverdächtigen Temperaturen schwitzte, wies alle Anzeichen des Klimawandels auf.

Früher im selben Jahr veröffentlichte eine staatliche Behörde in Kalifornien einen Bericht dazu, wie sie derartige Waldbrände, die zwei Jahre hintereinander für so viel Verwüstung im Bundesstaat gesorgt hatten, verhindern wolle. »Der Klimawandel hat den Begriff ›Brandsaison‹ hinfällig werden lassen, denn inzwischen wüten Waldbrände das ganze Jahr über im Bundesstaat«, hieß es in dem Bericht.

* * *

Nachdem Donald Trump fünf Monate im Präsidentenamt war, verkündete er den Rückzug der USA aus dem Pariser Klimaabkommen, und auch wenn es sich dabei um seinen am stärksten propagierten Angriff der Klimawissenschaft handelte, war dies bei Weitem nicht der einzige. In den ersten Monaten von Trumps Amtszeit war die Regierung damit beschäftigt, sämtliche Umweltbestimmungen wieder rückgängig zu machen, die großen und die kleinen.

Unter der vorigen Regierung hatte die Umweltschutzbehörde EPA der USA über 15 000 Umfragen an Öl- und Gasunternehmen geschickt und die Betreiber um Informationen bezüglich ihrer Emissionen gebeten. Der von Trump ernannte Leiter der EPA, Scott Pruitt, der bereits während der Anhörung zu seinen engen Verbindungen zur Brennstoffindustrie in die Schusslinie geraten war, setzte die Umfrage aus, mit der Begründung, er wolle »die Belastungen für Unternehmen reduzieren«.

Die Regierung unter Obama hatte ein Werkzeug zur Kosten-Nutzen-Analyse eingesetzt mit dem vagen Namen »social cost of carbon«, das den Nutzen für zukünftige Generationen selbst von geringen Treibhausgasreduzierungen messen sollte. Mittels einer Verfügung setzte Präsident Trump es ab, mit dem Ziel, »eine saubere und sichere Entwicklung der breiten Energiequellen unseres Landes zu fördern und gleichzeitig regulatorische Hürden zu vermeiden, welche die Energieproduktion unnötig erschweren«. Das Moratorium für den Kohleabbau hob Trump ebenfalls auf.

2016 hatte Obama in Zusammenarbeit mit lokalen und Non-Profit-Organisationen sowie der indigenen Bevölkerung Alaskas die sogenannte *Northern Bering Sea Climate Resilience Area* geschaffen, um die Gewässer um Nome, Wales und Shishmaref vor dem Abbau fossiler Brennstoffe zu schützen. Obamas Verfügung beinhaltete zudem das Einsetzen eines Beirats, der auch die indigenen Bewohner repräsentierte und Input bei Regierungsentscheidungen, die die Region betrafen, liefern sollte. Trump setzte auch dieses Gremium aus. Er widerrief den Befehl an die Nationalparks, beim Umgang mit ihren Ressourcen den Klimawandel zu berücksichtigen. Bis Ende 2018 widerrief und annullierte er fast 80 Umweltverordnungen oder erklärte zumindest die klare Absicht, sie außer Kraft zu setzen.

Im Oktober desselben Jahres veröffentlichte das IPCC der UN den bis dahin verheerendsten Bericht und warnte davor, dass der Klimawandel katastrophale Auswirkungen auf unseren Planeten haben würde, auch wenn es uns gelänge, unter der Zwei-Grad-Grenze des Pariser Klimaabkommens zu bleiben. Die 91 Autoren der 40 Länder schrieben, wir müssten eine niedrigere Schwelle von 1,5 Grad Celsius anstreben. Das halbe Grad sei entscheidend für das Abwenden eines weitreichenden Aussterbens von Insekten und Tieren, würde die Auswirkungen einer sich erwärmenden Welt auf die Lebensmittelproduktion abschwächen und außerdem den Permafrost in der Nähe der Pole aufrechterhalten. Bei einer Erwärmung von 1,5 Grad Celsius würden 14 Prozent der Weltbevölkerung alle fünf Jahre extrem warmen Temperaturen wie 2018 ausgesetzt sein. Bei einer Erwärmung von hingegen zwei Grad wären es bereits 37 Prozent der weltweiten Bevölkerung. Die niedrigere Schwelle würde einen praktisch eisfreien, arktischen Sommer einmal in hundert Jahren hervorrufen, während dieser bei der Zwei-Grad-Grenze bereits alle zehn Jahre eintreten würde.

Sechs Wochen später veröffentlichte das *Global Change Research*-Programm der US-Regierung einen eigenen Bericht, der vierte in einer Reihe von durch den Kongress angeordneten Publikationen, die einen ähnlichen Zweck wie die Berichte des IPCC erfüllen sollten, nur eben auf nationalem Niveau. Der Klimawandel sei bereits da, seine Auswirkungen deutlich zu spüren, und es sei höchste Zeit, etwas zu unternehmen, so der Report. Doch auch als die Auswirkungen der globalen Erwärmung immer deutlicher zutage traten, wurde klar, dass die Hauptlast auf den Schultern derjenigen lag, die sie kaum tragen konnten. Diese Communitys an vorderster Front, wie sie im *National Climate Assessment* genannt werden, sind die Armen, die Verletzlichen und all jene, die, um zu überleben, auf natürliche Ressourcen angewiesen sind. Dazu zählen die Alten, die während der Hitzewelle 2003 in Europa zu Tausenden ums Leben kamen. Die indigene Bevölkerung von Shishmaref, die mit ansehen muss, wie Stürme ihr einziges Zuhause zerstören. Und dazu zählen auch all die obdachlosen Menschen in Portland, die nicht wissen, wohin sie gehen sollen, wenn die Stadt aufgrund von Waldbränden in nahe gelegenen Regionen unter einer Decke aus giftigem Rauch und Asche liegt.

Der Klimawandel würde zuerst sie treffen, so der Bericht, doch letzten Endes uns alle.

* * *

Als der Winter in Utah Einzug hielt, waren Nora und Hope wahre Kameradinnen geworden. Beide Bärinnen wuchsen noch immer: Nora wog im Herbst fast 230 Kilogramm und Hope fast einen halben Zentner mehr. Die ältere Bärin behielt noch immer eine beinahe mütterliche Rolle inne und zeigte Nora, wie man spielte, indem sie sich im Kampf auf den Rücken rollte. Manchmal schliefen die beiden nahe dem Fenster, zwar nicht in direktem körperlichem Kontakt, aber zumindest so nah, wie die meisten Eisbären es zulassen würden. Zu Beginn 2019 hätten Joanne, Kaleigh und ihr Team mit der Entwicklung der Beziehung zwischen Nora und Hope nicht zufriedener sein können.

Doch an einem Donnerstag Ende Januar, als Joanne ihren freien Tag hatte, bekam sie eine Nachricht von einem ihrer Kollegen. Mit Nora stimmte etwas nicht. Das Team der Morgenrunde hatte bemerkt, dass Nora sich in einem der Unterschlupfe des Geheges befand. Sie war nicht herausgekommen, als sie gerufen wurde, und auch nicht, als Hope in den Außenbereich ging. Sie vergrub den Kopf unter den Pfoten und wirkte müde, schrieb einer der Pfleger in die Akte. Später am Vormittag lag sie immer noch genauso da. Zwar hatte sie den Kopf kurz gehoben, als die Pfleger ihr ein paar Fische hingeworfen hatten, sich aber gleich wieder hingelegt und den Rest des Tages kaum gerührt. Den Zoomitarbeitern, die nachts das Gelände bewachten, wurde aufgetragen, Nora im Auge zu behalten, aber niemand sah, wie sie die Höhle verließ.

Am nächsten Morgen, am Freitag, lag Nora noch immer so da. Erika Crook, die Zootierärztin, machte sich allmählich Sorgen, Nora hätte etwas Falsches gegessen. Andererseits zeigte sie keinerlei Symptome, die auf Bauchschmerzen hindeuteten, hatte das Essen nicht verweigert und sich auch nicht übergeben. Doch da ein Darmverschluss insbesondere für Eisbären verheerend sein kann, stand schnell fest, dass sie Nora untersuchen mussten. Allerdings konnten sie das keinesfalls tun, während sie sich in einem für die Zuschauer sichtbaren Bereich befand.

Theoretisch hätten sie sie mit einem Gewehr betäuben können, aber Nora befand sich zu nah am Schwimmbecken; sie wollten nicht riskieren, dass sie betäubt ins Wasser fiel und womöglich ertrank. Die Pfleger und die Tierärztin mussten also warten. Währenddessen wurden ihre Sorgen größer. Sie versuchten, Nora zum Training zu rufen – eine Aufforderung, die sie normalerweise begeistert annahm –, doch sie bewegte sich kein Stück. Sie riefen von den höher gelegenen Wegen, die um das Gehege führten, nach ihr, und auch von der Tür des Wartebereiches aus, aber Nora, die für gewöhnlich keine Gelegenheit ungenutzt ließ, um mit ihren Pflegern zu interagieren, war wie erstarrt. Am Freitag stand sie einmal auf, als es Fisch gab, doch dabei wirkte ihr Hinterleib wackelig, und sie schonte ihr rechtes Vorderbein. Eine halbe Stunde lang stand sie, dann legte sie sich wieder in die Höhle.

Als Joanne am Samstag im Zoo eintraf, befand Nora sich im Beobachtungsraum, einem überdachten Bereich zwischen Gehege und Wartebereich. Darin stand ein Bett – schwerer Leinstoff, der zwischen zwei Pfeilern hängt, eine Art Riesenhängematte –, und Nora schien darin festzusitzen. Die Pfleger sahen sich Videoaufzeichnungen der vorigen Nacht an und erkannten, dass sie rückwärts durch den Außenbereich gerutscht war, wobei sie ihre

Vorderbeine praktisch nicht belastet und ihren vorderen Körper im Grunde mit sich gezogen hatte. Dieses Verhalten hatte niemand zuvor bei Nora oder einem anderen Bären gesehen. Eine Stunde dauerte es, bis sie sie wieder in den Wartebereich gelockt hatten, wo sie sich sichtlich erschöpft in eine der Boxen legte. Die Pfleger verabreichten ihr Schmerzmittel in Erdnussbutter. Nora aß einige der Tabletten, doch bei Weitem nicht alle, während die Ärzte sie sich genauer ansahen. Sie beugte ihr rechtes Vorderbein nicht, und es schien auf die doppelte Größe angeschwollen zu sein. Doch angesichts ihrer Krankengeschichte waren sie sich nicht wirklich sicher, was mit ihr los war. Es hätte sein können, dass die Arthritis sich verschlechtert hatte oder sie sich das Gelenk verstaucht oder verrenkt hatte. Sie mussten Röntgenaufnahmen machen.

Am Sonntag betäubte Erika Nora – zusammen mit einem anderen Tierarzt und einem Assistenten, die eigentlich freihatten, aber hergekommen waren, um zu helfen – und brachte die mobile Röntgeneinheit des Zoos ins Gehege, ein gelber hochmoderner Apparat, der ursprünglich für Pferde entwickelt worden war. Das Röntgengerät war mit einem Laptop in der Nähe verbunden. Joanne und Kaleigh waren ebenfalls da, beide sowohl neugierig als auch besorgt.

Sobald das Gerät die ersten Aufnahmen übermittelt hatte, stand fest, was mit Nora nicht stimmte. Ihr rechter Humerus – im Vorjahr war es ebendieser Oberarmknochen auf der linken Körperseite, der einen Klumpen aufwies – war gebrochen. Einer der größten, tragenden Knochen in ihrem Körper sah aus, als wäre er in zwei Teile gebrochen, wobei die Enden wie trockene Stöcke aussahen, die man zu stark gebogen hatte.

Kaleigh fühlte sich seltsam erleichtert. Zwar handelte es sich um eine schlimme Verletzung, aber zumindest wussten sie nun, womit sie es zu tun hatten. Als Joanne die Bilder des entzweiten Knochens sah, fehlte ihr die Luft zum Atmen. Ihr Kopf schaltete sofort um in den Fragemodus: Wie sollten sie das wieder hinbekommen? Würden sie das Bein amputieren müssen? Was für ein Leben könnte ein dreibeiniger Eisbär überhaupt führen? Sie hatte schon Skelette wilder Tiere mit Knochenbrüchen gesehen und wusste, dass Tiere mitunter über erstaunliche Selbstheilungskräfte verfügten. Doch in der freien Wildbahn litten und starben Tiere auch. In Zoos hingegen lief es anders.

KAPITEL 19

Ein riskanter Eingriff

Jeff Watkins hatte über 30 Jahre lang, im Grunde sein gesamtes Berufsleben, Knochen von großen Tieren behandelt; die E-Mail, die ihn Ende Januar 2019 erreichte, überraschte ihn dennoch.

Watkins hatte in Kansas Tiermedizin studiert, bevor er die Grad School der Texas A&M University besuchte, wo er begann, sich voller Faszination mit der Anatomie von Pferden zu beschäftigen – mit dem Zusammenspiel von Muskeln und Knochen, und damit, wie die Gelenke sich drehen und das Gewicht Hunderte Kilo schwerer Tiere tragen. Um genau zu sein, interessierte er sich dafür, wie man Frakturen großer Knochen reparieren kann. Kleinere Knochenbrüche können manchmal in einem einfachen Gips heilen, aber bei schweren Brüchen ist das keine Option – das betroffene Tier muss operiert werden. Und ein Pferd zu operieren, ist nicht so einfach. Fohlen müssen direkt nach dem Eingriff wieder alle vier Beine belasten können, anderenfalls entwickeln sich Komplikationen – Gelenkprobleme in den eigentlich gesunden Beinen, Muskelschwund, Bänderverkürzung. In den 1980er-Jahren, als Watkins orthopädische Chirurgie studierte, mussten die meisten Fohlen mit Beinbrüchen noch eingeschläfert werden.

Schon seit den frühen 1890er-Jahren experimentierten Ärzte im Fall von Knochenfrakturen bei Menschen mit dem Einsatz von Metallimplantaten, und seit den 1970er-Jahren gebrauchten sie dazu eine Art Stange mit Löchern, in die Schrauben senkrecht zum Knochen eingebracht werden konnten, ober- und unterhalb der Frakturstelle. Der Einsatz ineinandergreifender Schrauben verhinderte, dass die Knochenteile sich drehten oder ineinanderschoben, und erlaubten dem verletzten Körperteil bereits kurz nach der Operation, Gewicht zu tragen. Seit den frühen 1980er-Jahren ist der intramedulläre Verriegelungsnagel zur Standardbehandlung von Frakturen in Oberschenkel- und Schienbeinknochen geworden.

Nachdem Watkins seine eigenen Werkzeuge nach Maß für den Eingriff erstellt hatte, wurde er zum ersten Chirurgen, der den Verriegelungsnagel bei jungen Pferden einsetzte. Er reiste durch ganz Amerika, um die entsprechende Operation durchzuführen, auch zum tierärztlichen Institut der University of California, Davis. Dort traf er die Chirurgin Amy Kapatkin, die 1993 die Oberschenkelfraktur eines 18 Monate alten Eisbären namens Tundra im *Bronx Zoo* operiert hatte.

Als die Tierärzte des *Hogle Zoo* die Bilder von Noras Humerus sahen, wussten sie, dass der erforderliche chirurgische Eingriff außerhalb ihrer Expertise lag. Zunächst begannen sie vor Ort mit der Suche und riefen einen Kleintierchirurgen in Salt Lake City an. Er war zwar interessiert, verfügte jedoch nicht über die richtige Ausrüstung. Das Team dehnte die Suche aus und fragte bei allen möglichen Chirurgen und Ärzten an. Eine Person hatte von Tundra gehört und verwies Erika Crook an Amy Kapatkin von der UC Davis, die sie wiederum an Jeff Watkins von der Texas A&M weiterleitete. So geschah es, dass der Pferdechirurg Ende Januar die besagte E-Mail bekam, mit der Anfrage, ob er bereit wäre, Noras Fraktur zu operieren.

Noch nie zuvor hatte Watkins einen Eisbären operiert, und er selbst kannte niemanden, der jemals versucht hatte, den Humerus eines Eisbären zu reparieren. Zu dem Zeitpunkt war Noras Oberschenkel bereits seit mehreren Tagen gebrochen, und je länger der Bruch unbehandelt blieb, desto schwerer wäre er zu operieren. Mit jedem Tag, der verstrich, wurden Noras Muskeln um den gebrochenen Knochen herum steifer. Würde Watkins den Eingriff wagen, stünde ihm lediglich ein kleines Zeitfenster zur

Verfügung, um alles zu organisieren und die Operation vorzunehmen.

Der Tierärztin Erika Crook sagte er, er würde es in Betracht ziehen, aber nur, wenn er die orthopädische Tierchirurgin Kati Glass, ebenfalls von der Texas A&M, mit ins Boot holen dürfte. Sie kannte das Operationsverfahren, war mit den Geräten vertraut, und – viel wichtiger – Watkins vertraute ihr. Glass begann, sich in die Anatomie von Eisbären einzulesen, während Watkins die benötigte Ausrüstung zusammenstellte. Zwar verfügte er über den Verriegelungsnagel, doch für ein so großes Tier wie Nora wollte er zur zusätzlichen Stabilität außerdem eine Platte benutzen, die nach Utah geschickt werden musste. Zudem würde er einen speziellen Bohrer benötigen, ganz bestimmte Schrauben und verschieden große medizinische Bohraufsätze. Das alles müsste sterilisiert innerhalb weniger Tage in Utah zur Verfügung stehen. Er rief einen Vertreter von Johnson & Johnson an, das Unternehmen, das ihn mit medizinischer Ausrüstung beliefert; sie spendeten Geräte im Wert von 90 000 US-Dollar und versprachen, alles pünktlich für die OP nach Utah zu liefern. Die Tierärzte des *Hogle Zoo* schickten Watkins die Röntgenaufnahmen, doch anhand der Bilder konnte er nicht erkennen, wie tief der Hohlraum im Knochen war und ob die Stange passen würde.

Watkins und seine Kollegin Glass hatten bis dahin nichts von Nora gehört, doch während ihrer Recherche erfuhr Glass, dass ihre zukünftige Patientin ein Star in der Zoowelt war. Noras begeisterte Fans in Oregon und Ohio wären nur mit einer auf der ganzen Linie erfolgreichen Operation zufrieden. Noras Ruhm sorgte somit für noch mehr Erfolgsdruck.

Wenn Watkins Pferde operiert, führt er für gewöhnlich vor dem Eingriff ein offenes Gespräch mit den Besitzern. Er klärt sie darüber auf, dass es sich mitunter während der Operation herausstellen kann, dass die Fraktur irreparabel ist. Wenn er die Knochenteile nicht mehr richtig zusammenfügen kann oder der Eingriff dafür sorgen würde, dass das betreffende Fohlen sein

Leben lang Schmerzen hätte, ist es die einzig vernünftige Entscheidung, das Tier einzuschläfern. Watkins wusste, dass das bei Nora keine Option war.

Aus North Carolina wurde ein Anästhesist eingeflogen, außerdem ein weiterer orthopädischer Chirurg aus der Region als Assistent hinzugezogen. Die Geräte und Ausrüstung waren pünktlich und unbeschädigt in Utah eingetroffen. Am folgenden Sonntag flog Watkins nach Salt Lake City. Er würde Nora am nächsten Tag operieren, über eine Woche, nachdem die Pfleger im *Hogle Zoo* bemerkt hatten, dass sich die Eisbärin kaum noch bewegte.

Am frühen Montagmorgen betäubte ein Team aus Pflegern und Tierärzten Nora im Wartebereich. Sie wurde mithilfe eines Lastennetzes, das zehn Menschen trugen, den kurzen Weg zum Zookrankenhaus transportiert; Joanne und Kaleigh waren auch darunter. Die Tierärztin Erika Crook empfand diese gesamte erste Stunde als unglaublich hektisch, aber der kurze Transport war in der Tat einer der anstrengendsten Schritte. Erika war verantwortlich für die Betäubung gewesen und achtete weiter auf Anzeichen, ob Nora aufwachen würde. Zwar war die Bärin verletzt und bewusstlos, aber sie war noch immer ein über 200 Kilogramm schweres Raubtier, das nun weder eingesperrt noch gefesselt war. Sollte Nora aufwachen, wäre das hochgefährlich. Doch zum Glück wirkte das Betäubungsmittel, und die schlafende Bärin erreichte den Operationstisch ohne Zwischenfälle.

Nora wurde auf dem Tisch in Position gebracht, während Erika dem Anästhesisten assistierte. Watkins, Glass und der Rest des OP-Teams bereiteten sich vor, während Nora intubiert und an ein Beatmungsgerät angeschlossen wurde. Erika half, einen Katheter an Noras Ohr anzubringen, damit sie ihren Blutdruck und ihre Vitalwerte überwachen konnten. Joanne und Kaleigh standen auf der anderen Seite des Fensters und sahen zu. Watkins versuchte, sich allein auf den Eingriff zu konzentrieren, doch es gab so vieles, was ihn zum Staunen brachte. Als sie das Fell an der Stelle, an der der Schnitt gesetzt werden sollte, abrasierten, überraschte es ihn, dass unter all dem weißen Fell eines Eisbären dunkle, beinahe violette Haut steckte.

Fast eine Stunde, nachdem Nora betäubt worden war, waren die Vorbereitungen abgeschlossen, die Eisbärin lag unter OP-Tüchern, und der Eingriff konnte beginnen. Watkins setzte einen fast 40 Zentimeter langen Schnitt, der von Noras Schulter bis kurz vor ihren Ellbogen reichte. Die Assistenten hoben die Haut an und begaben sich auf die Suche nach der Bruchstelle im Knochen. Das alles unterschied sich gar nicht so sehr von einem Pferd, dachte Watkins bei sich. Sobald sie die eigentliche Fraktur freigelegt hatten, wusste Watkins, es würde schwierig werden, die Knochen so auszurichten, dass die Stange korrekt eingesetzt werden konnte. Er versuchte alles, was er im Laufe seiner Karriere an Pferden gelernt hatte, aber nichts funktionierte. Sowohl mental als auch körperlich verlangte ihm dieser Eingriff viel ab, und Watkins stand der Schweiß auf der Stirn. Da ihm nichts anderes übrig blieb, versuchte er, die zwei Segmente des Knochens in ein Dreieck zu biegen, in der Hoffnung, sie dann zurück in eine gerade Linie drücken zu können, aber gegen Noras Muskeln kam er einfach nicht an.

* * *

Im November 2016, um Noras ersten Geburtstag herum, befand sich Jamie Margolin in ihrer Heimatstadt Seattle und erlebte die Nachwehen von Donald Trumps Wahl zum Präsidenten mit. Sie war ein Einzelkind, in der Schule nicht besonders beliebt, weshalb sie schon immer gut darin gewesen war, sich selbst zu beschäftigen, und sich künstlerischen Projekten sowie dem Schreiben gewidmet hatte. Seit einigen Jahren interessierte sie sich für den Klimawandel und engagierte sich zudem politisch: So hatte sie bei der Wahlkampfzentrale vor Ort bereits vor 2016 als Freiwillige mitgearbeitet. Für Margolin stand eines schon immer fest: Würden erst einmal die richtigen Menschen gewählt, Anführer, die in Sachen Klimaprobleme bedeutende Maßnahmen durchsetzen würden, käme auch ein Wandel. Wenn allerdings Trump die Präsidentschaftswahl gewinnen würde, läge dieser Wandel in überaus weiter Ferne.

Im darauffolgenden Sommer verwüsteten die Hurrikane Harvey und Maria Texas und Puerto Rico, und dichter Rauch, der von Waldbränden in Kanada stammte, legte sich über Seattle. Margolin, damals 16, beschloss, dass sie die Dinge selbst in die Hand nehmen musste. Sie hatte mit eigenen Augen gesehen, wie wirkungsvoll der Women's March gewesen war, als Millionen von Menschen einen Tag nach Trumps Amtseinführung auf die Straße gegangen waren, und ihre Faszination für die Mobilisierung der Massen wuchs weiter an. In den sozialen Netzwerken veröffentlichte sie einen Post, in dem sie Menschen dazu aufrief, sie bei einem Marsch für das Klima zu begleiten; und schon bald erhielt sie haufenweise Antworten von Interessierten. Zusammen mit anderen jungen, engagierten Menschen gründete sie Zero Hour, eine von Dutzenden Jugendgruppen, die sich im Zuge der verheerenden Auswirkungen des Klimawandels bildeten und inzwischen immer aktiver wurden.

Margolin sieht sich selbst als kolumbianische, amerikanische, jüdische, lesbische Frau, und ihre Organisation setzt sich in erster Linie für soziale Gerechtigkeit ein. Zero Hour deckt repressive Systeme auf – Rassismus, Sexismus, patriarchale Strukturen und Kapitalismus, ebenso wie dieselbe Art Kolonialismus, die Missionare in den 1890er-Jahren nach Wales führte –, die den eigentlichen Ursprung der Klimakrise bilden. Mit dem Ziel, eine Gesellschaft zu schaffen, die nicht auf fossile Brennstoffe angewiesen ist, setzt sich die Gruppe für einen »gerechten Übergang« ein, und zwar einer, der zum einen die Bedürfnisse der Randgruppen berücksichtigt, denn diese spüren die gravierenden Auswirkungen der sich erwärmenden Erde besonders stark, der aber zum anderen auch gemeinsam mit ebendiesen Communitys an vorderster Front Lösungen entwickelt. 2018 schloss sich Jamie Margolin, genau wie Esau Sinnok in Alaska und Kelsey Juliana in Oregon, einer Klage gegen den Bundesstaat Washington an.

In jenem Sommer, während Nora mit Hope in Utah spielte, half Margolin dabei, eine Reihe von Events in Washington, D. C., zu organisieren. Am ersten Tag kamen über hundert junge Menschen zum Kapitol und präsentierten den Gesetzgebern eine Liste mit Forderungen. Sie riefen den Kongress auf, den Klimanotstand zu erklären, Bundessubventionen für Brennstoffkonzerne zu streichen und das Pariser Klimaabkommen erneut anzunehmen. Zudem verlangten sie, dass der Bundesstaat die vertraglich garantierten Rechte für die indigene Bevölkerung anerkannte und dass die aufgrund der Klimaproblematik eingeführten Vorschriften keine unverhältnismäßigen Hürden für *Communitys of Color* und einkommensschwache Communitys schafften. Sie forderten ein Bauverbot für die Infrastruktur zur Förderung fossiler Brennstoffe bis 2030 sowie Masseninvestitionen in öffentliche Verkehrsmittel. Außerdem verlangten sie den vollständigen Übergang von fossilen Brennstoffen hin zu lokalen Wirtschaften, die auf Nachhaltigkeit ausgerichtet sind. Bis dahin, so schrieben sie, sollten die Treibhausgasemissionen negativ sein – durch Wiederaufforstung oder Technologien, die Kohlenstoffdioxid aus der Atmosphäre zurückholen – mit dem Ziel, irgendwann die Konzentration von Kohlenstoffdioxid in der Atmosphäre auf 350 ppm zu begrenzen.

»2040 ist nur 22 Jahre entfernt«, stand in der Erklärung. »Das hier ist die Stunde null.«

Zwei Tage, nachdem sie den Machthabern ihre Forderungen vorgelegt hatten, marschierten an einem regnerischen Samstag im Juli Hunderte junger Menschen durch den Regen, angeführt von indigenen Protestführern der *Standing Rock Indian Reservation* in North Dakota, wo Hunderte Native Americans 2016 gegen den Bau einer Öl-Pipeline aufbegehrt hatten.

Einige Wochen nach dem Marsch von Zero Hour beschloss Greta Thunberg, eine schwedische Teenagerin, die Schule zu schwänzen, um gegen die Untätigkeit ihrer Regierung in Bezug auf die globale Erwärmung zu protestieren, und das kurz vor den schwedischen Nationalwahlen. Seit Jahren befasste sie sich bereits mit dem Klimawandel, hatte im Alter von zwölf Jahren begonnen, sich vegetarisch zu ernähren und nicht mehr zu fliegen, um ihre Kohlenstoffbilanz zu verbessern, doch die Hitzewelle und die Waldbrände, die im Sommer 2018 über Schweden hinwegfegten, hatten ihr gezeigt, wie dringend die Lage eigentlich war. Am 20. August postete sie auf Instagram ein Foto von sich, wie sie auf dem Boden vor dem schwedischen Parlament in Stockholm sitzt, ein Schild in der Hand mit der Aufschrift SKOL-STREJK FÖR KLIMATET, »Schulstreik für das Klima«.

»Wir Kinder tun normalerweise nicht das, was Erwachsene uns sagen. Wir tun es ihnen nach. Und nachdem ihr auf meine Zukunft scheißt, scheiße ich auch darauf«, hieß es in der Bildunterschrift auf Instagram. »Ich streike für das Klima bis zum Tag der Wahl.«

Innerhalb einer Woche hatten sich 35 Menschen ihrem Streik angeschlossen. Nach der Wahl im September kehrte Greta vier Tage pro Woche in den Unterricht zurück, protestierte freitags allerdings weiter. Ihre Posts verbreiteten sich über die sozialen Netzwerke unter dem Hashtag #FridaysForFuture. Am 20. Oktober 2018, mehrere Tage nach der Veröffentlichung des alarmierenden Berichts des IPCC über die 1,5-Grad-Grenze, sprach Thunberg vor einer Versammlung von zehntausend Demonstrierenden in Finnland. Im Dezember trat die Fünfzehnjährige auf der UN-Konferenz zum Klimawandel in Polen auf. Im Januar 2019, wenige Tage, bevor Nora sich ihren Humerus brach, sprach Thunberg auf dem Weltwirtschaftsforum in Davos in der Schweiz, wo sie die Anwesenden fragte, warum bei ihnen keinerlei Panik zu spüren sei. »Unser Zuhause steht in Flammen«, erklärte sie den Versammelten. »Ihr sagt, nichts im Leben ist schwarz oder weiß. Doch das ist eine Lüge, eine sehr gefährliche Lüge. Denn entweder verhindern wir eine Erwärmung um 1,5 Grad oder eben nicht. Entweder verhindern wir, dass eine unumkehrbare Kettenreaktion jenseits menschlicher Kontrolle ausgelöst wird oder eben nicht.« Einige Jahre vor ihrem ersten Klimastreik hatte man bei Greta Thunberg das Asperger-Syndrom diagnostiziert; sie sieht es vielmehr als Superkraft denn als Einschränkung. Ihre Fähigkeit, unverblümt und offen das Wort an die mächtigsten Männer der Welt zu richten, hat ihr unzählige Fans und Follower weltweit eingebracht und sie zur Galionsfigur der Jugendklimabewegung gemacht.

Nachdem die Demokraten in den Zwischenwahlen im November im Repräsentantenhaus die Mehrheit erzielt hatten, veranstalteten über 150 junge Menschen einer Gruppe namens Sunrise Movement einen Sitzstreik vor dem Büro der Sprecherin des Hauses, Nancy Pelosi, mit dem sie ihre Unterstützung des sogenannten Green New Deal forderten – eine Reihe schwammig definierter, aber umfassender Klimabestimmungen. Die frisch in den Kongress gewählte, progressive Alexandria Ocasio-Cortez, eine junge Lateinamerikanerin, die kürzlich den Amtsinhaber in ihrem Heimatdistrikt New York abgelöst hatte, schloss sich den Streikenden an. Sie brachte Pelosio dazu, in Sachen Klimawandel zu handeln, und drängte auf den Green New Deal. Die Rahmenbedingungen zählten eindeutig zu den ambitioniertesten Klimavorschlägen, die jemals von Machthabern in den USA eingereicht wurden, denn dieser Deal forderte nicht nur massive Eingriffe in die Energieproduktion sowie Investitionen in grüne Technologien, sondern setzte sich zudem noch stark für soziale Gerechtigkeit ein.

Der Plan bot die Gelegenheit eines Neustarts, und die jungen Menschen, die sich dafür einsetzten – Jamie Margolin und Greta Thunberg unter vielen anderen – hatten das Ziel einer von Gerechtigkeit bestimmten Zukunft vor Augen. Gleichheit unterschiedlicher ethnischer Gruppen. Gleichheit der Geschlechter. Gleichheit in allen Bereichen der Gesellschaft.

* * *

Direkt vor dem Operationssaal stand Joanne und schaute konzentriert durch die Scheibe. Von hier aus konnte sie nichts tun; trotzdem hatte sie das Gefühl, einfach da sein zu müssen. Sie sah die Zootiere nicht als Haustiere an, zumindest nicht nur, für sie waren sie vielmehr eine Kombination aus Haustier, Kind und Kollege. Sie hielt es für wichtig, dass Nora wusste, wenn auch nur unterbewusst, dass sie da war. Kaleigh war ebenfalls anwesend und sah zu, wie Watkins sich abmühte, die Knochenteile von Noras Humerus zusammenzufügen. Nora war nicht das einzige Tier, um das sie sich kümmerten, deshalb verschwanden die Pflegerinnen einige Male kurz, wenn sie nach ihren anderen Schützlingen sehen mussten. Andere Zoopfleger sprangen teilweise für sie ein, sodass sie einen Großteil des Eingriffes direkt mitverfolgen konnten.

Als Watkins mit den Vertretern von Johnson & Johnson gesprochen hatte, wollten sie wissen, welche Größe die Knochensäge haben sollte. Erst hatte der Chirurg keine Säge auf seiner Bestellung stehen – normalerweise benutzte er bei dieser Art von OP nämlich keine –, aber er wusste, wenn er das Angebot ablehnen würde, würde er am Ende wahrscheinlich doch eine brauchen. Also hatten sie eine Knochensäge zu der Bestellung dazugelegt, und als Watkins die Risiken abwägte, in Noras bereits gebrochene Knochen zu schneiden, war er froh, dieses Werkzeug zur Hand zu haben.

Das war der letzte Ausweg. Das Ziel der Operation bestand darin, den Knochen zu reparieren, damit er intakt bliebe. Das Entfernen von Knochenmaterial könnte zu Komplikationen führen; er hatte so etwas nie zuvor tun müssen und war sich auch nicht wirklich sicher, wie dieser Eingriff den Heilungsprozess beeinflussen würde. Doch zu diesem Zeitpunkt hatte Watkins bereits mehrere Stunden an Noras Bein gearbeitet, und je länger das Tier anästhesiert bliebe, desto riskanter würde der Eingriff. Er befestigte das Sägeblatt am Bohrer und entfernte ein kleines, spitzes Stück des oberen Knochensegments nahe der Schulter. Es funktionierte. Nun konnte er die Knochenteile zusammenfügen. Den Humerus fixierte er zudem mit einer großen Klammer, damit er nicht verrutschte. Er schob den Nagel in die Vertiefung, gebrauchte ein spezielles Werkzeug, um die Löcher zu treffen, und setzte drei Schrauben oberhalb und zwei unterhalb der Fraktur ein.

Bei einem jungen Pferd von Noras Größe hätte er noch eine Platte eingesetzt. Aber Nora befand sich bereits seit Stunden im OP und noch länger unter Betäubung. Ihre Vitalwerte verschlechterten sich allmählich, und mit jeder Minute wuchs die Gefahr einer Infektion. Das Einsetzen einer Platte würde weitere Stunden in Anspruch nehmen, und Watkins wollte dieses Risiko schlichtweg nicht eingehen. Er umwickelte den Knochen mit Draht und fixierte die Drahtenden auf Höhe der Fraktur, in der Hoffnung, sie würden die für eine Heilung nötige Stabilität liefern. Bei einem Pferd hätte Watkins die Wunde verbinden und den Heilungsprozess überwachen können. Sobald Nora aufwachte, würde niemand sie mehr berühren können, und es gab keine Möglichkeit, ihre Wunde zu verbinden, geschweige denn sie davon abzuhalten, daran zu lecken.

Alles, was ihnen nun übrig blieb, war, darauf zu warten, dass Nora aufwachte, und das Beste zu hoffen.

KAPITEL 20

Noras Pflegerinnen

Am nächsten Tag war Nora wach und konnte sich bewegen, wenn auch nur sehr eingeschränkt. Das Team in Utah begrenzte ihren Auslauf auf einen der kleinen Räume in dem hinteren Wartebereich, während Hope sich auf der anderen Seite des Geheges aufhielt. Die Bären waren seit Noras Verletzung getrennt voneinander, doch den Geruch der anderen konnten sie natürlich wahrnehmen. Zuerst schien es, als würde es Hope nichts ausmachen, allein zu sein, doch nach ein paar Tagen fiel ihr auf, dass bestimmte Teile des Geheges für sie tabu waren. Sie fing an, gegen die Türen zu schlagen, um ihren Missmut kundzutun. Man konnte unmöglich sagen, ob Hope nun wütend war, weil sie nicht in den hinteren Wartebereich durfte, oder weil sie einsam war; trotzdem hatte Joanne den Eindruck, dass Hope Nora vermisste.

Am Tag nach der Operation kam Watkins zum *Hogle Zoo*, um nach seiner Patientin zu sehen. Selbstverständlich verspürte Nora ein gewisses Unbehagen – eine lange Operation, während der ihre Knochen auseinandergesägt und wieder zusammengefügt worden waren, lag hinter ihr –, aber ihr Bein schien standsicher zu sein. Watkins war zufrieden; sie hatten ihr Bestes getan und Nora eine gute Chance auf eine erfolgreiche Genesung geschaffen. Dennoch war das Ganze für die Pflegerinnen sehr schwer. Noras Genesung erforderte, dass sie zunächst räumlich begrenzt gehalten wurde und man ihr nach und nach, während der Heilungsphase, mehr Freiraum lassen würde. Doch Kaleigh konnte das der Bärin nicht erklären, und als Nora einen Teil ihrer Mobilität zurückerlangt hatte, frustrierte es die Pflegerin, mit ansehen zu müssen, wie die Eisbärin durch das Gehege hinkte und ihr rechtes Bein nur vorsichtig gebrauchte, während sie nicht verstand, warum sie nicht in das Schwimmbecken, den Außenbereich oder zu ihrer Gefährtin Hope durfte. Die Tierärzte hatten ihr Trazodon verschrieben, ein Beruhigungsmittel, und Schmerzmittel, damit sie die OP-Wunde nicht so sehr spürte. Die Medikamente mischten sie in Katzenfutter, das Nora begeistert von einem Löffel leckte, den die Pflegerinnen durch den Maschendraht schoben.

Innerhalb weniger Wochen wuchs weiß-rosafarbener Flaum an Noras rasiertem Vorderbein nach, auch wenn man noch immer die dunkelviolette Haut von der Schulter abwärts durchscheinen sah. Da die Pfote nicht rasiert worden war, wirkte es beinahe so, als würde Nora einen Pelzhandschuh tragen. Sie schickten Watkins Bilder nach Texas, und er war zufrieden mit der Wundheilung. Nach etwa sechs Wochen erlaubte man Nora mehr Bewegungsfreiheit. Sie trottete durch das Gehege und belastete ihr verletztes Bein mit jedem Tag ein Stück mehr.

Jetzt da die Operation geschafft war, konnte das Team des *Hogle Zoo* nicht mehr viel tun, um Noras Heilung zu unterstützen, aber sie gaben ihr Bestes, um die Eisbärin geistig fit zu halten. Der Zoo wurde förmlich überschwemmt von Grußkarten und Genesungswünschen, und Joanne las diese Nora stundenlang vor. Pfleger aus dem ganzen Zoo kamen abwechselnd zum Rocky Shores, um Nora Gesellschaft zu leisten. Der Ressourcenmanager las Nora die Zeitung vor. Kaleigh wiederum las ihr E-Mails vor oder spielte ihr Musik vor. Sie malte Bilder mit parfümierten Stiften und ließ Nora die fremden Gerüche untersuchen. Nach mehreren Wochen entwickelten die Pflegerinnen zusammen mit Watkins und Crook eine Art Physiotherapie für Nora: Mithilfe von Fischen brachten sie die Bärin dazu, verschiedene Positionen einzunehmen, bei denen sie ihr verletztes Bein gebrauchen musste.

Zehn Wochen nach der Operation betäubten sie Nora abermals für Röntgenaufnahmen. Die Bilder der Fraktur zeigten ein Loch, wo Watkins den oberen Teil des Humerus abgesägt hatte, aber man erkannte auch neues Knochenwachstum zur Überbrückung dieser Lücke. Alle waren sich einig, dass Nora bereit für mehr Freiraum war, und so ließen sie sie in den kleineren der zwei Außenbereiche, wo sie allerdings das Schwimmbecken abdeckten, damit sich Nora beim Hinein- und Hinausklettern nicht selbst verletzte. Schließlich, gegen Ende Mai, fast vier Monate nach der Operation, erlaubten die Tierärzte Nora, wieder zu schwimmen. Kaum hatte sie entdeckt, dass das Becken nicht mehr abgedeckt war, lief sie direkt zum Wasser und machte einen Bauchklatscher.

Trotz aller wiedererlangter Freiheiten war es eindeutig, dass Nora Hope vermisste – und Hope ging es nicht anders. Die größere Bärin verbrachte zwar viel Zeit in dem für Zoobesucher einsehbaren Bereich, doch wenn sie sich an eine bestimmte Stelle begab, konnte sie Nora weiter hinten im Wartebereich sehen. Sobald die beiden einander erblickten, starrten sie sich an – Joanne kam es wie eine Ewigkeit vor. Manchmal, wenn Joanne morgens in den Zoo kam, sah sie, dass Nora und Hope jeweils auf einer Seite derselben Tür schliefen.

* * *

Ende März war das Festeis verschwunden, und offenes Wasser schlug gegen die Ufer von Wales, mehr als einen Monat früher als gewöhnlich. Somit stand Jägern wie Gene Agnaboogok und Gilbert Oxereok ein kürzeres Zeitfenster zur Verfügung, um Robben und Walrösser aufzuspüren, die dem Eis folgten, während es sich Richtung Norden zurückzog. Das Ganze erinnerte in beunruhigender Weise an den vorangegangenen Winter, als im Beringmeer ein Rekordtief an Meereis verzeichnet wurde. Als die Temperaturen knapp über null Grad lagen, verwandelte sich damals der schwere, nasse Schnee in Schlamm. Zugefrorene Flüsse im Südosten des Bundesstaates brachen früh auf, und vier Menschen kamen ums Leben, als ihre Fahrzeuge auf der Eisdecke des Flusses einbrachen – eine Eisdecke, die normalerweise zu der Zeit des Jahres stabil und tragend war.

Klimaleugner, -skeptiker und -gegner setzten ihre Angriffe auf die Wissenschaft rund um die globale Erwärmung fort, während die Bundesregierung weitere Umweltbestimmungen aufhob. Trump ordnete an, dass in Zukunft die Klimaberichte der U. S. Geological Survey, die Agentur, für die Karyn Rode arbeitet, keine Modelle für die Zeit nach 2040 mehr umfassen sollten, obgleich die meisten Wissenschaftler sich einig waren, dass die schlimmsten Auswirkungen des Klimawandels in der zweiten Hälfte des Jahrhunderts eintreten würden. Trump löste sein Versprechen, aus dem Pariser Klimaabkommen auszusteigen, ein und unterzeichnete die entsprechenden Papiere einen Tag nach der Wahl 2020. Bei einem Treffen des *Arctic Council,* einem Forum, das der Kooperation zwischen den acht arktischen Anrainerstaaten dienen soll, erklärte der amerikanische Außenminister Mike Pompeo, das schwindende Meereis eröffne unerschlossene Ressourcen, inklusive fossiler Brennstoffe, die Amerika abbauen könne.

Doch es gab auch Anzeichen für einen Umschwung im Empfinden der Öffentlichkeit. Im März 2019 machte der Präsidentschaftskandidat der Demokraten, der Gouverneur von Washington Jay Inslee, das Thema Klimawandel zu seinem Hauptanliegen. CNN strahlte ein siebenstündiges Treffen mit zehn Präsidentschaftskandidaten rund um das Thema Klimawandel aus. Mit jeder Wahlumfrage wurde es deutlicher: Der Klimawandel stand ganz oben auf der Liste der Sorgen der demokratischen Wähler, auch wenn die Meinung der Republikaner inmitten der politischen Polarisierung weitgehend unverändert blieb.

Junge Menschen spielten weiter eine führende Rolle, indem sie sich für konkrete Maßnahmen einsetzten. Greta Thunberg reiste auf einem emissionsfreien Segelboot für eine Reihe Events im Rahmen des UN-Klimagipfels nach New York. Sie trat vor den Kongress und sprach an der Seite von Zero-Hour-Mitbegründerin Jamie Margolin. »Die Tatsache, dass hier ein Gremium junger Menschen vor euch steht und sich für eine bewohnbare Erde einsetzt, sollte euch nicht mit Stolz erfüllen, sondern mit Scham«, erklärte Margolin den dort zusammengekommenen Machthabern. »Wir sind erschöpft, weil wir alles versucht haben.« Statt eine vorbereitete Rede zu halten, legte Thunberg den Bericht des IPCC über die 1,5 Grad Celsius vor und sagte den Einflussreichen der Welt, sie sollten »auf die Wissenschaft hören«.

Beide jungen Frauen wurden daraufhin online angegriffen. Klimaleugner machten sich über Greta Thunbergs Zöpfe lustig sowie über ihre Asperger-Diagnose. Jamie Margolin erhielt antisemitische Beleidigungen und verdeckte Drohungen, indem man sie fragte, in welche Synagoge sie gehe.

Zwischen ihren Aufritten in Washington, D. C., und New York hatte Greta Thunberg an ihren freitäglichen Schulstreiks festgehalten. Als sie im August 2018 erstmalig die Schule schwänzte, um in Sachen Klimawandel zu demonstrieren, war sie allein. Als sie hingegen nur ein Jahr später in New York auf die Straße ging, taten es ihr weltweit Millionen Menschen gleich – sie forderten konkrete Maßnahmen, anstatt zur Schule zu gehen. Allein in den Vereinigten Staaten fanden über 800 Märsche statt. Tausende Schüler verließen in Portland das Klassenzimmer und verstopften die Straßen, die den Berg, auf dem der *Oregon Zoo* lag, hinabführten. Eine kleine Gruppe versammelte sich auch in Brevig Mission, ein Dorf an der Küste, südöstlich von Wales am Kap gelegen. Menschen demonstrierten in Australien, Indien und in der Türkei. Hunderte gingen in Columbus auf die Straße. In Salt Lake City marschierten sie zum State Capitol, nur wenige Kilometer entfernt von einer jungen Eisbärin im Zoo, die sich noch von ihrer OP erholte. Eine Bärin, deren Vater in der Wildnis geboren worden war. Deren Großmutter auf ebendem Eis gelebt hatte, für dessen Rettung sich junge Protestierende in aller Welt nun einsetzten.

* * *

Die Pflegerinnen kamen nie dahinter, wie Nora sich eigentlich verletzt hatte. Weder war sie schwer gestürzt noch besonders grob mit Hope umgegangen. Etwas wild war sie schon immer gewesen, denn sie hatte es sich angewöhnt, sich mit den Pfoten voran gegen die Glasscheibe zu werfen. Somit konnten sie nur vermuten, dass Nora sich den Humerus gebrochen hatte, als sie herumalberte, vielleicht war sie nach einem besonders kräftigen Sprung im falschen Winkel auf ihrem Vorderbein gelandet.

So oder so gab das gebrochene Bein Anlass zu neuen Sorgen in Bezug auf Noras Knochenskelett. Hatte die Stoffwechselstörung, die sie als Junges erlitten hatte, ihre Knochen brüchig oder weich werden lassen? Erika Crook ging nicht davon aus, aber um sicher zu sein, schickte der Zoo das Stück Knochen, das Watkins während der Operation abgetrennt hatte, zur Analyse ins Labor. Jeden möglichen Test bestand es ohne Probleme. Der Knochen enthielt alle nötigen Vitamine und Mineralien und war so dicht, wie Knochen von Eisbären sein sollten. Wie auch immer es also zu dem Knochenbruch gekommen war, es hatte nichts damit zu tun, was Nora als Neugeborenes durchgemacht hatte.

Im Sommer ließ Nora ihre Pflegerinnen wissen, dass sie bereit für mehr Auslauf war. Häufig saß sie an der Tür, schaute nach draußen, auf der Suche nach Joanne oder Kaleigh. Anschließend wiederholte sie das Ganze mehrere Male, wie ein Hund, der darauf wartete, Gassi zu gehen. Die Angestellten im Zoo sorgten dafür, das Gehege »kindersicher« zu machen, und achteten besonders auf die Bereiche, die für einen genesenden Bären gefährlich sein könnten. Sie füllten Löcher und entfernten einen Baumstumpf. Mit Kieseln schlossen sie Lücken zwischen großen Felsen, da Nora dort womöglich mit dem Knöchel hängen bleiben könnte. Außerdem kürzten sie einen der größeren Pappelstämme. Ende August bedeckte Noras Vorderbein wieder dichtes Fell, und die lange, geschwungene Narbe sah man nur noch, wenn sie geschwommen war und das Fell am Körper klebte. Ihre Genesung war gut verlaufen. Sie belastete das betroffene Bein problemlos und schien sich ohne Einschränkungen bewegen zu können. Ihr Hinken war kaum mehr zu erkennen.

Sechs Monate nach dem Eingriff machten die Tierärzte des *Hogle Zoo* erneut Röntgenaufnahmen und schickten sie zu Watkins. Das Knochenwachstum sah gut aus, und die Stange tat ihre Arbeit, wenngleich Watkins bei einem Fohlen mit einem etwas weiter fortgeschrittenen Heilungsprozess gerechnet hätte. Andererseits fehlte es ihm an Anhaltspunkten dafür, wie lange der Humerus eines Eisbären zum Heilen brauchte. Ende des Sommers befand sich Nora wieder im normalen, für Zoobesucher einsehbaren Gehege, kletterte auf die Baumstämme, schwamm im Pool und ließ sich an ihrer Lieblingsstelle, direkt am Fenster, treiben – von wo aus sie die Seelöwen im Nachbargehege beobachten konnte. Als es in Salt Lake City kälter wurde, reisten Watkins und Glass an, um nach Nora zu sehen. Erneut nahmen sie Röntgenaufnahmen, die in den Augen der Chirurgen nahelegten, dass Nora wieder vollständig genesen würde.

Im November feierte Nora ihren vierten Geburtstag. Der Zoo nahm diesen zum Anlass für eine Luau-Party. Eine Horde Kinder sang »Happy Birthday«, während Nora in eine Torte aus Fischtran, Haferflocken, Aprikosensaft und Lachs biss. Sie und Hope wurden noch immer getrennt gehalten, denn die Pflegerinnen wollten erst ganz sicher sein, dass Nora sich beim wilden Spielen nicht erneut verletzte, immerhin wog sie bereits 250 Kilogramm und Hope beinahe 320 Kilogramm.

Noras Gelenke würden nie perfekt sein, und die Stellen, an denen Schulter und Ellbogen miteinander verbunden waren, würden nie so sauber und stark sein wie bei anderen Eisbären. Wahrscheinlich würde sie ihre charakteristische Bulldoggenhaltung ein Leben lang behalten. Aber das schien ihrer Lebensqualität keinen Abbruch zu tun. Nora ging es so gut, dass die Tierärzte beschlossen, einige der entzündungshemmenden Medikamente abzusetzen, die sie seit ihrer Zeit in Portland täglich verabreicht bekam. Hin und wieder nuckelte sie noch an dem Gitter ihres

Geheges, aber alle anderen stereotypen Verhaltensmuster waren verschwunden. Dank der enormen Mühen von Joanne, Kaleigh sowie den Chirurgen Watkins und Crook, neben zahlreichen anderen Tierärzten und Pflegern waren Noras Aussichten gut, was man von ihren wilden Artgenossen nicht gerade behaupten konnte.

Die Spezies wird nicht dadurch gerettet, dass Jäger weniger Eisbären jagen. Auch nicht durch die von Wissenschaftlerinnen wie Karyn Rode gesammelten Daten. Auch wenn jeder Bär in einem Zoo sich freiwillig Blut abnehmen ließe und auf einem Laufband marschierte, stünde den Eisbären als Art noch immer eine düstere Zukunft bevor. Nur ein Ozean, der weiterhin zugefroren bleibt, kann sie retten. Und das wird nur passieren, wenn Menschen aufhören, Abgase in die Atmosphäre zu leiten, die die Wärmerückstrahlung von der Erde verhindern.

Damit ein Großteil der Eisbären in ihrem natürlichen Lebensraum bleiben kann, darf sich die Arktis bis zum Ende des Jahrhunderts nicht um mehr als 1,5 Grad Celsius erwärmen. Für Menschen wie Gene Agnaboogok, Gilbert Oxereok und Esau Sinnok gelten dieselben Aussichten. Die indigene Bevölkerung Alaskas und die Eisbären jagen auf demselben Eis, unter demselben Himmel, in derselben kalten Luft. Sie erkennen die Verbindung zwischen jenem Bären, den Gene zum Waisen machte, und dessen Tochter, die im Zoo zur Welt kam, den Frauen, die sie großzogen, den Forschern, die sie untersuchten, den Ärzten, die ihre gebrochenen Knochen wieder reparierten, und den Menschen, die sie im Zoo betrachten – sie alle sind miteinander verbunden, genauso wie die Pendler in Columbus und die Fabriken in Portland mit den Jägern an der arktischen Küste verbunden sind. Genauso wie das schmelzende Eis an einem Ort für Überschwemmung an einem anderen Ort sorgt.

Nachdem Gene auf Noras Großmutter geschossen hatte, ging er näher an das Tier heran und schoss erneut. Denn seine Vorfahren hatten ihn gelehrt, dass Respekt auch bedeutet, ein anderes

Lebewesen niemals unnötig leiden zu lassen. Täte man das, so warnten sie ihn, würde den Jäger womöglich dasselbe Schicksal ereilen. Die Millionen von Menschen, denen Nora am Herzen lag, wussten, dass sie im *Hogle Zoo* in Utah theoretisch alles hatte, was sie für ein gutes Leben brauchte. Eimerweise Fisch. Ein erfahrenes Ärzteteam, das ihre Genesung genau überwachte und bereit war, alles zu tun, damit es ihr gut ging. Sie hatte einen großen Außenbereich und ein Schwimmbecken und, Ende 2019, würde sie auch wieder jemanden haben, der ihr im Gehege Gesellschaft leistete.

Im Dezember trafen Nora und Hope erstmals wieder aufeinander und zögerten nicht lange. Nachdem sie sich mit offenen Mäulern kurz begrüßt und herumgealbert hatten, knüpften sie da an, wo sich ihre Wege kurz vor Noras Verletzung getrennt hatten.

Nach Noras Rückkehr ins Gehege beschrieb Kaleigh den Zustand der Bärin: »Sie ist noch nicht bei hundert Prozent, aber bei hundert Prozent ihres neuen Normalzustands«, sagte die Pflegerin. Und dieser neue Normalzustand war nun einmal das Resultat verformter Gelenke, Angstzustände und einem gebrochenen Humerus. Sie würde niemals den Körper eines komplett gesunden Eisbären haben, aber sie war zu hundert Prozent der Bär, der sie im Rahmen ihrer verschiedenen Schwächen sein konnte. Der Begriff »new normal«, des neuen Normalzustands, wird gerade in Bezug auf den Klimawandel häufig gebraucht, wenn Wetterereignisse, die früher als extrem galten, immer üblicher werden. Nora konnte sich ihren neuen Normalzustand nicht aussuchen. Wir hingegen schon.

Noras Fans aus Ohio werden weiter den Livestreams aus dem Gehege folgen und die Kommentarfelder mit Genesungswünschen und Nachrichten, wie sehr sie ihren »Buckeye bear« vermissen, füllen. Besucher des Zoos in Salt Lake City werden sich vor den Fenstern drängen, um zuzusehen, wie die Bären miteinander ringen und spielen, das Gekreische der Kinder wird von den Infotafeln über den Klimawandel und das schrumpfende Meereis zurückgeworfen, während die »Botschafter für ihre Spezies« einem hochkomplexen Problem ein einfaches Gesicht geben. Es wird wieder Wahlen geben, alle vier oder acht Jahre in den USA, ein neuer Präsident wird ins Weiße Haus einziehen. Wissenschaftler werden weiter das Klima studieren und alles in ihrer Macht Stehende tun, um die Öffentlichkeit vor den Auswirkungen zu warnen. Diese Warnungen werden weiterhin die Interessen der Reichen dieser Welt bedrohen, die wiederum weiter Fehlinformationen verbreiten werden, um die Klimawissenschaft zu diskreditieren. Eisbären werden weiter in den Zoos weltweit in Gehegen leben, einige werden vielleicht panisch herumtigern, andere zufrieden wirken. Das werden sie tun, damit Menschen, die niemals so weit in den Norden reisen werden, einen Eindruck dieser gefährdeten Tierart erhalten und lernen, sich mit etwas auseinanderzusetzen, das eigentlich sehr weit entfernt von ihrem täglichen Leben ist.

Und genau darum geht es bei Eisbären in Gefangenschaft: der Öffentlichkeit einen Grund zu geben, sich mit dieser Thematik auseinanderzusetzen. Das sehen auch die Zoos selbst so. Eisbären gelten als »charismatische Megafauna«, weil sie groß und beeindruckend sind und weil Menschen dazu tendieren, eine starke emotionale Verbindung zu ihnen aufzubauen. Ihre Geschichten berühren die Menschen, und nur wenige Tiere haben eine so faszinierende Lebensgeschichte wie Nora – das verlassene Eisbärbaby, von Menschenhand aufgezogen, das in seinem kurzen Leben schon so viele Hindernisse zu überwinden hatte. Nora eroberte die Herzen Tausender Menschen auf der ganzen Welt, Menschen, die auf der Suche nach etwas waren, wofür sie sich einsetzen konnten.

Aber was sagt die Tatsache, dass wir in unserer eigenen Spezies niemanden gefunden haben, für den wir uns einsetzen wollen, eigentlich über uns Menschen aus? Als der Bericht der Vereinten Nationen über die 1,5 Grad Erderwärmung 2018 veröffentlicht wurde, warnten die Schlagzeilen in Zeitungen und Fernsehen davor, dass uns nur noch zwölf Jahre zum Eingreifen blieben. Würden wir es nicht schaffen, die Emissionen um 45 Prozent zu reduzieren, stünden unsere Chancen, unter der 1,5-Grad-Schwelle zu bleiben, äußerst schlecht. Experten und Politiker stürzten sich förmlich auf das Jahr 2030 als neue Deadline. Vielleicht würde ein festes Datum in der nahen Zukunft ja den nötigen Anstoß liefern, endlich konkrete Maßnahmen durchzusetzen.

Doch eine solche Deadline ist ein zweischneidiges Schwert. In der Welt der Klimaleugner gilt sie lediglich als weiteres Beispiel für übertriebene Panikmache von UN-Wissenschaftlern, die angeblich allen ihre geliebten Cheeseburger wegnehmen wollen. Doch selbst für diejenigen, die glaubten, die Welt erwärme sich schneller denn je und die Hauptursache sei der Mensch, könnte sich diese Deadline als problematisch erweisen. Denn zwölf Jahre sind keine lange Zeit, um derart entscheidende Veränderungen umzusetzen; somit könnte diese Frist Panik und Schwarzseherei hervorrufen. Wenn unser Ende bereits feststeht, warum sollten wir dann etwas versuchen, was offenbar nicht zu schaffen ist? Doch so funktioniert der Klimawandel nicht.

Um Mitternacht am 1. Januar 2030 werden die Ozeane dieser Welt nicht abrupt ansteigen, um die Kiribati-Inseln zu verschlingen oder Shishmaref in die Tiefe zu reißen. Genauso wenig wie, sollten wir die 45 Prozent tatsächlich zum Sonnenaufgang jenes Tages erreicht haben, die Auswirkungen des Klimawandels nicht auf magische Weise verschwinden werden. Beim Klimawandel gibt es kein Bestehen oder Durchfallen.

Jede Maßnahme, die wir ergreifen, wird die Auswirkungen von extremen Wirbelstürmen und endlos langen Brandsaisons abschwächen. Jede Maßnahme, die wir nicht ergreifen, jede Dose, die wir auf die Straße werfen, wird die Wahrscheinlichkeit erhöhen, dass das Eis vor der Küste Wales' sich erst später im Jahr bildet oder die nächste Hitzewelle neue Rekordwerte einfährt.

Die sich über Jahrhunderte haltende Ideologie des Manifest

Destiny (deutsch etwa: offenkundiges Schicksal), laut der die Natur als unendliche Ressource unerschöpflich und ohne Auswirkungen genutzt werden könne, hat dazu geführt, dass die Welt nun vor einem – im besten Falle – nie da gewesenen Wandel steht.

Im schlimmsten Falle befindet sich unser Planet in der Anfangsphase eines ökologischen Zusammenbruchs. Hätten wir die frühe Warnung von James Hansen ernst genommen, oder hätten mächtige Interessengruppen nicht ein Vermögen für das Unterminieren der Wissenschaft ausgegeben, dann wären wir vielleicht in der Lage gewesen, dieses Problem in den Griff zu kriegen, indem wir das Thermostat heruntergedreht hätten oder mit öffentlichen Verkehrsmitteln zur Arbeit gefahren wären. Doch der Zeitpunkt dafür ist längst verstrichen. Nur ein systematisch aufgebauter Wandel kann das Schlimmste noch abwenden.

Noras Pflegerinnen im *Columbus Zoo* hielten sie warm, kuschelten mit ihr und wateten ins Wasser, um ihr zu zeigen, dass dort keine Gefahr drohte. Ihre Betreuer in Portland brachten ihr Geduld bei. Und das Team in Salt Lake City schaffte es, ihre Schmerzen in den Griff zu bekommen und ihr dabei zu helfen, sich an die neue Situation anzupassen. Doch niemand von ihnen konnte die Arktis aus dem Beton im Zoo heraufbeschwören oder den Ozean in Eis verwandeln oder Nora gar freilassen. Ganz gleich, was Menschen auch unternehmen werden, Noras Leben wird sich nie so abspielen wie von der Natur vorgeschrieben. Auch das von Nummer 21736 nicht, jenem Bären, den Karyn Rode mit ihrem Team 2017 auf ihrer wahrscheinlich letzten Forschungsreise auf dem Eis in der Tschuktschensee betäubt und markiert hatte.

Jede der Frauen, die sich um Nora gekümmert hatte – von Priya Bapodra, der Tierärztin im *Columbus Zoo,* die Nora als Erste in den Händen hielt, über Nicole Nicassio-Hiskey, die die Zusammenführung mit Tasul betreute und Nora durch ihre schlimmsten Angstzustände begleitete, bis zu Joanne Randitis und Kaleigh Jablonski, die der verletzten Bärin zu neuer Gesundheit verhalfen –, wusste, dass die Chancen nicht gut standen, und sie wägten diese Chancen gegen die Konsequenzen des Nichtstuns ab. Es bedurfte der Mühen Dutzender Menschen, die Tausende Stunden arbeiteten, um Nora eine Chance zu geben. Sie versprachen der Bärin nicht, alles immer richtig zu machen, aber sie versprachen ihr, es zu versuchen.

Danksagung

Ein Großteil dieses Buches entstand auf gestohlenem Land. Wenn Sie sich nämlich in den Vereinigten Staaten von Amerika befinden, dann kann es gut sein, dass Sie dieses Buch auf dem ehemaligen Gebiet der indigenen Bevölkerung lesen, die im Zuge einer umfassenden Kampagne ethnischer Säuberung aus ihrem Land vertrieben wurden. Portland liegt auf einem Gebiet, das früher von Multnomah, Wasco, Cowlitz, Kathlamet, Clackamas, Chinook-Gruppierungen, Tualatin, Kalapuya, Molalla und anderen Stämmen bewohnt wurde. Columbus, Ohio, war die Heimat von den Völkern der Shawnee, Miami, Lenape und Wyandotte. In Salt Lake City lebten die Stämme der Ute, Diné (Navajo), Paiute, Goshute und Shoshone. Selbst in Alaska, wo indigene Stämme nicht vertrieben wurden, ist das Vermächtnis des Kolonialismus präsent und noch immer aktuell. Dieser Teil unserer amerikanischen Geschichte wird oft ausgeblendet, aber um Fortschritte zu erzielen, müssen wir die Vergangenheit anerkennen, ganz gleich wie schrecklich sie auch sein mag.

Dieses Projekt in Angriff zu nehmen, war kein Zuckerschlecken, und ohne das Vertrauen und die Unterstützung von Mark Katches, dem Herausgeber von *The Oregonian,* wo die Original-Artikelreihe 2017 erstmalig erschien, wäre es sicher nie möglich gewesen. Kelley Benham French führte mich in die rätselhafte Kunst der Erzählstruktur ein. Karly Imus achtete darauf, dass alle Züge zur rechten Zeit im Bahnhof einfuhren, und auch darauf, dass ich halbwegs unbeschadet durch den gesamten Entstehungsprozess des Buches kam. Dave Killen begleitete mich bei Rechercherreisen und nahm wunderbare Bilder auf, wenn er nicht gerade über seine eigenen Füße stolperte oder eine Drohne beinahe in den russischen Luftraum steuerte. Meine Kollegen von der Zeitung sprangen für mich ein, während ich mich auf die Jagd nach der Geschichte eines Eisbärenbabys begab. Euch allen bin ich für immer unendlich dankbar.

Meiner Agentin Anna Sproul-Latimer von Neon Literary danke ich für ihre unerschöpfliche Geduld und ihre Hilfe beim Suchen eines Verlages und Vorstellen meiner Buchidee. Emma Berry, meine Lektorin bei Crown Publishing, ging mit meinem Debüt als Autor ein großes Risiko ein. Danke auch an Morgan Baskin für das Aufspüren großer und kleiner Faktenfehler, und an Doreen Nutaaq Simmonds, die das Manuskript auf unbeabsichtigte kulturelle Ignoranz hin überprüfte.

All den Männern und Frauen, die in der Zoopflege, als Tierärzte, Kuratoren und in der Presseabteilung der Zoos, die ich besucht habe, arbeiten, gebührt ein Riesendankeschön meinerseits. Ich danke ebenfalls den Wissenschaftlerinnen und Wissenschaftlern, die mir voller Geduld ihre Arbeit erklärten, manchmal auch zwei oder drei Mal. Ich weiß, einigen von euch habe ich Löcher in den Bauch gefragt, und ich weiß eure Bereitwilligkeit, meine nie endenden E-Mails zu beantworten, in denen es stets um »noch eine letzte Nachfrage« ging, sehr zu schätzen.

In den vergangenen Jahren habe ich schrecklich viel Zeit in dieses Buch gesteckt, doch es gab auch Zeiten, in denen ich ganz einfach nicht an Ort und Stelle sein konnte und mich somit auf die Arbeit anderer verlassen musste. Ein großes Dankeschön geht daher an die Journalisten da draußen, die erbittert die Wahrheit ans Licht bringen und die Machthaber der Welt zur Rechenschaft ziehen, und das, obwohl die ihnen zur Verfügung stehenden Ressourcen permanent schwinden und ihre Glaubhaftigkeit häufig angezweifelt wird. Wenn Sie also die entsprechenden Mittel haben, unterstützen Sie bitte Lokaljournalisten.

Noch eine persönliche Anmerkung: Dieses Projekt hätte ich niemals ohne die emotionale Unterstützung meiner aktuellen und ehemaligen Kollegen Vivian Ho, Hamed Aleaziz, Lizzy Acker und Eder Campuzano bewältigen können. Ihr seid alle wunderbar.

Das größte Dankeschön geht an meine Ehefrau Rebecca, die während der Entstehung dieses Buches so viel ertragen musste und nicht immer die Unterstützung bekam, die sie gebraucht hätte, während ich wochenlang auf Rechercereise ging. Ich liebe dich.

Anmerkungen

Der Inhalt dieses Buches beruht auf Interviews mit mehr als 50 Personen, die über einen Zeitraum von beinahe vier Jahren geführt wurden; auf Unterlagen, die mir von den verschiedenen Zoos zur Verfügung gestellt wurden, auf Videos der Tiere und auf unveröffentlichten Berichten. Um die Erkrankungen der Tiere beschreiben zu können, studierte ich tierärztliche Aufzeichnungen und las Dutzende wissenschaftlicher Studien zum Tierwohl, den Auswirkungen von Gefangenschaft auf Tiere und zum Klimawandel.

Die Szenen im *Columbus Zoo and Aquarium* beruhen auf Interviews mit der Tierärztin Priya Bapodra, den Tierpflegerinnen Devon Sabo und Cindy Cupps, den Kuratorinnen Kelly Vineyard und Carrie Pratt, den stellvertretenden Kuratorinnen Shannon Morarity und Nikki Smith, der Leiterin des Bereichs Tierernährung Dana Hatcher, der Direktorin für Kundenbindung Rachel Griffiths, der Vizepräsidentin für Sensibilisierungsmaßnahmen zum Artenschutz Danielle Ross und der Vizepräsidentin für kommunale Öffentlichkeitsarbeit Patty Peters.

Außerdem sprach ich mit Randi Meyerson, der ehemaligen stellvertretenden Direktorin für das Tierprogramm des Toledo Zoo und Koordinatorin des *Species Survival Plan* für Eisbären innerhalb der *Association of Zoos and Aquariums*.

Dreimal reiste ich nach Wales – das erste Mal im März 2017, dann im März und Oktober 2019. Die Szenen in Wales beruhen auf Interviews mit Gene Rex Agnaboogok, Gilbert Oxereok, Josh Ongtowasruk, Abel Apatiki, Larry Sereadlook, Marie Ningealook, Rachel Seetook, Raymond Seetook, Clifford Seetook, Terry

Crisci, Sean Komonaseak, Dawn Hendrickson, Janelle Cothern und Joanne Keyes.

Während zahlreicher Besuche im *Oregon Zoo* beobachtete ich Nora stundenlang. Ich interviewte die Tierpflegerinnen Nicole Nicassio-Hiskey, Amy Hash und Jen DeGroot, die Kuratorin Amy Cutting, den Tierarzt Mitch Finnigan und den Manager für Öffentlichkeitsarbeit Hova Najaria.

Die Szenen in Utah beruhen auf Gesprächen mit den Tierpflegerinnen Joanne Randinitis und Kaleigh Jablonski, der Tierärztin Erika Crook, der Direktorin für Artenschutz Liz Larsen und der Koordinatorin für kommunale Öffentlichkeitsarbeit Erica Hansen.

Um auch die Details von Noras Operation wahrheitsgemäß beschreiben zu können, sprach ich ausführlich mit Jeff Watkins, Tierorthopäde an der Texas A&M University.

Die Schilderungen der Eisbären- und Klimaforschung beruhen auf Interviews mit Karyn Rode und Anthony Pagano zu ihrer Arbeit im *Oregon Zoo* und in freier Wildbahn. Ich interviewte ebenfalls Ian Stirling, der mir von seinen Forschungsreisen in die kanadische Arktis berichtete. Eric Regehr vom *Polar Science Center* der University of Washington half mir dabei, die Populationsdynamik von Eisbären zu verstehen. Auch seine Kollegen Axel Schweiger, Harry Stern und Mike Steele gewährten mir wertvolle Einblicke in die Auswirkungen des Klimawandels auf das arktische Eis.

KAPITEL 1

Verlassen

Die in diesem Kapitel verwendeten Details stammen neben den im Folgenden zitierten Quellen aus Unterlagen wie Noras Gewichtstabelle, den Protokollen der Tierpflegerinnen und Auroras Geburtsplan, die mir der *Columbus Zoo and Aquarium* zur Verfügung stellte.

Columbus Zoo and Aquarium, »Polar Bear Cubs Born at Columbus Zoo«, Pressemitteilung, 12.11.2015, https://www.columbuszoo.org/home/about/press-releases/press-release-articles/2015/11/12/polar-bear-cubs-born-at-columbus-zoo.

E. Curry, S. Safayi, R. Meyerson und T. L. Roth, »Reproductive Trends of Captive Polar Bears in North American Zoos: A Historical Analysis«, *Journal of Zoo and Aquarium Research* 3, no. 3 (Juli 2015): S. 99–106.

P. J. Hearty, P. Kindler, H. Cheng und R. L. Edwards, »A +20 m Middle Pleistocene Sea-Level Highstand (Bermuda and the Bahamas) Due to Partial Collapse of Antarctic Ice«, *Geology* 27, no. 4 (1.4.1999), https://pubs.geoscienceworld.org/gsa/geology/article-abstract/27/4/375/207100/a-20-m-middle-pleistocene-sea-level-highstand?redirectedFrom=fulltext.

A. de Vernal und C. Hillaire-Marcel, »Natural Variability of Greenland Climate, Vegetation, and Ice Volume During the Past Million Years«, *Science* 320, no. 5883 (20.06.2008): S. 1622–25, https://science.sciencemag.org/content/320/5883/1622.

S. Liu, E. D. Lorenzen, M. Fumagalli, R. Nielsen, E. Willerslev, J. Wang, et al., »Population Genomics Reveal Recent Speciation and Rapid Evolutionary Adaptation in Polar Bears«, *Cell* 157, no. 4 (Mai 2014): S. 785–94, https://www.cell.com/cell/fulltext/S0092-8674(14)00488-7.

W. Miller, S. C. Schuster, A. J. Welch, A. Ratan, O. C. Bedoya-Reina, F. Zhao, H. Kim, et al., »Polar and Brown Bear Genomes Reveal Ancient Admixture and Demographic Footprints of Past Climate Change«, *Proceedings of the National Academy of Sciences* 109, no. 36 (04.09.2012), https://www.pnas.org/content/109/36/E2382.

J. Stewart, A. M. Lister, I. Barnes und L. Dalen, »Refugia Revisited: Individualistic Responses of Species in Space and Time«, *Proceedings of the Royal Society: Biological Sciences*, Oktober 2009, https://royalsocietypublishing.org/doi/full/10.1098/rspb.2009.1272.

KAPITEL 2
Eine verhängnisvolle Jagd

Neben den im Folgenden zitierten Quellen war besonders Ian Stirlings Werk *Polar Bears: The Natural History of a Threatened Species* (London: Bloomsbury, 2012) eine große Hilfe bei den Recherchen zur Eisbärenforschung, um die es in diesem Kapitel geht.

Peter Dykstra, »Contentious Fact in Polar Debate Bears Scrutiny«, CNN, 15.05.2008, https://scitech.blogs.cnn.com/category/polar-bears/.

»Agreement on the Conservation of Polar Bears«, unterzeichnet in Oslo, Norwegen, 15.11.1973, https://polarbearagreement.org/resources?task=.

Sarah Mimms, National Journal, »Why Canada Is Still Stuck with Our Dead Polar Bears«, *The Atlantic*, 04.02.2014, https://www.theatlantic.com/politics/archive/2014/02/why-canada-is-still-stuck-with-our-dead-polar-bears/450339/.

I. Stirling, »Ecology of the Weddell Seal in McMurdo Sound, Antarctica«, *Ecology*, 01.07.1969, https://esajournals.onlinelibrary.wiley.com/doi/10.2307/1936247.

»Polar Bears: A Report About Polar Bears and the State of Resources«, Ontario Ministry of Natural Resources, Dezember 2008, Zugriff 15.04.2020, https://docs.ontario.ca/documents/3182/state-of-resources-reports-polar-bears.pdf.

»Mark-Recapture«, IUCN/SSC Polar Bear Specialist Group, 26.2.2009, Zugriff 19.04.2020, http://pbsg.npolar.no/en/methods/markrecap.html.

»Polar Bear Population Decline a Wake Up Call for Climate Change Action«, World Wildlife Fund, Zugriff 19.04.2020, https://www.worldwildlife.org/stories/polar-bear-population-decline-a-wake-up-call-for-climate-change-action.

L. Zuckerman, »Polar Bear Numbers Seen Declining a Third from Arctic
Sea Ice Melt«, Reuters, 12.12.2016, https://www.reuters.com/article/
us-environment-climate-arctic/polar-bear-numbers-seen-declining-
a-third-from-arctic-sea-ice-melt-idUSKBN14205I.

L. Geggel, »Butchered Mammoth Suggests Humans Lived in Siberia 45,000
Years Ago«, Live Science, 15.01.2016, https://www.livescience.
com/53397-mammoth-human-hunters.html.

»Thule Culture«, University of Alaska Museum of the North, Zugriff
19.04.2020, https://www.uaf.edu/museum/collections/archaeo/online-
exhibits/paleo-eskimo-cultures/thule/.

KAPITEL 3

Die erste Fütterung

Neben den im Folgenden zitierten Quellen stammen die in diesem Kapitel verwendeten Details aus Auroras Geburtsplan und dem Rezept für Noras Babynahrung, die mir beide vom *Columbus Zoo and Aquarium* zur Verfügung gestellt wurden.

L. Gage, *Hand-Rearing Wild and Domestic Mammals* (Ames: Iowa State Press,
2002).

G. Hedberg, A. Derocher, M. Andersen, Q. Rogers, E. Depeters, B. Lönnerdal,
L. Mazzaro, R. Chesney und B. Hollis, »Milk Composition in Free-Ranging
Polar Bears (*Ursus maritimus*) as a Model for Captive Rearing Milk
Formula«, *Zoo Biology* 30, no. 5 (2011): S. 550–65, https://onlinelibrary.
wiley.com/doi/abs/10.1002/zoo.20375.

D. Hatcher, »Columbus Zoo and Aquarium's Polar Bear Cub Formula
Preparation«, interne Notiz, Columbus Zoo and Aquarium.

»Polar Bear Cub Update«, Columbus Zoo and Aquarium, YouTube-Video,
1:16, 13.11.2005, https://www.youtube.com/watch?v=SyutJZyf_1o&t=2 s.

James Brooke, »A Rocky Mountain High: Twin Polar Bears«, *The New York
Times*, 26.12.1995, https://www.nytimes.com/1995/12/26/
us/a-rocky-mountain-high-twin-polar-bears.html.

KAPITEL 4
Der Bär

S. Changnon, K. Kunkel und D. Changnon, »Impacts of Recent Climate
Anomalies: Losers and Winners«, Illinois State Water Survey, case study
2007–01 (Juni 2007), S. 17–19, https://www.isws.illinois.edu/pubdoc/DCS/
ISWSDCS2007–01.pdf.

*Greenhouse Effect and Global Climate Change: Hearing Before the S. Comm. on
Energy and Natural Resources*, 100. Kongress (1988) (Aussage von James
Hansen, Direktor des NASA Goddard Institute for Space Studies),
https://babel.hathitrust.org/cgi/pt?id=uc1.b5127807&view=1up&seq=1.

»Theophrastus (371–287 BC)«, Origins of Botany, Trinity College Dublin,
https://www.tcd.ie/Botany/tercentenary/origins/theophrastus.php.

Douglas W. MacCleery, *American Forests: A History of Resiliency and Recovery*
(Durham, NC: Forest History Society, 2012), S. 21.

Encyclopedia of the Great Plains, s. »Rainfall Follows the Plow«, Zugriff
25.04.2020, http://plainshumanities.unl.edu/encyclopedia/doc/egp.ii.049.

Katie Nodjimbadem, »When the U.S. Government Tried to Make It Rain by
Exploding Dynamite in the Sky«, SmithsonianMag.com, 04.09.2018,
https://www.smithsonianmag.com/history/when-us-government-tried-
make-rain-exploding-dynamite-sky-180970193/.

Holli Riebeek, »Paleoclimatology: Introduction«, NASA Earth Observatory,
Zugriff 25.04.2020, https://earthobservatory.nasa.gov/features/
Paleoclimatology.

Encyclopedia.com, »The Discovery of Global Ice Ages by Louis Agassiz«,
*Science and Its Times: Understanding the Social Significance of Scientific
Discovery*, Zugriff 25.04.2020, https://www.encyclopedia.com/science/
encyclopedias-almanacs-transcripts-and-maps/discovery-global-ice-ages-
louis-agassiz.

Steve Graham, »Svante Arrhenius«, NASA Earth Observatory, Zugriff
25.04.2020, https://earthobservatory.nasa.gov/features/Arrhenius.

Elisabeth Crawford, »Svante Arrhenius«, *Encyclopædia Britannica*,
15.02.2020, https://www.britannica.com/biography/Svante-Arrhenius.

Amara Huddleston, »Happy 200th Birthday to Eunice Foote, Hidden Climate

266

Science Pioneer«, NOAA Climate.gov, 17.07.2019, https://www.climate.gov/news-features/features/happy-200th-birthday-eunice-foote-hidden-climate-science-pioneer.

H. A. Phillips, »Pollution of the Atmosphere«, *Nature* 27, no. 684 (07.12.1882), https://www.nature.com/articles/027127c0.pdf.

Jeff Nichols (@backwards_river), »1913 Philadelphia Inquirer editorial that questions whether coal and CO2 can account ›for vagaries of the temperature‹«, Twitter, 23.10.2016, 15:06 Uhr, https://twitter.com/backwards_river/status/790313357656006656.

Jeff Nichols (@backwards_river), »Arrhenius got a little play in the American press. Kansas City Star, 1902«, Twitter, 23.10.2016, 11:29 Uhr, https://twitter.com/backwards_river/status/790258931046035456.

»The Atmosphere«, *The New York Times*, 06.01.1883, https://timesmachine.nytimes.com/timesmachine/1883/01/06/106244132.pdf.

S. Arrhenius, »On the Influence of Carbonic Acid in the Air upon the Temperature of the Ground«, *Philosophical Magazine and Journal of Science*, Reihe 5, Vol. 41 (April 1896): S. 237–76, https://www.rsc.org/images/Arrhenius1896_tcm18-173546.pdf.

Patrick Lockerby, »Carbon Cycles by Arvid G. Högbom«, *Science 2.0*, 21.12.2016, https://www.science20.com/the_chatter_box/blog/carbon_cycles_by_arvid_g_hoegbom-196827.

S. R. Weart, »Global Warm- ing, Cold War, and the Evolution of Research Plans«, *Historical Studies in the Physical and Biological Sciences* 27, no. 2 (1997): S. 319–56, https://hsns.ucpress.edu/content/27/2/319.

Rob Monroe, »The History of the Keeling Curve«, Scripps Institution of Oceanography, 03.04.2013, https://scripps.ucsd.edu/programs/keelingcurve /2013/04/03/the-history-of-the-keeling-curve/.

J. Hansen et al., »Climate Impact of Increasing Atmospheric Carbon Dioxide«, *Science* 213, no. 4511 (28.08.1981): S. 957–66, https://pubs.giss.nasa.gov/abs/ha04600x.html.

Walter Sullivan, »Study Finds Warming Trend That Could Raise Sea Levels«, *The New York Times*, 22.08.1981, https://www.nytimes.com/1981/08/22/us/study-finds-warming-trend-that-could-raise-sea-levels.html.

C. Sagan et al., »Nuclear Winter: Global Consequences of Multiple Nuclear

Explosions«, *Science* 222, no. 4630 (23.12.1983): S. 1283–92, https://science.
sciencemag.org/content/222/4630/1283.

S. R. Weart, »Money for Keeling: Monitoring CO_2 Levels«, *The Discovery of Global Warming*, American Institute of Physics, Juli 2008, https://history.
aip.org/climate/Kfunds.htm.

Robert Sangeorge, »EPA Report Predicts Catastrophic Global Warming«,
UPI, 18.10.1983, https://www.upi.com/Archives/1983/10/18/EPA-
report-predicts-catastrophic-global-warming/2626435297600/.

Philip Shabecoff, »Haste of Global Warming Trend Opposed«, *The New York Times*, 21.10.1983, https://www.nytimes.com/1983/10/21/us/haste-of-
global-warming-trend-opposed.html.

S. R. Weart, *The Discovery of Global Warming* (Cambridge, MA: Harvard
University Press, 2008).

KAPITEL 5

Schlechte Neuigkeiten

L. C. Bliss, *Truelove Lowland, Devon Island, Canada: A High Arctic Ecosystem*
(Edmonton: University of Alberta Press, 1987).

»Mars Researchers Rendezvous on Remote Arctic Island«, NASA
Atmospheric Science Data Center, Zugriff 26.04.2020,
https://eosweb.larc.nasa.gov/project/misr/gallery/devon_island.

I. Stirling, »Midsummer Observations on Behavior of Wild Polar Bears
(Ursus maritimus)«, *Canadian Journal of Zoology* 52, no. 9
(12.02.1974): S. 1191–98,
https://www.nrcresearchpress.com/doi/10.1139/z74-157#citart1.

I. Stirling, »The Amazing Breeding Behavior of Polar Bears«, Polar Bears
International, 15.03.2019, https://polarbearsinternational.org/news/
article-research/the-amazing-breeding-behavior-of-polar-bears/.

I. Stirling, »Behavior and Activity Budgets of Wild Breeding Polar Bears
(Ursus maritimus)«, *Marine Mammal Science* 32, no. 1 (Januar 2016):
S. 13–37, https://staging.polarbearsinternational.org/media/3378/2016-
stirling-et-al-breeding-behavior-of-polar-bears.pdf.

J. W. Lentfer und R. J. Hensel, »Alaskan Polar Bear Denning«,
Bears: Their Biology and Management 4 (1980): S. 101–8,
https://doi.org/10.2307/3872850.

Als der Tod mit dem Hundeschlitten kam

Die Beschreibungen von Wales vor dem Eingreifen der westlichen Welt beruhen auf Ernest S. Burch Jr.s Recherchen, vor allem auf seinem Buch *Social Life in Northwest Alaska: The Structure of Iñupiaq Eskimo Nations* (Fairbanks: University of Alaska Press, 2006). Auch Tony Hopfinger, ehemaliger Reporter der *Anchorage Daily News,* bin ich zu großem Dank verpflichtet. In seiner außergewöhnlichen Reihe »To Live and Die in Wales« beschreibt er detailreich die Geschichte Wales' zur Zeit der Spanischen Grippe. Er half mir auch dabei, Zugang zu Henry Greists unveröffentlichtem Bericht zu bekommen.

»3rd Voyage«, Captain James Cook (Website), British Library, Zugriff
27.04.2020, http://www.captcook-ne.co.uk/ccne/timeline/voyage3.htm.

»Act II: The Third Voyage«, *Strait Through: Magellan to Cook & the Pacific,*
Princeton University Library, Zugriff 27.04.2020, https://lib-dbserver.
princeton.edu/visual_materials/maps/websites/pacific/cook3/cook3.html.

Alwyn Peel, »The Coast of Oregon«, Captain Cook Society, 27.04.2020,
https://www.captaincooksociety.com/home/detail/the-coast-of-oregon.

John Taliaferro, *In a Far Country: The True Story of a Mission, a Marriage,
a Murder, and the Remarkable Reindeer Rescue of 1898* (New York:
PublicAffairs, 2007), S. 26.

Murray Lundberg, »Thar She Blows! Whaling in Alaska and the Yukon«,
ExploreNorth Blog, Zugriff 27.04.2020, http://www.explorenorth.com/
library/history/whaling-alaska-yukon.html.

Susan Lebo, »Native Hawaiian Seamen's Accounts of the 1876 Arctic
Whaling Disaster and the 1877 Massacre of Alaskan Natives from Cape

Prince of Wales«, *Hawaiian Journal of History* 40 (2006),
https://core.ac.uk/download/pdf/5014805.pdf.

Henry Greist, »17 Years with the Eskimo« (unveröffentlichtes Manuskript,
1961), Kapitel 2–5.

Woman's Home Missionary Society, *19th Annual Report for the Year
1899–1900* (Cincinnati: Western Methodist Book Concern Press, 1900).

Richard Dauenhauer, »Two Missions to Alaska«, *The Pacific Historian* 26
(Frühling 1982): S. 29–41.

John M. Barry, »How the Horrific 1918 Flu Spread Across America«,
Smithsonian, November 2017, https://www.smithsonianmag.com/history/
journal-plague-year-180965222/.

A. Trilla, G. Trilla, und C. Daer, »The 1918 ›Spanish Flu‹ in Spain«,
Clinical Infectious Diseases 47, no. 5 (01.09.2008): S. 668–73,
https://academic.oup.com/cid/article/47/5/668/296225.

S. Mamelund, L. Sattenspiel und J. Dimka, »1919 Influenza Pandemic in
Alaska and Labrador: A Comparison«, *Social Science History* 37, no. 2
(2013): S. 177–229.

Tony Hopfinger, »To Live and Die in Wales, Alaska«, *Anchorage Daily News*,
01.11.2007, https://www.adn.com/rural-alaska/article/live-and-die-wales-
alaska/2007/11/02/.

Health Analytics und Vital Records, »1918 Pandemic Influenza Mortality
in Alaska«, Alaska Division of Public Health, Zugriff 27.04.2020,
http://dhss.alaska.gov/dph/VitalStats/Documents/PDFs/AK_1918Flu_
DataBrief_092018.pdf.

KAPITEL 7

Meilensteine

Die Geschichte der Bärenbrüder aus Alaska ähnelt der von Nanuq: Auch sie wurden schon früh zu Waisen. Ihre Mutter griff
einen Spaziergänger und seinen Hund an, woraufhin der Mann
die Eisbärin aus Notwehr erschoss. Anschließend half er bei der
Rettung der Bärenjungen. Danielle Barker, »Orphaned Bear Cubs

Now Thriving Thanks to Extraordinary Effort of Man Who Shot Their Mom«, *USA Today*, 03.08.2018, https://www.usatoday.com/story/news/animalkind/2018/08/03/brother-brown-bears-orphaned-cubs/891512002/.

»Polar Frontier Opens May 6«, Pressemitteilung, Columbus Zoo and Aquarium, 05.05.2010, https://www.columbuszoo.org/home/about/press-releases/press-release-articles/2010/05/05/polar-frontier-opens-may-6.

Saul McLeod, »Konrad Lorenz's Imprinting Theory«, Simply Psychology, 2018, https://www.simplypsychology.org/Konrad-Lorenz.html.

»Konrad Lorenz – Facts«, NobelPrize.org, Nobel Media AB 2020, Zugriff 27.04.2020, https://www.nobelprize.org/prizes/medicine/1973/lorenz/facts/.

Katia Hetter, »These Sea Otters Adopted Orphaned Pups and Raise Them to Be Wild«, CNN Travel, 25.09.2019, https://www.cnn.com/travel/article/sea-otters-monterey-bay-aquarium-california/index.html.

Mark Rose, »World's First Zoo-Hierakonpolis, Egypt«, *Archaeology* 63, no. 10 (Januar/Februar 2010), https://archive.archaeology.org/1001/topten/egypt.html.

Caroline Wazer, »The Exotic Animal Traffickers of Ancient Rome«, *The Atlantic*, 31.03.2016, https://www.theatlantic.com/science/archive/2016/03/exotic-animals-ancient-rome/475704/.

»The Tower of London Menagerie«, Historic Royal Palaces, Zugriff 27.04.2020, https://www.hrp.org.uk/tower-of-london/history-and-stories/the-tower-of-london-menagerie/#gs.4odzuw.

Michael Engelhard, »Furry Attractions: Polar Bears in the Zoo«, Center for Humans & Nature, Zugriff 27.04.2020, https://www.humansandnature.org/furry-attractions-polar-bears-in-the-zoo.

»Landmarks in ZSL History«, Zoological Society of London, Zugriff 28.04.2020, https://www.zsl.org/about-us/landmarks-in-zsl-history.

Michael Engelhard, »Polar Attraction: A Brief History of the Arctic White Bear in Captivity«, *The Journal of Wild Culture*, 26.02.2017, https://www.wildculture.com/article/polar-attraction-brief-history-arctic-white-bear-captivity/1624.

»About AZA Accreditation«, Association of Zoos and Aquariums, Zugriff
28.04.2020, https://www.aza.org/what-is-accreditation.

10TV Web Staff, »Polar Bear Cub Nora Makes Debut at Columbus Zoo«,
WBNS-10TV Columbus, Ohio, 17.05.2016, https://www.10tv.com/article/
polar-bear-cub-nora-makes-debut-columbus-zoo.

KAPITEL 8

Abschied

Zusätzlich zu den im Folgenden zitierten Quellen lieferte das
Werk *Ice Bear: The Cultural History of an Arctic Icon* (Seattle: University of Washington Press, 2017) von Michael Engelhard wichtige Informationen über Knut und den Eisbären als Symbol im
Laufe der Geschichte.

Mary Beth Warner, »A Star Is Born: Heidi, the Cross-Eyed Opossum, Charms
Germany«, *Der Spiegel*, 07.01.2011, https://www.spiegel.de/international/
zeitgeist/a-star-is-born-heidi-the-cross-eyed-opossum-charms-germany-
a-738309.html.

Douglas Main, »Why Koko the Gorilla Mattered«, *National Geographic*,
21.06.2018, https://www.nationalgeographic.com/news/2018/06/gorillas-
koko-sign-language-culture-animals/.

Associated Press, »176-Year-Old ›Darwin's Tortoise‹ Dies in Zoo«,
NBC News, 24.06.2006, http://www.nbcnews.com/id/13115101/ns/
world_news-asia_pacific/t/-year-old-darwins-tortoise-dies-zoo/#.Xqm
VIZNKi7M.

Kate Connolly, »Rejected at Birth, Knut Becomes Berlin Zoo's Bear Essential«,
The Guardian, 24.03.2007, https://www.theguardian.com/world/2007/
mar/24/animalwelfare.germany.

»Berlin Rallies Behind Baby Bear«, BBC News, 20.03.2007, http://news.bbc.
co.uk/1/hi/world/europe/6470509.stm.

Michael Engelhard, »How One Polar Bear Cub Had Germany
(and the World) Enthralled«, *National Geographic*, 13.10.2016,

https://blog.nationalgeographic.org/2016/10/13/how-one-polar-bear-cub-had-germany-and-the-world-enthralled/.

Kate Connolly, »Guards Protect Knut After Death Threat«, *The Guardian*, 19.04.2007, https://www.theguardian.com/world/2007/apr/20/germany. kateconnolly.

»End of an Era Nearing: Knut Steadily Getting Less Cute«, *Der Spiegel*, 30.04.2007, https://www.spiegel.de/international/zeitgeist/end-of-an-era-nearing-knut-steadily-getting-less-cute-a-480321.html.

»Star Bear Knut to Stay in Berlin«, BBC News, 08.07.2009, http://news.bbc.co.uk/2/hi/europe/8140185.stm.

Associated Press, »Berlin Zoo Makes Polar Bear Cub a Solo Act«, CBS News, 12.07.2007, https://www.cbsnews.com/news/berlin-zoo-makes-polar-bear-cub-a-solo-act/.

»Polar Bear Missing Human Contact: Knut Pining for His Lost Friends«, *Der Spiegel*, 25.03.2008, https://www.spiegel.de/international/zeitgeist/polar-bear-missing-human-contact-knut-pining-for-his-lost-friends-a-543145.html.

David Crossland, »Berlin Polar Bear Alone at Home: Knut Relieved at Departure of Italian Girlfriend«, *Der Spiegel*, 02.08.2010, https://www.spiegel.de/international/zeitgeist/berlin-polar-bear-alone-at-home-knut-relieved-at-departure-of-italian-girlfriend-a-709771.html.

»Knut the Polar Bear Bullied«, CBS News, YouTube-Video, 0:29, 10.10.2010, https://www.youtube.com/watch?v=cICyHji6JYE.

Claire McCormack, »Knut the Polar Bear: Unlucky in Love«, *Time*, 20.10.2010, https://newsfeed.time.com/2010/10/20/knut-the-polar-bear-unlucky-in-love/.

»Knut the Polar Bear Dies«, YouTube-Video, 0:51, hochgeladen von melonheadman, 22.03.2011, https://www.youtube.com/watch?v=-OMZXu303tms.

Associated Press, »Knut, the Polar Bear Raised by Berlin Zoo Keepers, Dies in Compound«, *The Guardian*, 19.03.2011, https://www.theguardian.com/world/2011/mar/19/knut-polar-bear-berlin-dies.

Allison Meier, »Immortalized in Taxidermy, Berlin's Favorite Polar Bear Knut Returns«, *Atlas Obscura*, 27.03.2013, https://www.atlasobscura.com/articles/knut-the-polar-bear-taxidermy-on-display.

Mary Beth Warner, »Remembering Knut: Polar Bear Will Be Given Home at Natural History Museum«, *Der Spiegel*, 25.03.2011, https://www.spiegel.de/international/germany/remembering-knut-polar-bear-will-be-given-home-at-natural-history-museum-a-753142.html.

»Polar Bear Turned Cash Cow: Knut the Business-Bear«, *Der Spiegel*, 11.05.2007, https://www.spiegel.de/international/zeitgeist/polar-bear-turned-cash-cow-knut-the-business-bear-a-482368.html.

»U.S. Special Representative for the Arctic and Norwegian Ambassador Visit Columbus Zoo and Aquarium«, YouTube-Video, 2:25, Columbus Zoo and Aquarium, 15.07.2016, https://www.youtube.com/watch?v=O_IAqrQ38ew.

Natasha Vizcarra, »Another Record Low for Arctic Sea Ice Maximum Winter Extent«, National Snow & Ice Data Center, 26.03.2016, https://nsidc.org/arcticseaicenews/2016/03/another-record-low-for-arctic-sea-ice-maximum-winter-extent/.

»Fact Sheet: What Climate Change Means for Your Health and Family«, National Archives and Records Administration, Zugriff 08.05.2020, https://obamawhitehouse.archives.gov/the-press-office/2016/04/04/fact-sheet-what-climate-change-means-your-health-and-family.

Agenda 21, Bericht der Konferenz der Vereinten Nationen über Umwelt und Entwicklung, 03.–14.06.1992, https://sustainabledevelopment.un.org/content/documents/Agenda21.pdf.

Climate Investigations Center, »1996 GCC STAC October Meeting Minutes«, DocumentCloud, 24.-26.09.1996, Zugriff 08.05.2020, https://www.documentcloud.org/documents/5631463-AIAM-051494.html#document/p91/a494375.

Andrew Revkin, »Industry Ignored Its Scientists on Climate«, *The New York Times*, 24.04.2009, https://www.nytimes.com/2009/04/24/science/earth/24deny.html.

John Vidal, »Revealed: How Oil Giant Influenced Bush«, *The Guardian*, 08.06.2005, https://www.theguardian.com/news/2005/jun/08/usnews.climatechange.

IPCC, *Fourth Assessment Report*, 2007, Zugriff 08.05.2020, https://www.ipcc.ch/assessment-report/ar4/.

KAPITEL 9

Tasul

Dieses Kapitel beruht maßgeblich auf der Recherche von Grant Butler zur Geschichte des *Oregon Zoo*, die er im Zuge seiner Arbeit an der Artikelreihe des *The Oregonian*/Oregon Live aus dem Jahr 2017, auf der dieses Buch basiert, durchführte.

»Bear Intelligence«, *Nature*, PBS, 10.06.2008, http://www.pbs.org/wnet/nature/arctic-bears-bear-intelligence/779/.

Meilan Solly, »Sun Bears Mimic Each Other's Facial Expressions to Communicate«, *Smithsonian*, 22.03.2019, https://www.smithsonianmag.com/smart-news/sun-bears-mimic-each-others-facial-expressions-communicate-180971778/.

»Letter from Portland Apothecary Richard Knight, Dated June 6, 1888, Regarding a Male Brown Bear and She Grizzly He Brought to the Area and Wanted to Sell«, Oregon Zoo, Zugriff 09.05.2020, https://www.oregonzoo.org/gallery/images/letter-portland-apothecary-richard-knight-dated-june-6–1888-regarding-male-brown-bear.

»History«, Oregon Zoo, Zugriff 09.05.2020, https://www.oregonzoo.org/about/about-oregon-zoo/history.

Grant Butler, »Polar Bears at Portland's Zoo: A Century Marked by Sadness, Tragedy«, *The Oregonian*/OregonLive, 18.10.2017, https://www.oregonlive.com/portland/2017/10/polar_bears_at_portlands_zoo_a.html.

Katy Muldoon, »Oregon Zoo Makes a Medical Breakthrough with Polar Bears«, *The Oregonian*/OregonLive, 19.09.2012, https://www.oregonlive.com/portland/2012/09/oregon_zoo_makes_a_medical_bre.html.

»Tasul's Collar,« YouTube-Video, 2:44, Oregon Zoo, 30.07.2013, https://www.youtube.com/watch?v=4qEbPLrVOb0&feature=youtu.be.

Robinson Meyer, »What Scientists Learned from Strapping a Camera to a Polar Bear«, *The Atlantic*, 02.02.2018, https://www.theatlantic.com/science/archive/2018/02/what-scientists-learned-from-strapping-a-camera-to-a-polar-bear/552083/.

KAPITEL 11

Ankommen

Dokumente: Noras medizinische Akten, mit freundlicher Genehmigung des *Oregon Zoo*.

»Nora Update: Young Bear Meets Elderly Companion Tasul«, Oregon Zoo, Zugriff 09.05.2020, https://www.oregonzoo.org/node/3194/media.

R. Clubb und G. Mason, »Captivity Effects on Wide-Ranging Carnivores«, *Nature* 425, Nr. 473–74 (02.10.2003), https://www.nature.com/articles/425473a.

Mark Derr, »Big Beasts, Tight Space and a Call for Change«, *The New York Times*, 02.10.2003, https://www.nytimes.com/2003/10/02/us/big-beasts-tight-space-and-a-call-for-change.html.

M. Tidière, J. Gaillard, V. Berger, D. W. H. Müller, L. B. Lackey, O. Gimenez, M. Clauss und J. Lemaître, »Comparative Analyses of Longevity and Senescence Reveal Variable Survival Benefits of Living in Zoos Across Mammals«, *Scientific Reports* 6, Nr. 36361 (07.11.2016), https://www.nature.com/articles/srep36361.

»The Wilds 2019 Media Kit«, Columbus Zoo and Aquarium, Zugriff 09.05.2020, https://columbuszoo.org/docs/default-source/media-tools-content/the-wilds-media-kit-2019.pdf?sfvrsn=24e6b4a6_2.

»Wildlife and Wild Places – Polar Bear Cub Update«, YouTube-Video, 3:00, Columbus Zoo and Aquarium, 31.12.2015, https://www.youtube.com/watch?v=hMpTPtig9uw.

Mitarbeiter von *The Blade* und Nachrichtendienste, »Popular Polar Bear Born in Toledo Dies«, *The Blade* (Toledo, OH), 29.08.2013, https://www.toledoblade.com/news/2013/08/30/Popular-polarbearborn-in-Toledo-dies/stories/20130829212.

»At Last, a Joy for All Ages: Central Park Zoo Is Back«, *The New York Times*, 09.08.1988, https://timesmachine.nytimes.com/timesmachine/1988/08/09/495388.html?pageNumber=1.

»Japanese Macaque«, Central Park Zoo, 17.10.2017, https://www.centralpark.com/things-to-do/central-park-zoo/japanese-macaque/.

»Tropic Zone: The Rainforest«, Central Park Zoo, Zugriff 09.05.2020, https://centralparkzoo.com/exhibits/tropic-zone-the-rainforest.

»Endless Pools & Gus, the Central Park Zoo Polar Bear«, YouTube-Video, 2:35, Endless Pools, 25.05.2011, https://www.youtube.com/watch?v=RMy3wt0hDxk.

N. R. Kleinfield, »Farewell to Gus, Whose Issues Made Him a Stat«, *The New York Times*, 28.08.2013, https://www.nytimes.com/2013/08/29/nyregion/gus-new-yorksmost-famous-polar-bear-dies-at-27.html.

»Rene Descartes«, How to Do Animal Rights, Zugriff 09.05.2020, http://www.animalethics.org.uk/descartes.html.

Internet Encyclopedia of Philosophy, s. v. »Animal Minds« Zugriff 09.05.2020, https://www.iep.utm.edu/ani-mind/.

Edmund Ramsden und Duncan Wilson, »The Suicidal Animal: Science and the Nature of Self-Destruction«, *Past & Present* 224, Nr. 1 (August 2014), https://academic.oup.com/past/article/224/1/201/1411207.

Thomas Seeley und Paul Sherman, »History and Basic Concepts«, in *Encyclopædia Britannica*, Zugriff 09.05.2020, https://www.britannica.com/science/animal-behavior/History-and-basic-concepts.

G. Gallup Jr., »Chimpanzees: Self-Recognition«, *Science* 167, Nr. 3914 (2. 1. 1970): S. 86–87.

»List of Animals That Have Passed the Mirror Test«, Animal Cognition, 29.10.2016, http://www.animalcognition.org/2015/04/15/list-of-animals-that-have-passed-the-mirror-test/.

Ed Yong, »Can Dogs Smell Their ›Reflections‹?«, *The Atlantic*, 18.08.2017, https://www.theatlantic.com/science/archive/2017/08/can-dogs-smell-their-reflections/537219/.

Philip Low, »The Cambridge Declaration on Consciousness«, unterzeichnet während der Francis Crick Memorial Conference on Consciousness in Human and Non-Human Animals, im Churchill College, University of Cambridge, 07.07.2012, http://fcmconference.org/img/CambridgeDeclarationOnConsciousness.pdf.

»Affective States«, Animal Behavior and Cognition Lab, Department of Animal Science, UC Davis, Zugriff 09.05.2020, https://horback.faculty.ucdavis.edu/assessing-affective-states/.

Braitman, *Animal Madness.*

Jenni Laidman, »Zoo Using Drugs to Help Manage Anxious Animals«,
The Blade (Toledo, OH), 12.09.2005, https://www.toledoblade.com/
frontpage/2005/09/12/Zoos-using-drugs-to-help-manage-anxious-animals.
html.

»It's a Jungle in Here«, *New York Magazine,* 24.04.1995, https://books.google.
com/.

John Kifner, »About New York: Stay-at-Home SWB, 8, Into Fitness, Seeks
Thrills«, *The New York Times,* 02.07.1994, https://timesmachine.nytimes.
com/timesmachine/1994/07/02/issue.html.

KAPITEL 12

Im Meer versinken

Um Karyn Rodes Feldarbeit wiederzugeben, orientierte ich mich
an einem hervorragenden Video mit dem Titel »Breakthrough:
Polar Bear Witness«, unter der Regie von Luke Groskin von
Science Friday, der 2017 zur Tschuktschensee reiste.

»Breakthrough: Polar Bear Witness«, unter der Regie von Luke Groskin,
produziert von Emily Driscoll und Luke Groskin, *Science Friday,*
29.06.2017, https://www.sciencefriday.com/videos/polar-bear-witness/.

Kassie Siegel and Brendan Cummings, »Petition to List the Polar Bear as a
Threatened Species Under the Endangered Species Act«, Center for
Biological Diversity, 16.02.2005, https://www.biologicaldiversity.org/
species/mammals/polar_bear/pdfs/15976_7338.pdf.

»Spotted Owl Action Timeline«, Center for Biological Diversity, Zugriff
09.05.2020, https://www.biologicaldiversity.org/species/birds/northern_
spotted_owl/action_timeline.html.

»Future Retreat of Arctic Sea Ice Will Lower Polar Bear Populations and Limit
Their Distribution«, U.S. Geological Survey, 07.09.2007, https://archive.
usgs.gov/archive/sites/www.usgs.gov/newsroom/article.asp-ID=1773.html.

»Endangered and Threatened Wildlife and Plants; Determination of Threatened Status for the Polar Bear (Ursus maritimus) Throughout Its Range; Final Rule«, US-Innenministerium, 15.05.2008, https://www.fws.gov/r7/fisheries/mmm/polarbear/pdf/Polar_Bear_Final_Rule.pdf.

Larry Greenemeier, »U.S. Protects Polar Bears Under Endangered Species Act«, *Scientific American*, 14.05.2008, https://www.scientificamerican.com/article/polar-bears-threatened/.

Juliet Eilperin, »Polar Bear Is Named ›Threatened‹«, *The Washington Post*, 15.05.2008, https://www.washingtonpost.com/wp-dyn/content/article/2008/05/14/AR2008051401596.html.

»Polar Bear Critical Habitat Questions & Answers«, U.S. Fish and Wildlife Service, Zugriff 09.05.2020, https://www.fws.gov/r7/fisheries/mmm/polarbearpdf/Updated%20FAQs%20for%20polar%20bear%20CH.pdf?SiteName=FWS&Entity=PRAsset&SF_PRAsset_PRAssetID_EQ=131878&XSL=PressRelease&CacheTrue.

Michael Stickings, »Too Bad for Those Threatened Polar Bears«, RealClear Politics, 15.05.2008, https://www.realclearpolitics.com/cross_tabs/2008/05/too_bad_for_those_threatened_p.html.

E. Regehr, N. Hostetter, R. Wilson, K. Rode, M. St. Martin und S. Converse, »Integrated Population Modeling Provides the First Empirical Estimates of Vital Rates and Abundance for Polar Bears in the Chukchi Sea«, *Scientific Reports* 8, Nr. 16780 (14.11.2018), https://www.nature.com/articles/s41598-018-34824-7.

»Polar Bear Status Table«, IUCN/SSC Polar Bear Specialist Group, September 2019, Zugriff 09.05.2020, http://pbsg.npolar.no/export/sites/pbsg/en/docs/2019-PBSG-StatusTable.pdf.

»Southern Beaufort Sea Polar Bear Population Declined in the 2000 s«, U.S. Geological Survey, 17.11.2014, https://www.usgs.gov/news/southern-beaufort-sea-polar-bear-population-declined-2000 s.

KAPITEL 13

Wieder allein

Neben den unten genannten Quellen stammen einige Angaben in diesem Kapitel aus den medizinischen Akten von Tasul, mit freundlicher Genehmigung des *Oregon Zoo.*

Donald J. Trump (@realDonaldTrump), »Snowing in Texas and Louisiana, record setting freezing temperatures throughout the country and beyond. Global warming is an expensive hoax!«, Twitter, 28.01.2014, 11:27 Uhr, https://twitter.com/realDonaldTrump/status/428414113463955457.

Donald J. Trump (@realDonaldTrump), »This very expensive GLOBAL WARMING bullshit has got to stop. Our planet is freezing, record low temps, and our GW scientists are stuck in ice«, Twitter, 01.01.2014, 5:39 Uhr, https://twitter.com/realDonaldTrump/status/418542137899491328.

Donald J. Trump (@real DonaldTrump), »The concept of global warming was created by and for the Chinese in order to make U.S. manufacturing non-competitive«, Twitter, 06.11.2012, 2:15 Uhr, https://twitter.com/realDonaldTrump/status/265895292191248385.

»2015 Was the Hottest Year on Record«, NASA Earth Observatory, Zugriff 09.5.2020, https://earthobservatory.nasa.gov/images/87359/2015-was-the-hottest-year-on-record.

Christopher Solomon, »The Donald Trump Environmental Scorecard«, *Outside,* 26.09.2016, https://www.outsideonline.com/2117796/donald-trump-environmental-scorecard.

S. R. Weart, »Money for Keeling: Monitoring CO2 Levels«, *The Discovery of Global Warming,* American Institute of Physics, Juli 2008, https://history.aip.org/climate/Kfunds.htm.

KAPITEL 14

Das letzte Fellboot

»Selected Characteristics of the Total and Native Populations in the U
nited States: Wales, Alaska«, American Community Survey 2017, Statistik-
behörde der USA, https://data.census.gov/cedsci/table?q=Wales,%20
Alaska&g=1600000US0282860&hidePreview=false&tid=ACSST5Y2018.
S0601&vintage=2018&layer=VT_2018_160_00_PY_D1&cid=DP05_0001E.

»Seasonally Adjusted Unemployment Rates Alaska and the U.S., January 2012
to April 2020«, Alaska Department of Labor and Workforce Development,
Zugriff 09.05.2020, https://live.laborstats.alaska.gov/labforce/.

Marianne Lavelle, »Arctic Shipping Soars, Led by Russia and Lured by
Energy,« *National Geographic,* 22.05.2016, https://www.nationalgeographic.
com/news/energy/2013/11/131129-arctic-shipping-soars-led-by-russia/.

G. Durner, D. Douglas, S. Albeke, J. Whiteman, S. Amstrup, E. Richardson,
R. Wilson und M. Ben-David, »Increased Arctic Sea Ice Drift Alters Adult
Female Polar Bear Movements and Energetics«, *Global Change Biology* 23,
Nr. 9 (2017), https://onlinelibrary.wiley.com/doi/abs/10.1111/gcb.13746.

»About ICC«, Inuit Circumpolar Council, Zugriff 09.05.2020, https://www.
inuitcircumpolar.com/about-icc/.

»Bering Strait Regional Food Secu-rity Workshop: How to Assess Food
Security from an Inuit Perspective: Building a Conceptual Framework on
How to Assess Food Security in the Alaskan Arctic«, Inuit Circumpolar
Council–Alaska, 14.-15.04.2014, https://iccalaska.org/wp-icc/wp-content/
uploads/2016/03/Bering-Strait-Regional-WS-Repor_0319.pdf.

Suzanna Caldwell, »Disaster Declared for Subsistence Walrus Hunt on
St. Lawrence Island«, *Anchorage Daily News,* 28.09.2016, https://www.adn.
com/rural-alaska/article/disaster-declared-subsistence-walrus-hunt-st-
lawrence-island/2013/09/03/.

KAPITEL 15

Die nächste Hürde

Neben den unten genannten Quellen stammen einige Angaben in diesem Kapitel aus den medizinischen Akten von Tasul, mit freundlicher Genehmigung des *Oregon Zoo*.

Tiffany Frandsen, »Hogle Zoo to Put Polar Bear Rizzo on End-of-Life Care«, *Salt Lake Tribune*, 10.08.2017, https://www.sltrib.com/news/2017/04/10/hogle-zoo-to-put-polar-bear-rizzo-on-end-of-life-care/.

0»Our Big Six«, Utahs Hogle Zoo, Zugriff 09.05.2020, https://www.hoglezoo.org/meet_our_animals/conservation/carousel-for-conservation-projects/.

»Live from Oregon Zoo with Nora the Polar Bear and Hogle Zoo Keeper, Joanne!«, Facebook Live-Video, 12:20, Utahs Hogle Zoo, 04.08.2017, https://www.facebook.com/HogleZoo/videos/10159145897340173/?comment_id=10159145970010173&__tn__=R.

»Portland 2017 Weather Recap«, National Weather Service, 31.12.2017, https://www.weather.gov/pqr/2017recappdx.

KGW, »›Do You Realize You Just Started a Forest Fire?‹: Witness to Teen Suspect«, KGW News, 06.09.2017, https://www.kgw.com/article/news/do-you-realize-you-just-started-a-forest-fire-witness-to-teen-suspect/283–471324692.

»Timeline of the Eagle Creek Fire«, U.S. Department of Agriculture, U.S. Forest Service, Zugriff 09.05.2020, https://usfs.maps.arcgis.com/apps/Cascade/index.html?appid=d2a772ec2fb14555a51a0ac0a08a1116.

Andrew Theen, »Eagle Creek Fire: Smoke-Socked Portland Could See Reprieve as Winds Shift«, *The Oregonian*/OregonLive, 06.09.2017, https://www.oregonlive.com/wildfires/2017/09/eagle_creek_fire_smoke-socked.html.

»Impacts of Oregon's 2017 Wildfire Season«, Oregon Forest Resources Institute, 02.01.2018, https://oregonforests.org/sites/default/files/2018–01/OFRI%202017%20Wildfire%20Report%20-%20FINAL%2001–02–18.pdf.

Jim Ryan, »By the Numbers: A Look Back at the Eagle Creek Fire, 3 Months Later«, *The Oregonian*/OregonLive, 08.12.2017, https://www.oregonlive.com/wildfires/2017/12/by_the_numbers_a_look_back_at.html.

Maxine Bernstein, »Teen Admits Starting Eagle Creek Fire, Sentenced to 5 Years of Probation«, *The Oregonian*/OregonLive, 16.02.2018, https://www.oregonlive.com/wildfires/2018/02/teen_accused_of_setting_eagle.html.

Eric Blake und David Zelinsky, »Hurricane Harvey«, National Hurricane Center Tropical Cyclone Report, 23.01.2018, https://www.nhc.noaa.gov/data/tcr/AL092017_Harvey.pdf.

John D. Sutter und Leyla Santiago, »Hurricane Maria Death Toll May Be More Than 4,600 in Puerto Rico«, CNN, 29.05.2018, https://www.cnn.com/2018/05/29/us/puerto-rico-hurricane-maria-death-toll/index.html.

Alex Emslie, »October Fires‹ 44th Victim: A Creative, Globetrotting Engineer with ›The Kindest Heart‹«, KQED, 28.11.2017, https://www.kqed.org/news/11633757/october-fires-44th-victim-a-creative-globetrotting-engineer-with-the-kindest-heart.

Jamie Hale, »As Eagle Creek Fire Rages, Why We Mourn for the Gorge«, *The Oregonian*/ OregonLive, 06.09.2017, https://www.oregonlive.com/wildfires/2017/09/as_eagle_creek_fire_rages_why.html.

W. Zhang, G. Villarini, G. Vecchi und J. Smith, »Urbanization Exacerbated the Rainfall and Flooding Caused by Hurricane Harvey in Houston«, *Nature* 563 (14.11.2018), https://www.nature.com/articles/s41586-018-0676-z.

Alexia Fernández Campbell, »It Took 11 Months to Restore Power to Puerto Rico After Hurricane Maria. A Similar Crisis Could Happen Again«, *Vox*, 15.08.2018, https://www.vox.com/identities/2018/8/15/17692414/puerto-rico-power-electricity-restored-hurricane-maria.

J. Robine, S. Cheung, S. Le Roy, H. Van Oyen, C. Griffiths, J. Michel und F. Herrmann, »Death Toll Exceeded 70,000 in Europe During the Summer of 2003,« *Comptes Rendus Biologies* 331, Nr. 2 (Februar 2008): S. 171–78, https://www.sciencedirect.com/science/article/pii/S1631069107003770?via=ihub.

P. Stott, D. A. Stone und M. R. Allen, »Human Contribution to the European Heatwave of 2003«, *Nature* 432 (02.12.2004), https://www.nature.com/articles/nature03089.

D. Mitchell, C. Heaviside, S. Vardoulakis, C. Huntingford, G. Masato, B. Guillod, P. Frumhoff, A. Bowery, D. Wallom und M. Allen, »Attributing

Human Mortality During Extreme Heat Waves to Anthropogenic Climate Change«, *Environmental Research Letters* 11, Nr. 7 (08.07.2016), https://iopscience.iop.org/article/10.1088/1748-9326/11/7/074006.

J. Abatzoglou und A. Williams, »Impact of Anthropogenic Climate Change on Wildfire Across Western US Forests«, *Proceedings of the National Academy of Sciences* 113, Nr. 42 (10.10.2016): S. 11770–11775, https://www.pnas.org/content/113/42/11770.

KAPITEL 16
Am Rande einer sich erwärmenden Welt

»Shishmaref Site Analysis for Potential Emergency Evacuation and Permanent Relocation Sites«, National Resource Conservation Service and Shishmaref Erosion and Relocation Coalition, Zugriff 10.05.2020, https://www.commerce.alaska.gov/web/portals/4/pub/shishmaref_relocation_site_reconnaissance_nrcs.pdf.

»Shishmaref Relocation Strategic Plan«, Shishmaref Erosion and Relocation Coalition, Januar 2002, https://www.cakex.org/sites/default/files/documents/strategic_plan_final_200211.pdf.

O. Mason, J. Jordan, L. Lestak und W. Manley, »Narratives of Shoreline Erosion and Protection at Shishmaref, Alaska: The Anecdotal and the Analytical«, in *Pitfalls of Shoreline Stabilization: Selected Case Studies*, Hrsg. J. Andrew G. Cooper und Orrin H. Pilkey (Heidelberg: Springer, Dordrecht, 2012).

R. Bronen und F. Chapin III, »Adaptive Governance and Institutional Strategies for Climate-Induced Community Relocations in Alaska«. *Proceedings of the National Academy of Sciences* 110, Nr. 23 (04.06.2013), https://www.pnas.org/content/110/23/9320.

»Shishmaref Relocation and Collocation Study«, U.S. Army Corps of Engineers, Alaska District, Dezember 2004, https://web.law.columbia.edu/sites/default/files/microsites/climate-change/files/Arctic-Resources/Relocation-Plans/USACE%20relocation%20plan_shishmaref[1].pdf.

Christopher Mele und Daniel Victor, »Reeling from Effects of Climate Change, Alaskan Village Votes to Relocate«, *The New York Times*, 09.08.2016, https://www.nytimes.com/2016/08/20/us/shishmaref-alaska-elocate-vote-climate-change.html.

Elizabeth Kolbert, *Field Notes from a Catastrophe* (London: Bloomsbury, 2006).

»Climate Change in Kivalina, Alaska«, Alaska Native Tribal Health Consortium, Januar 2011, https://www.cidrap.umn.edu/sites/default/files/public/php/26952/Climate%20Change%20HIA%20Report_Kivalina.pdf.

United States Government Accountability Office, *Alaska Native Villages: Limited Progress Has Been Made on Relocating Villages Threatened by Flooding and Erosion*, GAO 09–551 (Washington, D. C.: Government Accountability Office, 2009), https://www.gao.gov/assets/300/290468.pdf.

S. Arrhenius, »On the Influence of Carbonic Acid in the Air upon the Temperature of the Ground«, *Philosophical Magazine and Journal of Science*, Reihe 5, Bd. 41 (April 1896): S. 237–76, https://www.rsc.org/images/Arrhenius1896_tcm18-173546.pdf.

»Climate Drives Change in an Arctic Food Web«, NOAA Fisheries, 07.05.2019, https://www.fisheries.noaa.gov/feature-story/climate-drives-change-arctic-food-web.

P. Molnár, C. Bitz, M. Holland, J. Kay, S. Penk und S. Amstrup, »Fasting Season Length Sets Tem-poral Limits for Global Polar Bear Persistence«, *Nature Climate Change* 10 (20.07.2020): S. 732–38, https://www.nature.com/articles/s41558-020-0818-9.

Dennis Mersereau, »What Is the Jet Stream, and How Does It Work?«, *Mental Floss*, 28.08.2017, https://www.mentalfloss.com/article/503501/what-jet-stream-and-how-does-it-work.

M. Mann, S. Rahmstorf, K. Kornhuber, B. Steinman, S. Miller und D. Coumou, »Influence of Anthropo-genic Climate Change on Planetary Wave Resonance and Extreme Weather Events«, *Scientific Reports* 7, Nr. 45242 (27.03.2017), https://www.nature.com/articles/srep45242.

Bob Berwyn, »Wobbly Jet Stream Is Sending the Melting Arctic into ›Uncharted Territory‹«, InsideClimate News, 09.06.2016, https://insideclimatenews.org/news/08062016/greenland-arctic-record-melt-jet-stream-wobbly-global-warming-climate-change.

»The Ocean and Cryosphere in a Changing Climate, Summary for Policymakers«, Intergovernmental Panel on Climate Change, Vereinte Nationen, 24.09.2019, https://report.ipcc.ch/srocc/pdf/SROCC_SPM_Approved.pdf.

»Flooded Future: Global Vulnerability to Sea Level Rise Worse Than Previously Understood«, Climate Central, 29.10.2019, https://www.climatecentral.org/ pdfs/2019CoastalDEMReport.pdf.

»Man Dies After Snowmachine Falls Through Shishmaref Ice«, *Anchorage Daily News*, 03.06.2007, https://www.akfatal.net/Kokeok%2006-02-07.htm.

John D. Sutter, »Tragedy of a Village Built on Ice«, CNN, 29.03.2017, https:// www.cnn.com/2017/03/29/us/sutter-shishmaref-esau-tragedy/index.html.

Robin Bronen, »Climate-Induced Displacement of Alaska Native Communities«, Brookings-LSE Project on Internal Displacement, Brookings Institution, 30.01.2013, https://www.brookings.edu/wp-content/uploads/ 2016/06/30-climate-alaska-bronen-paper.pdf.

»Esau and Rae«, ein bei der UN-Klimakonferenz 2015 aufgezeichnetes Gespräch, YouTube-Video, 3:17, hochgeladen von Benj Brooking, 12.12.2015, https://www.youtube.com/watch?v=fT45DUEPYXc.

Barack Obama, »Remarks by the President on the Paris Agreement«, National Archives and Records Administration, Zugriff 10.05.2020, https://obama-whitehouse.archives.gov/the-press-office/2016/10/05/remarks-president-paris-agreement.

Sinnok v. Alaska, 3AN-17–09910 CI (Alaska Super. Ct. 2017), http://blogs2.law.columbia.edu/climate-change.litigation/wp-content/ uploads/sites/16/case-documents/2017/20171027_docket-3AN-17–09910_ complaint.pdf.

Lawrence Hurley, »Supreme Court Declines to Hear Alaska Climate Change Case«, Reuters, 20.05.2013, https://www.reuters.com/article/us-usa-court-climate/supreme-court-declines-to-hear-alaska-climate-change-case-idUS-BRE94J0FQ20130520.

»Federal Youth Climate Case-Juliana v. U.S.«, Crag Law Center, Zugriff 10.05.2020, https://crag.org/federal-youth-climate-case-juliana-v-u-s/.

Juliana v. United States, 947 F.3d 1159 (9th Cir., 2020), http://cdn.ca9.uscourts. gov/datastore/opinions/2020/01/17/18–36082.pdf.

KAPITEL 17

Zu Hause, zumindest erst mal

»Nora's Second Chance«, YouTube-Video, 8:40, Oregon Zoo, 29.09.2017, https://www.youtube.com/watch?v=lWZBi2i0QUo.

Nour Habib, »What Are You …? With Kaleigh Jablonski, Tulsa Zoo Animal Trainer«, *Tulsa World,* 12.07.2012, https://www.tulsaworld.com/archive/ what-are-you-with-kaleigh-jablonski-tulsa-zoo-animal-trainer/article_ e49c9473-0079-5 f99-a832-371d887246a0.html.

»Polar Bear Update! Hope and Nora!«, Facebook Live-Video, 11:15, Utah's Hogle Zoo, 05.10.2017, https://www.facebook.com/watch/live/?- v=10159419889760173&ref=watch_permalink.

»It's a Hope and Nora Update Plus a Note About Climate Change – LIVE #utahclimateweek«, Facebook Live-Video, 16:07, Utah's Hogle Zoo, 12.10.2017, https://www.facebook.com/watch/live/?- v=10159450016625173&ref=watch_permalink.

»Global Warming vs Climate Change«, Skeptical Science, Zugriff 10.05.2020, https://skepticalscience.com/climate-change-global-warming.htm.

N. Oreskes, »The Scientific Consensus on Climate Change«, *Science* 306, Nr. 5702 (03.12.2004): Seite 1686, https://science.sciencemag.org/content/ 306/5702/1686.

J. Cook, S. van der Linden, E. Maibach und S. Lewandowsky, *The Consensus Handbook,* George Mason Center for Climate Change Communication, 2018, http://www.climatechangecommunication.org/all/consensus- handbook/.

»1988 Exxon Memo on the Greenhouse Effect«, Climate Files, Zugriff 10.05.2020, http://www.climatefiles.com/exxonmobil/566/.

M. Boykoff, »Lost in Translation? United States Television News Coverage of Anthropogenic Climate Change, 1995–2004«, *Climatic Change* 86 (Januar 2008), https://link.springer.com/article/10.1007/s10584-007-9299-3.

Coral Davenport, »With Climate Science on the March, an Isolated Trump Hunkers Down«, *The New York Times,* 28.02.2019, https://www.nytimes. com/2019/02/28/climate/trump-climate-science.html.

»How Is Today's Warming Different from the Past?«, NASA Earth Observatory,

03.06.2010, https://earthobservatory.nasa.gov/features/Global Warming/page3.php.

Susan Crockford, »On Being a Polar Bear Expert, Among Other Things«, *Polar Bear Science* (Blog), 12.03.2015, https://polarbearscience. com/2015/03/12/on-being-a-polar-bear-expert-among-other-things/.

Biografie von Susan Crockford, Webseite: Pacific IDentifications via Wayback Machine, Zugriff 10.05.2020, https://web.archive.org/web/20171226030457/ http://pacificid.com/pages-added/about-pacific-id.php.

Susan Crockford, »Cooling the Polar Bear Spin«, *Polar Bear Science* (Blog), 26.06.2012, https://polarbearscience.com/2012/07/26/cooling-the-polar-bear-spin/#more-98.

»Polar Bear Status Table«, IUCN/SSC Polar Bear Specialist Group, September 2019, Zugriff 09.05.2020, http://pbsg.npolar.no/export/sites/pbsg/en/ docs/2019-PBSG-StatusTable.pdf.

»Global Polar Bear Population Estimates«, IUCN/SSC Polar Bear Specialist Group, 11.07.2014, Zugriff 09.05.2020, http://pbsg.npolar.no/en/status/ pb-global-estimate.html.

Susan Crockford, »Latest Global Polar Bear Abundance ›Best Guess‹ Estimate Is 39,000 (26,000–58,000)«, *Polar Bear Science* (Blog), 26.03.2019, https://polarbearscience.com/2019/03/26/latest-global-polar-bear-abundance-best-guess-estimate-is-39000-26000-58000/.

Cristina Mittermeier, »Starving-Polar-Bear Photographer Recalls What Went Wrong«, *National Geographic,* August 2018, https://www.nationalgeographic.com/magazine/2018/08/explore-through-the-lens-starving-polar-bear-photo/#close.

Eli Rosenberg, »›We Stood There Crying‹: Emaciated Polar Bear Seen in ›Gut-Wrenching‹ Video and Photos«, *Washington Post,* 09.12.2017, https://www.washingtonpost.com/news/animalia/wp/2017/12/09/ we-stood-there-crying-the-story-behind-the-emotional-video-of-a-starving-polar-bear/.

Susan Crockford, »One Starving Bear Is Not Evidence of Climate Change, Despite Gruesome Photos«, *Polar Bear Science* (Blog), 09.12.2017, https://polarbearscience.com/2017/12/09/one-starving-bear-is-not-evidence-of-climate-change-despite-gruesome-photos/#more-113805.

Mittermeier, »Starving-Polar-Bear Photographer«.

J. Harvey, D. van den Berg, J. Ellers, R. Kampen, T. Crowther, P. Roessingh,
B. Verheggen, R. Nuijten, E. Post, S. Lewandowsky, I. Stirling, M. Balgopal,
S. Amstrup und M. Mann, »Internet Blogs, Polar Bears, and Climate-
Change Denial by Proxy«, *BioScience* 68, Nr. 4 (April 2018): S. 281–87,
https://academic.oup.com/bioscience/article/68/4/281/4644513.

Susan Crockford, »Bioscience Article Is Academic Rape: An Assertion of
Power and Intimidation«, *Polar Bear Science* (Blog), 02.12.2017,
https://polarbearscience.com/2017/12/02/bioscience-article-is-academic-
rape-an-assertion-of-power-and-intimidation/.

Susan Crockford, »Retraction Request to Bioscience: FOIA Emails
Document Another Harsh Criticism of Amstrup's 2007
Polar Bear Model«, *Polar Bear Science* (Blog), 05.12.2017,
https://polarbearscience.com/2017/12/05/retraction-request-to-bioscience-
foia-emails-document-another-harsh-criticism-of-amstrups-2007-polar-
bear-model/.

Susan Crockford, »UVic Bows to Outside Pressure and Rescinds My Adjunct
Professor Status«, *Polar Bear Science* (Blog), 16.10.2019, https://polarbear-
science.com/2019/10/16/uvic-bows-to-outside-pressure-and-rescinds-
my-adjunct-professor-status/.

Brishti Basu, »Climate Change Denier Loses Adjunct Professor Status at
University of Victoria (Updated)«, *Victoria Buzz*, 28.10.2019,
https://www.victoriabuzz.com/2019/10/climate-change-denier-loses-
adjunct-professor-status-at-university-of-victoria/.

KAPITEL 18
Gebrochen

Columbus Zoo and Aquarium, »Some of you might remember me …,«
Facebook, 11.06.2019, https://www.facebook.com/columbuszoo/
photos/a.105162722105/10156559611037106/?type=3&theater.

»Baked Alaska and 2017 in Review«, National Snow & Ice Data Center,
05.01.2017, http://nsidc.org/arcticseaicenews/2018/02/.

Diana Haecker, »Open Water Wreaks Havoc at Little Diomede«, *Nome Nugget*, 02.02.2018, http://www.nomenugget.com/news/open-water-wreaks-havoc-little-diomede.

Alex DeMarban, »Storms Pummel Bering Sea Islands After ›Crazy‹ Ice Melt-Off«, *Anchorage Daily News*, 27.02.2018, https://www.adn.com/alaska-news/rural-alaska/2018/02/27/warm-storms-pummel-bering-sea-leading-to-crazy-ice-melt-off/.

International Arctic Research Center, »In the Coastal Communities Near the Bering Strait, a Winter Unlike the Rest«, NOAA Climate.gov, 16.04.2018, https://www.climate.gov/news-features/features/coastal-communities-near-bering-strait-winter-unlike-rest.

Michon Scott, »February 2018 Heatwave Across the Far North«, NOAA Climate.gov, 20.03.2018, https://www.climate.gov/news-features/event-tracker/february-2018-heatwave-across-far-north.

Kendra Pierre-Louis, »Europe Was Colder Than the North Pole This Week. How Could That Be?«, *New York Times*, 01.03.2018, https://www.nytimes.com/2018/03/01/climate/polar-vortex-europe-cold.html.

Jason Samenow, »Scorching Scandinavia: Record-Breaking Heat Hits Norway, Finland and Sweden«, *Washington Post*, 18.07.2018, https://www.washingtonpost.com/news/capital-weather-gang/wp/2018/07/17/scorching-scandinavia-record-breaking-heat-hits-norway-finland-and-sweden/.

Christina Anderson, »Sweden's Tallest Peak Shrinks in Record Heat«, *New York Times*, 02.08.2018, https://www.nytimes.com/2018/08/02/world/europe/sweden-kebnekaise-heat-wave.html?module=inline.

Jason Samenow, »Red-Hot Planet: All-Time Heat Records Have Been Set All Over the World During the Past Week«, *The Washington Post*, 05.07.2018, https://www.washingtonpost.com/news/capital-weather-gang/wp/2018/07/03/hot-planet-all-time-heat-records-have-been-set-all-over-the-world-in-last-week/.

Niki Kitsantonis, Richard Pérez-Peña und Russell Goldman, »In Greece, Wildfires Kill Dozens, Driving Some into the Sea«, *The New York Times*, 24.07.2018, https://www.nytimes.com/2018/07/24/world/europe/greece-fire-deaths.html.

Jonathan Watts, »The Swedish Town on the Frontline of the Arctic wildfires«, *The Guardian,* 30.07.2018, https://www.theguardian.com/world/2018/jul/30/the-swedish-town-on-the-frontline-of-the-arctic-wildfires.

»Camp Fire: Green Sheet«, California Department of Forestry and Fire Protection, Zugriff 10.05.2020, https://assets.documentcloud.org/documents/5628194/18-CA-BTU-016737-Camp-Green-Sheet.pdf.

Priyanka Boghani, »Camp Fire: By the Numbers«, *Frontline,* PBS, 29.10.2019, https://www.pbs.org/wgbh/frontline/article/camp-fire-by-the-numbers/.

»2018 Strategic Fire Plan for California«, California Department of Forestry and Fire Protection, 22.08.2018, https://osfm.fire.ca.gov/media/5590/2018-strategic-fire-plan-approved-08_22_18.pdf.

»EPA Withdraws Information Request for the Oil and Gas Industry«, Pressemitteilung, Environmental Protection Agency via Wayback Machine, 02.02.2017, Zugriff 10.05.2020, https://web.archive.org/web/20180124201514/https://www.epa.gov/newsreleases/epa-withdraws-information-request-oil-and-gas-industry.

John Wihbey, »Understanding the Social Cost of Carbon and Connecting It to Our Lives«, Yale Climate Connections, 12.02.2015, https://www.yaleclimateconnections.org/2015/02/understanding-the-social-cost-of-carbon-and-connecting-it-to-our-lives/.

Donald J. Trump, Exec. Order No. 13783, Promoting Energy Independence and Economic Growth, 82 Fed. Reg. 16093 (28.03.2017), https://www.whitehouse.gov/presidential-actions/presidential-executive-order-promoting-energy-independence-economic-growth/.

Eric Lipton und Barry Meier, »Under Trump, Coal Mining Gets New Life on U.S. Lands«, *The New York Times,* 06.08.2017, https://www.nytimes.com/2017/08/06/us/politics/under-trump-coal-mining-gets-new-life-on-us-lands.html.

Diana Haecker, »Trump Issues Executive Order Revoking Northern Bering Sea Protection and Tribal Participation«, *Nome Nugget,* 05.05.2017, http://www.nomenugget.com/news/trump-issues-executive-order-revoking-northern-bering-sea-protection-and-tribal-participation.

Rob Hotakainen, »NPS Chief Scraps Climate Focused Order«, E&E News, 31.08.2017, https://www.eenews.net/stories/1060059511.

»Summary for Policymakers of IPCC Special Report on Global Warming of 1.5 °C Approved by Governments«, Intergovernmental Panel on Climate Change, Zugriff 10.05.2020, https://www.ipcc.ch/2018/10/08/summary-for-policymakers-of-ipcc-special-report-on-global-warming-of-1-5c-approved-by-governments/.

Kelly Levin, »8 Things You Need to Know About the IPCC 1.5°C Report«, World Resources Institute, 07.10.2018, https://www.wri.org/blog/2018/10/8-things-you-need-know-about-ipcc-15-c-report.

Impacts, Risks, and Adaptation in the United States: Fourth National Climate Assessment, U.S. Global Change Research Program, Washington, D. C., November 2018, Zugriff 10.05.2020, https://nca2018.globalchange.gov/chapter/front-matter-about/.

KAPITEL 19

Ein riskanter Eingriff

David Seligson, »History of Intramedullary Nailing«, in Pol M. Rommens und Martin H. Hessmann (Hrsg.), *Intramedullary Nailing: A Comprehensive Guide* (London: Springer, 2015), https://www.researchgate.net/publication/302529643_History_of_Intramedullary_Nailing.

»Unique Patient, Unique Challenge«, AO Vet, 14.02.2018, https://aovet.aofoundation.org/en/about-aovet/news/news-2018/polar-bear-amy-kapatkin.

»Texas A&M Professors Perform First Humerus Repair on Polar Bear«, College of Veterinary Medicine & Biological Sciences, Texas A&M University, 04.03.2019, https://vetmed.tamu.edu/news/press-releases/texas-am-professors-perform-first-humerus repair-on-polar-bear/.

»Jamie Margolin, 17«, International Congress of Youth Voices, Zugriff 11.05.2020, https://www.internationalcongressofyouthvoices.com/jamie-margolin.

John Ryan, »13 Kids Sue Washington State for Life, Liberty and a Livable Climate«, KUOW, 20.02.2018, http://archive.kuow.org/post/13-kids-sue-washington-state-life-liberty-and-livable-climate.

»Our Actions«, Zero Hour, Zugriff 11.05.2020, http://thisiszerohour.org/
our-actions/.

»Dear Elected Officials«, Zero Hour, Zugriff 11.05.2020, http://thisiszerohour.
org/files/zh-platform-politicians-web.pdf.

Kristen Doerer, »Youth Climate Change Activists Marched on Washington,
D.C.«, *Teen Vogue*, 22.07.2018, https://www.teenvogue.com/story/youth-
climate-change-activists-marched-washington-dc.

Greta Thunberg (@gretathunberg), Foto des ersten Schulstreiks, Instagram,
20.08.2018, https://www.instagram.com/p/BmsTxPPl0qW/?hl=en.

Amelia Tait, »Greta Thunberg: How One Teenager Became the Voice of the
Planet«, *Wired*, 06.06.2019, https://www.wired.co.uk/article/greta-thun-
berg-climate-crisis.

David Roberts, »Alexandria Ocasio-Cortez Is Already Pressuring
Nancy Pelosi on Climate Change«, *Vox*, 15.11.2018, https://www.vox.com/
energy-and-environment/2018/11/14/18094452/alexandria-ocasio-cortez-
nancy-pelosi-protest-climate-change-2020.

KAPITEL 20
Noras Pflegerinnen

»Nora Update!!«, Facebook Live-Video, 16:55, Utah's Hogle Zoo, 05.02.2019,
https://www.facebook.com/watch/live/?v=599343567146085&ref=watch_
permalink.

»NORA Update!! Let's Peek In on the Sweet Girl!«, Facebook Live-Video, 7:48,
Utah's Hogle Zoo, 19.02.2019, https://www.facebook.com/
watch/?v=391573158336630.

»Nora Checkup«, Facebook Live-Video, 12:19, Utah's Hogle Zoo, 19.04.2019,
https://www.facebook.com/watch/?v=3252635458096019.

»Nora Takes a Dip! This is Nora's first swim since having surgery in February …«, Facebook Live-Video, 0:43, Utah's Hogle Zoo, 28.05.2019,
https://www.facebook.com/watch/?v=313178716250840.

»Unprecedented 2018 Bering Sea Ice Loss Repeated in 2019«, NOAA,
14.08.2019, https://www.noaa.gov/stories/unprecedented-2018-bering-sea-
ice-loss-repeated-in-2019.

Yereth Rosen, »Record-Early Alaska River Breakups Are Part of a Long-Term Warming Trend«, Arctic Today, 15.04.2019, https://www.arctictoday.com/record-early-alaska-river-breakups-are-part-of-a-long-term-warming-trend/.

Coral Davenport und Mark Landler, »Trump Administration Hardens Its Attack on Climate Science«, *The New York Times*, 27.05.2019, https://www.nytimes.com/2019/05/27/us/politics/trump-climate-science.html.

Meg Wagner, Dan Merica, Gregory Krieg und Eric Bradner, »CNN's Climate Crisis Town Hall«, CNN, 05.09.2019, https://www.cnn.com/politics/live-news/climate-crisis-town-hall-august-2019/index.html.

»Greta Thunberg Will Sail Across the Atlantic on a Zero-Emissions Yacht for the UN Climate Summit«, CNN, 18.08.2019, https://www.cnn.com/2019/07/29/europe/greta-thunberg-sailboat-scli-intl/index.html.

Voices Leading the Next Generation on the Global Climate Crisis: House Hearing Before the Subcommittee on Europe, Eurasia, Energy, and the Environment of the Committee on Foreign Affairs, 116th Cong. (2019) (Erklärung von Jamie Margolin), https://docs.house.gov/meetings/FA/FA14/20190918/109951/HHRG-116-FA14-Wstate-MargolinJ-20190918.pdf.

Zahra Hirji, »Teenage Girls Are Leading the Climate Movement and Getting Attacked for It«, *BuzzFeed News,* 25.09.2019, https://www.buzzfeednews.com/article/zahrahirji/greta-thunberg-climate-teen-activist-harassment.

Scott Neuman und Bill Chappell, »Young People Lead Millions to Protest Global Inaction on Climate Change«, NPR, 20.09.2019, https://www.npr.org/2019/09/20/762629200/mass-protests-in-australia-kick-off-global-climate-strike-ahead-of-u-n-summit.

»Youth Climate Strike«, Alaska Center Education Fund, Zugriff 11.05.2020, https://akcentereducationfund.org/ayea/youth-climate-strikes/.

Erica Thompson, »Hundreds of Columbus Students Cut Class to Participate in Global Climate Strike«, *Columbus Dispatch,* 20.09.2019, https://www.dispatch.com/news/20190920/hundreds-of-columbus-students-cut-class-to-participate-in-global-climate-strike.

Brian Maffly, »›Winter Is Not Coming‹ – Hundreds of Young Utahns Protest, Demand Action on Climate Change«, *Salt Lake Tribune,* 20.09.2019, https://www.sltrib.com/news/environment/2019/09/20/utah-students-join-global/.

»How Is Nora Doing? Let's Find Out!«, Facebook Live-Video, 13:19, Utah's Hogle Zoo, 25.06.2019, https://www.facebook.com/watch/live/?-v=2238923409560202&ref=watch_permalink.

Anthony Watts, »Halloween Climate Scare #5: We Have 12 Years to Save the World«, *Watts Up with That?* (Blog), 27.10.2019, https://wattsupwiththat.com/2019/10/27/halloweenv-climate-scare-5-we-have-12-years-to-save-the-world/.

Register

CAROLA RACKETE

HANDELN STATT HOFFEN
Aufruf an die letzte Generation

»Wir sind an einem Wendepunkt der Menschheitsgeschichte:
Die Ökosysteme werden zerstört, das Klimasystem
bricht zusammen. Schützen wir in einer solchen Welt
nicht die Rechte anderer Menschen,
gefährden wir auch unsere eigenen.«
*Carola Rackete, Seenotretterin auf der Sea-Watch 3
und Naturschutzökologin*

Carola Racketes Buch ist ein mitreißender Aufruf zum Eintreten
für globale Gerechtigkeit und Umweltschutz, um den Zusammenbruch der menschlichen Zivilisation zu verhindern.

Aktualisierte und erweiterte
Taschenbuchausgabe.

»Wir müssen uns entscheiden,
ob wir als Menschheit auf diesem Planeten
weiterleben wollen.«
Carola Rackete